드디어
시리즈

06

드디어 만나는
북유럽 동화

드디어 시리즈 **06**

NORDIC
FAIRY TALES

드디어 만나는
북유럽
동화

노르웨이부터 아이슬란드까지
신비롭고 환상적인 북유럽 동화 32편

페테르 크리스텐 아스비에른센 지음
카이 닐센 그림
서미석 옮김

현대
지성

추천의 글

'옛날 옛적' 우리는 모두 동화를 읽고 자랐다. 동화는 책이나 다정한 목소리의 형태로 우리 몸에 묻었다. 그것은 '읽었다'보다 '묻었다'라고 표현하는 것이 더 맞겠다. 동화는 우리가 세상을 받아들이고 이해하기 위해, 그리고 맞서기 위해 제일 먼저 입어야 할 단단한 갑옷이었다. 세상은 다채롭고 변화무쌍하나, 단 하나의 진실이 관통하고 있고 우리가 두른 갑옷은 그 진실로부터 우리를 지킨다. 동화의 '다시 읽기'는 우리가 갑옷을 입은 기사라는 사실을 되새기게 만든다. 설령 그것이 낯선 북유럽 동화라 하더라도 말이다.

설산과 초원, 마녀와 저주, 영웅과 트롤이 우리의 유년과 함께한 단어는 아니지만 설산을 배경으로 북유럽 동화 속 인물들이 겪는 미션과 여정, 금기와 행복이란 보상의 법칙을 우리는 익히 알고 있다. 북유럽의 동화는 이런 의미에서 굉장히 낯설지만 친숙하며, 낯설기를 통해 무감각해져 있던 세계의 진실을 다시금 느끼게 해준다. 인간을 가장 강하게 하는 것은 소중한 상대를 지키고자 하는 마음이라는 것을, 그리고 그 마음이 저주와 어둠으로부터 우리를 지키는 갑옷이라는 것을 말이다.

미로처럼 복잡한 세상에서 트롤의 저주가 도통 풀릴 기미가 보이지 않는다면 잠시 세계의 뚜렷한 진실을 마주해보는 건 어떨까? 북유럽도 우리와 다르지 않음을, 낯선 풍경 속에서도 우리는 결국 같은 모습으로 세상을 끌어안고 있다는 것을.

※ **천선란**_SF 작가, 『천 개의 파랑』 저자

책은 하나의 세계다. 책장을 펼치는 순간, 우리는 지금 살고 있는 곳을 떠나 이야기 속 주인공을 따라 낯선 세계를 여행한다. 새로운 세상 속에서 상상의 나래를 펼치며 정신세계를 풍요롭게 만든다.

추운 겨울밤, 갑자기 창문을 두드리는 소리가 나자 가족들이 창문 쪽으로 고개를 돌린다. 그곳에는 흰곰 한 마리가 서 있고, 가장 아름다운 막내딸은 곰의 등에 올라타 집을 떠난다. 막내딸은 어디로 가서 무슨 일을 겪게 될까? 한 청년이 몸은 땅에 묻힌 채로 머리만 내놓은 세 명의 공주를 만난다. 공주들은 어쩌다 그렇게 되었을까? 청년은 그녀들을 어떻게 구할까? 머나먼 곳에 세 갈래로 갈라진 보리수나무에 사는 불-불 새가 있다. 주변에는 수많은 자작나무가 자라고 있다. 세 왕자는 불-불 새의 주인이 되려고 노력하지만 첫째, 둘째 왕자는 불-불 새의 꾐에 빠져 자작나무가 되어버리고 만다. 세상에, 그토록 많은 자작나무가 사실은 사람이었다니! 막내 왕자도 자작나무가 되었을까?

이 책을 읽어나가는 독자들은 32가지의 신비로운 모험과 여행을 통해 다채로운 세계를 겪게 된다. '겪어야 배운다'라는 말이 있듯이, 여러 사람을 만나고 다양한 일을 하고 많은 곳을 여행하며 수많은 사건을 겪을 때 삶의 지혜를 풍성하게 얻을 수 있다. 독서에는 바로 그런 힘이 있다. 이 책은 독자들에게 머나먼 북유럽 특유의 32가지 경험을 제공한다. 독자들은 주인공과 함께하는 신비로운 여행을 통해 삶의 진실을 배우게 된다.

＊ **김헌**_서울대학교 인문학연구원 교수, 『신화의 숲』 저자

차례

지도로 보는 북유럽 동화

01. 태양의 동쪽과 달의 서쪽
02. 거인의 안주인
05. 된바람을 찾아간 청년
09. 언덕 위의 공주
10. 청년과 거인
18. 도둑의 왕
20. 바닷물이 짠 이유
22. 세 마리 숫염소 그러프
27. 곰의 꼬리가 뭉툭한 이유
28. 심장을 숨겨놓은 거인
31. 멍청한 사람들
32. 남편의 말이라면
　　팥으로 메주를 쑤어도

24. 소금과 빵
30. 구두쇠 할머니와 나그네

13. 숲속의 신부
29. 청개구리 아내

아이슬란드

21. 바다표범의 가죽

스웨덴

핀란드

노르웨이

07. 황소 피터
15. 부시통
17. 레나 아가씨

덴마크

라트비아

03. 불-불 새
11. 하느님과 악마

나라 미상 작품

04. 하얀나라의 세 공주
06. 소리아 모리아 성
08. 푸른 허리띠
12. 소녀와 대모
14. 도브레펠의 고양이

16. 과부의 아들
19. 푸른 산의 세 공주
23. 구렁이 왕자
25. 집안일을 하게 된 남편
26. 고슴도치도 제 새끼는 예쁜 법

제1장

환상적인 이야기

"위대한 출발은 책에 나오는
첫 장의 문장만큼이나 중요하다고요.
시작이 전부를 좌우하지요."

무민 연작 소설 「무민 파파와 바다」

EAST OF THE SUN AND WEST OF THE MOON

태양의 동쪽과 달의 서쪽

꽃 본 나비 불을 헤아리랴

아주 먼 옛날, 많은 자녀를 둔 아버지가 있었습니다. 그는 매우 가난해 자녀들에게 제대로 밥을 먹이지도 옷을 입히지도 못했습니다. 아이들은 모두 아름다웠지만, 특히 막내딸이 가장 아름다웠습니다.

어느 가을날의 목요일 저녁, 바깥은 칠흑같이 어두웠고 비바람이 몰아쳤습니다. 날씨가 몹시 험하고 거친 탓에 오두막의 벽이 무너질 듯 덜컹거렸지요. 식구들은 모두 화롯가에 둘러앉아 바쁘게 움직이고 있었습니다. 그때 갑자기 '똑 똑 똑' 하고 유리창을 두드리는 소리가 들렸습니다. 아버지는 무슨 일인지 알아보기 위해 문을 열었습니다. 그랬더니 세상에! 커다란 흰곰 한 마리가 문 앞에 서 있었습니다. 곰은 다짜고짜 인사를 건넸습니다.

"안녕하세요?"

"그래, 안녕?"

"혹시 제게 막내딸을 주시겠어요? 그렇게만 해주신다면 당신을 아주 큰 부자로 만들어드릴게요."

곰의 말을 들은 아버지는 기분이 좋았습니다. 부자가 될 수 있다는데 싫어할 이유가 없었지요. 하지만 당사자인 막내딸의 의견을 들어봐야겠다고 생각했습니다. 아버지는 다시 집으로 들어가 말했습니다.

"밖에 커다란 흰곰이 기다리고 있는데, 막내딸을 주면 우리를 부자로 만들어주겠대."

아버지의 말이 끝나기가 무섭게 막내딸은 절대 안 된다고 소리쳤습니다. 달리 할 말이 없어진 아버지는 흰곰에게 다음 주 목요일 저녁에 다시 오라고 말했습니다. 아버지는 일주일 내내 막내딸을 설득했습니다.

"식구들이 모두 부유하게 살 수 있다면 얼마나 좋겠니. 너도 분명 지금보다 잘 지내게 될 거야."

결국 막내딸은 아버지의 말을 따르기로 했습니다. 그러는 편이 더 낫겠다고 생각한 것이지요. 막내딸은 누더기를 깨끗하게 빨아 수선한 뒤, 최대한 예쁘게 꾸미고 출발할 날을 기다렸습니다. 워낙 가난했던 탓에 짐을 꾸리고 할 것도 없었지만요.

일주일이 지나고, 목요일 저녁에 흰곰이 막내딸을 데리러 왔

흰곰의 등에 업혀 떠나는 막내딸

습니다. 흰곰은 막내딸을 등에 업고 어딘가로 출발했습니다. 꽤 먼 거리를 떠나왔을 때 흰곰이 물었습니다.

"무섭나요?"

"아니요."

"좋소. 내 털 외투를 꼭 잡으시오. 그러면 하나도 무섭지 않을 거요."

한참을 간 뒤 흰곰과 막내딸은 아주 높은 언덕에 이르렀습니다. 흰곰이 언덕에 있는 문을 두드리자 문이 스스로 열렸습니다. 안으로 들어가니 놀랍게도 그곳에는 성이 있었습니다. 성에는 방이 아주 많았고 불도 환하게 켜져 있었습니다. 방의 내부는 온통 금과 은으로 번쩍였고 식탁도 아주 화려하게 잘 꾸며져 있었습니다. 흰곰은 막내딸에게 은으로 만들어진 신비한 종을 주었습니다. 신비한 은 종만 있으면 원하는 것을 모두 얻을 수 있었지요.

많은 음식을 먹고 마시다 보니 밤이 깊어졌고, 먼 거리를 떠나온 막내딸은 피곤해졌습니다. 그녀는 잠자리에 들고 싶다고 생각하며 은 종을 울렸습니다. 얼마 지나지 않아 그녀는 어느 방으로 안내되었습니다. 커튼이 쳐진 방에는 금술로 장식된 아름다운 순백색의 침대와 비단 베개가 있었습니다. 방에 있는 모든 것이 금과 은으로 만들어져 있었지요.

막내딸은 침대에 누워 불을 껐습니다. 그런데 갑자기 어떤 남자가 들어오더니 옆에 누웠습니다. 남자는 다름 아닌 흰곰이었습니다. 그는 밤이 되면 흰곰 가죽을 벗고 사람의 모습으로 돌아왔습니다. 그러나 항상 불을 끈 뒤에 들어왔다가 동이 트기 전에 나가버렸기 때문에 막내딸은 그의 모습을 볼 수 없었습니다.

얼마 동안은 별일 없이 행복한 시간을 보냈습니다. 그러나 항상 혼자 있어야 했던 막내딸은 점점 말수가 줄어들고 침울해졌습니다. 집에 있는 부모님, 언니와 오빠가 보고 싶었지요. 그러던 어느 날, 흰곰이 막내딸에게 물었습니다.

"혹시 무언가 부족한 게 있소?"

막내딸은 대답했습니다.

"이곳은 너무 무료하고 쓸쓸한 데다 가족들을 보고 싶은데 만날 수가 없어 슬퍼요."

"좋소. 그거라면 나아질 방법이 있소. 그러나 한 가지 약속해야 할 것이 있소. 절대 어머니와 단둘이 이야기하지 마시오. 주위에 들을 사람이 있는 경우에만 어머니와 이야기를 하시오. 당신 어머니는 아마 당신을 데리고 방으로 들어가 단둘이 이야기하려고 할 것이오. 그러나 잊지 말고 조심하시오. 절대 어머니와 단둘이 이야기를 나누면 안 되오. 그랬다가는 우리 둘 모두에게 불행한 일이 닥칠 테니 말이오."

얼마 후, 흰곰은 막내딸을 데리고 부모님을 뵈러 갔습니다. 이번에도 막내딸은 흰곰의 등에 업혀 먼 길을 갔지요. 마침내 도착한 집은 아주 근사했습니다. 언니와 오빠는 집 앞을 뛰어다니며 놀고 있었지요. 모든 것이 너무 아름다워 보기만 해도 즐거워질 정도였습니다. 흰곰은 집에 도착하자마자 막내딸만 남겨두고 발길을 돌렸습니다. 당부의 말도 잊지 않았지요.

"이 집이 당신의 가족들이 지금 살고 있는 집이라오. 자, 내가 한 말을 절대 잊지 마오. 안 그러면 당신과 나 모두 불행해질 테니까."

"네, 절대 잊지 않겠어요!"

한편, 막내딸이 집 안으로 들어가자 식구들은 반가워 어쩔 줄 몰라 했습니다. 막내딸이 베푼 은혜 덕분에 부족한 것 없이 잘 지내게 된 가족들은 그녀에게 잘 지내고 있냐고 물었습니다. 막내딸은 자신도 흰곰과 잘 지내고 있으며, 원하는 것은 무엇이든 가질 수 있어 좋다고 대답했습니다.

오후에 식사를 마치고 나자 과연 흰곰이 경고한 사건이 일어났습니다. 어머니가 막내딸을 침실로 데리고 가 단둘이 이야기하려 한 것이지요. 그러나 막내딸은 흰곰의 경고를 떠올리고는 2층으로 올라가지 않겠다고 했습니다.

"오, 엄마. 지켜야 할 약속이 있어서 그래요."

막내딸은 어머니를 밀어냈습니다. 그러나 어머니는 갖은 방법을 써서 막내딸이 모든 이야기를 털어놓게 만들었습니다.

"사실, 매일 밤 침대에 누워 불을 끄면 어떤 남자가 다가와 옆에 누워요. 그러곤 아침에 동이 트기 전에 나가버리죠. 그 남자의 얼굴이 너무 보고 싶어 미치겠어요. 하루 종일 그곳에서 혼자 지내려니 외롭고 답답하고 지루해요."

"아이고, 저런! 매일 네 옆에 누워 같이 자는 사람은 아마 트롤 (북유럽 신화, 스칸디나비아 전설, 스코틀랜드 전설 속에 등장하는 상상 속 괴물—편집자)일 거다. 이 어미가 그 남자의 얼굴을 볼 수 있는 방법을 가르쳐줄 테니 잘 듣거라. 어미가 양초를 몇 개 줄 테니 그것을 품속에 숨겨 가거라. 그 남자가 와서 자는 동안 양초에 불을 붙여서 얼굴을 보면 되잖니. 다만 촛농이 떨어지지 않도록 조심하거라."

날이 깜깜해지자 흰곰이 막내딸을 데리러 왔습니다. 그녀는 어머니의 말대로 초를 품속에 숨긴 채 흰곰을 따라나섰지요. 어느 정도 길을 가자 흰곰이 물었습니다.

"혹시 내가 조심하라고 했던 일이 일어나진 않았소?"

"어머니와 둘이 대화를 해버렸어요."

막내딸은 거짓말을 할 수는 없었습니다.

"그렇다면 절대 당신 어머니의 충고에 귀 기울이지 마시오. 그랬다가는 우리는 둘 다 불행해질뿐더러 우리 사이에 있었던 모든 일은 전부 없던 일이 되고 말 것이오."

"알았어요. 절대 어머니 충고를 따르지 않겠어요."

성에 도착한 막내딸은 잠자리에 들었고, 얼굴을 알 수 없는 남자는 또다시 들어와 그녀의 옆에 누웠습니다. 한밤중에 남자가 잠든 것을 확인한 막내딸은 촛불을 켜 남자 얼굴을 비추어 보았습니다. 아, 그런데 이럴 수가요. 남자는 세상에서 제일 잘생긴 왕자님이었습니다! 왕자의 아름다운 모습에 반한 막내딸은 당장 입맞춤을 하지 않고는 못 견딜 것 같았습니다. 하지만 그녀가 왕자에게 입맞춤을 하면서 그만 뜨거운 촛농을 왕자의 옷에 떨어뜨리고 말았습니다. 그것도 무려 세 방울이나요. 그 바람에 왕자는 잠에서 깨어났습니다.

"아, 도대체 무슨 짓을 한 거요? 당신이 올해만 무사히 참고 넘겼다면 나는 마법에서 풀려날 수 있었을 텐데. 경솔한 행동으로 우리 둘을 모두 불행하게 만들다니! 나의 계모는 나에게 마법을 걸어 밤에는 사람으로, 낮에는 흰곰으로 변하게 만들었소. 이제 우리 사이를 이어주고 있던 모든 연줄이 끊어지고 말았소. 난 당신을 떠나 다시 계모에게 돌아가야 하오. 계모는 태양의 동쪽과 달의 서쪽에 있는 성에 살고 있소. 그곳에는 코가 3미터보다 긴 공주도 살고 있는데, 이제 나는 그 공주를 아내로 맞아들여야만 하오."

막내딸은 울면서 잘못했다고 빌었지만 별도리가 없었습니다. 왕자는 떠나야만 했으니까요. 그녀는 자신도 따라가겠다고 애원했습니다. 왕자가 그럴 수 없다고 대답하자 다시 말했습니다.

"그렇다면 길을 가르쳐주세요. 당신을 꼭 찾아내고야 말겠어요. 제가 해야 할 일을 알려주세요."

"물론 당신이 나를 뒤따라올 수는 있소. 그러나 그곳에 이르는 길은 없다오. 그 성은 태양의 동쪽과 달의 서쪽에 있기 때문에 당신은 결코 찾아올 수 없을 거요."

다음 날 막내딸이 일어나보니 왕자와 성은 온데간데없이 사

왕자에게 울며 애원하는 막내딸

숲 한가운데 혼자 남겨진 막내딸

라지고 그녀는 홀로 어두침침한 숲 한가운데 누워 있었습니다. 그녀의 옆에는 집에서 가져왔던 누더기 보퉁이(물건을 보에 싸서 꾸려놓은 것—편집자)만 놓여 있었지요.

막내딸은 졸린 눈을 비비며 지칠 때까지 울다가 이내 정신을 차리고 일어나 길을 떠났습니다. 그녀는 몇 날 며칠을 걸어 높은 낭떠러지에 이르렀습니다. 낭떠러지 아래에는 황금으로 된 사과를 던지며 노는 마귀할멈이 있었지요. 막내딸은 마귀할멈에게 태양의 동쪽과 달의 서쪽에 있는 성에서 계모와 함께 살며 코가 3미터가 넘는 공주와 결혼하게 될 왕자를 아느냐고 물어보았습니다. 그러자 마귀할멈이 물었습니다.

"너는 그 왕자를 어떻게 알게 되었지? 네가 그 왕자와 결혼하려던 처녀냐?"

"네, 그래요."

"아하, 그 처녀가 바로 너란 말이지? 흠, 그런데 사실 나도 아는 게 별로 없단다. 그 왕자가 태양의 동쪽과 달의 서쪽에 있는 곳에 산다는 것과 네가 그곳에 영영 가지 못하거나 가더라도 아주 늦게 도착할 거라는 것밖에 몰라. 일단 내 말을 빌려줄 테니 내 이웃이 사는 곳으로 가보렴. 어쩌면 그 친구는 알고 있을지도 모르겠구나. 그곳에 도착하면 말의 왼쪽 귀 아래를 찰싹 때리며 집으로 돌아가라고 말하거라. 이 황금 사과도 가져가고."

말을 타고 한참을 달려간 막내딸은 또 다른 낭떠러지에 도착했습니다. 그 아래에는 아까와는 다른 마귀할멈이 황금으로 된

빗을 들고 있었습니다. 막내딸은 동쪽의 태양과 서쪽의 달이 있는 곳의 성을 아느냐고 물어보았습니다. 마귀할멈이 대답했습니다.

"내가 아는 거라곤, 단지 그 성이 태양의 동쪽과 달의 서쪽에 있다는 것뿐이란다."

마귀할멈은 자신이 가지고 있던 황금 빗을 주며 언젠가 필요할 테니 잘 간직하라고 말했습니다.

불쌍한 처녀는 다시 말에 올라타 먼 거리를 힘들게 달려갔습니다. 한참을 가니 새로운 낭떠러지가 보였습니다. 아래를 내려다보니 황금 물레로 실을 잣고 있는 마귀할멈이 있었지요. 막내딸은 이번에도 똑같이 물어보았습니다.

"혹시, 태양의 동쪽과 달의 서쪽에 세워진 성을 아시나요?"

마귀할멈이 물었습니다.

"네가 그 왕자와 결혼하려던 처녀구나?"

"네, 맞아요."

이번 마귀할멈도 전의 두 마귀할멈처럼 성에 대해 아는 것이 없었습니다. 아는 것이라고는 그 성이 태양의 동쪽과 달의 서쪽에 있다는 사실뿐이었지요.

"너는 아마 영영 그곳에 가지 못하거나 가더라도 아주 늦게 도착할 거야. 내 말을 빌려줄 테니 샛바람(뱃사람들의 말로 '동풍'을 이름—편집자)에게 가서 물어보렴. 그는 그곳에 대해 알지도 몰라. 너를 바람에 태워 데려다줄지도 모르고. 아, 그리고 바람에게 가면 꼭 말의 왼쪽 귀 아래를 찰싹 때려야 한다. 그래야 말이 집으로 돌아올 테니."

마귀할멈은 처녀에게 황금 물레를 주며 말했습니다.

"언젠가 요긴하게 쓸 때가 올 거야."

막내딸은 또 힘들게 며칠을 달려 샛바람의 집에 도착했습니다. 처녀는 바람을 만나자마자 태양의 동쪽과 달의 서쪽에 있는 성으로 가는 방법을 물었습니다.

"아, 그곳이라면 저도 알고 있어요. 성에 살고 있는 왕자도 알고요. 하지만 저는 그렇게까지 멀리 나가본 적이 없어서 가는 길은 잘 모르겠네요."

처녀는 시무룩한 표정으로 고개를 숙였습니다. 그러자 샛바람이 덧붙였습니다.

"제가 당신을 저의 형 갈바람(뱃사람들의 말로 '서풍'을 이름―편집자)에게 데려다드릴게요. 형은 힘이 세 멀리까지 나가보았으니 성으로 가는 길을 알지도 몰라요. 자, 제 등에 타세요. 제가 형에게 데려다드릴게요."

처녀는 샛바람을 타고 날아 갈바람의 집에 도착했습니다.

"형님, 저 샛바람입니다. 이 처녀는 태양의 동쪽과 달의 서쪽에 있는 성에 사는 왕자와 결혼하기로 했던 분입니다. 왕자를 찾아가고 싶어 해서 데려왔는데, 혹시 성이 어디에 있는지 아시나요? 알면 좀 가르쳐주세요."

"아니, 나도 그렇게 멀리까진 가본 적이 없구나. 음, 아가씨만 괜찮다면 제가 형님 마파람(뱃사람들의 말로 '남풍'을 이름—편집자)에게 데려다드리겠습니다. 마파람 형님은 우리보다 힘이 세 멀리까지 날개를 펼칠 수 있거든요. 어쩌면 형은 다 알지도 모릅니다. 어서 제 등에 타세요."

갈바람의 등에 올라탄 처녀는 마파람의 집을 향해 날아갔습니다. 갈바람은 마파람을 보자마자 물었습니다.

"형님, 혹시 태양의 동쪽과 달의 서쪽에 세워진 성까지 가는 길을 아십니까? 그 성에 사는 왕자가 원래는 이 처녀와 결혼하기로 했답니다. 이분은 계속 그 왕자를 찾고 있어요."

"아니, 그게 정말이야? 저 아가씨가 정말 왕자와 결혼할뻔했다는 그 처녀야?"

마파람은 깜짝 놀라더니 말을 이었습니다.

"아가씨, 저도 여기저기 많이 돌아다니긴 했지만 사실 그렇게 멀리까지 가진 못했어요. 당신만 괜찮다면 제가 맏형 된바람(뱃사람들의 말로 '북풍'을 이름—편집자)에게 데려다드릴게요. 형은 우리 형제 중에서 가장 힘이 세기 때문에 형이 모르는 곳이라면 아마 이 세상 누구도 모를 거예요. 어서 제 등에 타세요. 제가 된바람이 있는 곳으로 데려다드릴 테니."

처녀가 등에 올라타자 마파람은 무서운 속도로 날아 된바람의 집에 도착했습니다. 된바람은 몹시 거칠고 신경질적이었습니다. 그가 살짝 불기만 해도 아주 멀리까지 찬기가 돌 정도였지요.

"너희 둘, 뭐 때문에 왔어?"

된바람이 으르렁대자 처녀와 마파람은 벌벌 떨기 시작했습니다.

"형님. 접니다, 마파람. 동생에게 그렇게 딱딱하게 구실 필요는 없잖아요. 이 아가씨는 태양의 동쪽과 달의 서쪽에 위치한 성에 사는 왕자와 결혼했어야 하는 처녀입니다. 혹시 형님께서 그 성으로 가는 길을 알고 계시는지 여쭤보러 왔습니다. 아가씨가 왕자님을 찾고 싶어 하니 형님께서 길을 좀 알려주세요."

"흠. 나는 그곳이 어딘지 잘 알고 있지. 그 성으로 사시나무 잎을 날려 보낸 적이 있거든. 그 이후 너무 지쳐 며칠 동안 바람을 불 수가 없었어. 아가씨, 당신이 정 그곳에 가고 싶고 나와 가는 것이 무섭지 않다면 내 기꺼이 당신을 등에 태우고 그곳으로 가겠소."

막내딸은 바로 고개를 끄덕였습니다.

"그곳에 갈 수만 있다면 어떤 두려움도 견딜 수 있습니다. 저를 그곳에 데려다주세요."

"좋소. 그러나 오늘 밤은 이곳에서 자야 하오. 성까지 가려면 꼬박 하루가 걸릴 테니 말이오."

다음 날 아침, 된바람은 처녀를 깨운 뒤 힘차고 큰 바람을 불기 위해 열심히 준비했습니다. 그 모습은 보기만 해도 으스스해질 정도였지요. 처녀가 등에 올라타자 된바람은 하늘 높이 솟았습니다. 그러고는 세상 끝까지라도 갈 기세로 멈추지 않고 날았지요.

된바람이 땅 가까이 내려가면 폭풍이 일어 많은 나무와 집이 날아갔고, 큰 바다를 휩쓸면 수백 척의 배가 침몰했습니다. 그들은 얼마나 멀리 왔는지 알 수 없을 정도로 날고 또 날았습니다. 하지만 바다 근처에 다다른 된바람은 점점 지쳐갔습니다. 날개가 점점 축 처지더니 바람 한번 부는 것도 힘들어했지요. 나중에는 너무 낮게 날아 파도의 물살이 바람의 뒤꿈치에 닿을 정도였습니다. 된바람이 물었습니다.

"무섭진 않은가요?"

처녀가 대답했습니다.

"네, 괜찮아요."

이윽고 육지가 보였습니다. 된바람은 조금 남은 힘으로 태양의 동쪽과 달의 서쪽에 있는 성의 창 아래 해변까지 처녀를 날려보냈습니다. 힘이 다 빠져버린 된바람은 한동안 그곳에 머물며 쉬어야 했지요.

하루가 지나고, 막내딸은 성 아래의 해변에 앉아 황금 사과를 가지고 놀았습니다. 그때 마침 왕자의 결혼 상대인 코가 긴 공주가 그녀를 발견했습니다. 코가 긴 공주가 창문으로 몸을 뺀 채 물었습니다.

"이봐, 아가씨. 황금 사과를 얼마에 팔래?"

"이 사과는 파는 것이 아니랍니다. 억만금을 준다 해도 팔지 않을 거예요."

"억만금을 줘도 안 판다니. 그럼 대체 무엇을 원하지? 네가 받

하늘 높이 솟아오르는 된바람

고 싶은 값이 있을 거 아니니."

"음, 좋아요. 여기에 살고 있는 왕자님과 오늘 밤을 같이 보내게 해준다면 사과를 드리겠어요."

코가 긴 공주는 그렇게 하겠다고 대답하며 황금 사과를 받았습니다. 막내딸은 밤이 되자마자 왕자의 침실로 올라갔습니다. 하지만 왕자는 너무 깊이 잠이 들어 처녀가 아무리 울고불고 흔들어 깨워도 일어나지 않았습니다. 아침 해가 뜨기 무섭게 코가 긴 공주가 들어와 처녀를 바깥으로 쫓아냈습니다.

하는 수 없이 막내딸은 다시 성의 창 아래에 앉아 황금 빗으로 머리를 곱게 빗어 내렸습니다. 그 모습을 본 코가 긴 공주는 전날과 똑같이 물었습니다.

"아가씨, 그 황금 빗 말이지. 얼마 주면 내게 팔래?"

"억만금을 준다 해도 팔지 않을 겁니다. 다만, 이 성에 있는 왕자님과 오늘 밤을 보내게 해준다면 그냥 드리지요."

그날 밤, 막내딸은 다시 왕자의 침실에 들어갔습니다. 하지만 깊이 잠든 왕자는 역시 깨어나지 않았습니다. 소리를 지르고 울며 기도도 해봤지만 아무 소용없었지요. 날이 밝자마자 방으로 들어온 코가 긴 공주는 처녀를 다시 성 밖으로 쫓아내버렸습니다.

낮이 되자 막내딸은 또다시 성의 창 아래 앉아 황금 물레로 실을 잣기 시작했습니다. 역시나 코가 긴 공주가 나타나 물었습니다.

"어이, 아가씨. 그 물레, 얼마에 팔래?"

"이 물레는 억만금을 줘도 팔 수 없습니다. 하지만 마지막으로 이 성의 왕자님과 밤을 보내게 해준다면 드리겠습니다."

코가 긴 공주는 황금 물레를 받고 처녀를 성에 들어가게 해주었습니다. 한편 성에는 강제로 끌려온 기독교도들이 있었는데, 그들은 밤마다 들려오는 여자의 울음소리를 이상하게 여겨 왕자에게 물었습니다.

"왕자님. 이틀 밤 내내 왕자님의 방에서 어떤 여자의 울음소리가 흘러나오던데, 혹시 무슨 일 있으신가요?"

"나는 아무 소리도 듣지 못했는데."

왕자는 이를 의아하게 여겼습니다. 날이 저물고 코가 긴 공주는 왕자에게 수면제가 든 음료를 가져다주었습니다. 왕자는 그 음료를 마시는 척하며 어깨 뒤로 슬쩍 흘려버렸습니다. 음료 때문에 깊은 잠에 빠져 아무 소리도 듣지 못하는 것이라고 생각했기 때문이지요.

완전한 밤이 되자 처녀는 다시 왕자의 방에 들어갔습니다. 다른 날과 달리 왕자는 멀쩡하게 깨어 있었습니다. 처녀는 그동안의 일을 모두 말해주었습니다.

"아, 그대는 정말 아슬아슬하게 왔소. 내일이 바로 나의 결혼식이기 때문이오. 난 코가 긴 공주를 원하지 않소. 당신이야말로 나를 마법에서 구해줄 수 있는 이 세상 유일한 여인이오. 내일 결혼식 전에 코가 긴 공주에게 나의 신부가 될 자격이 있는지 알아보고 싶다고 말하겠소. 그리고 촛농이 떨어진 내 옷을 빨아보라고 시킬 테요. 공주는 촛농을 떨어뜨린 사람이 당신이라는 걸 모르니, 아마 그러겠다고 하겠지. 그러나 그 일은 기독교도만이 할 수 있는 일이오. 코가 긴 공주 같은 마녀 일당은 죽었다 깨어나도 할 수 없지. 그러면 나는 옷을 빨 수 있는 여인만을 신부로 맞이하겠다고 하며 당신에게 이 일을 맡기겠소."

두 사람은 재회의 기쁨을 실컷 누렸습니다. 그리고 다음 날, 결혼식이 막 시작되려고 할 때 왕자가 모두에게 말했습니다.

"결혼하기 전에 우선, 저 공주가 나의 신부가 될 자격이 있는지 알아보고 싶소."

계모가 자신 있게 대답했습니다.

"좋아."

"나에게는 결혼식 때 입고 싶은 정말로 아끼는 옷이 있는데, 나도 모르게 그만 셔츠에 촛농을 떨어뜨리고 말았소. 나는 옷에 묻은 촛농을 없애고 싶소. 맹세하건대 옷을 깨끗하게 빨 수 있는 여인만을 신부로 맞이하겠소. 옷을 제대로 빨지 못한다면 나와 결혼할 자격이 없소."

계모 일당은 별로 대수롭지 않은 일이라고 생각해 그 자리에서 바로 동의했습니다. 그리고 코가 긴 공주가 옷을 빨기 시작했습니다. 그런데 이게 어찌 된 일이죠? 공주가 비비고 문지를수록 얼룩은 점점 커지기만 했습니다. 그러자 공주의 어머니인 마귀할멈이 말했습니다.

"이리 줘봐라. 내가 빨아보마."

그러나 마귀할멈의 손에 들어가자마자 옷은 더욱 더러워졌습니다. 아무리 비비고 문지르고 비틀어 짜도 얼룩은 점점 커지고 까매졌지요. 옷은 점점 더 흉측한 모양으로 변했습니다.

다른 마녀들이 차례로 옷을 빨아보았지만, 얼룩은 점점 커졌습니다. 마치 굴뚝에서 꺼내온 것처럼 새까맣게 물들어버렸지요. 모든 광경을 지켜보던 왕자는 소리쳤습니다.

"아, 이런 지푸라기만도 못한 한심한 것들 같으니! 옷 하나 제대로 빨 줄 아는 사람이 아무도 없다니! 밖에 누더기를 입은 처녀가 한 명 있다. 그 처녀가 너희 전부보다도 훨씬 잘 빨 것 같구나. 아가씨, 이리 들어오시오!"

처녀는 성으로 들어왔습니다.

"이 옷을 깨끗이 빨 수 있겠소?"

"잘 모르겠지만 할 수 있을 것 같습니다."

처녀가 옷을 받아 물에 담그자마자 흩날리는 하얀 눈송이처럼 깨끗해졌습니다. 전보다 더욱 하얀 옷이 되었지요.

"아, 바로 당신이 내게 어울리는 신붓감이오."

두 사람의 모습을 보고 분노로 씩씩거리던 마귀할멈은 그 자리에서 터져버렸습니다. 코가 긴 공주와 나머지 마녀들도 차례로 사라졌지요. 그 뒤로 다시는 그들에 대한 이야기를 들을 수 없었습니다.

왕자와 신부가 된 아가씨는 그곳에 강제로 끌려와 잡혀 있던

태양의 동쪽과 달의 서쪽에 있는 성에서 멀리 떠나는 왕자와 막내딸

기독교도들을 모두 풀어주었습니다. 그리고 성에 있던 갖가지 금은보화를 챙겨 태양의 동쪽과 달의 서쪽에 있는 성에서 아주 아주 멀리 떠났답니다.

THE HOSTESS OF A GIANT

거인의 안주인

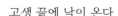

고생 끝에 낙이 온다

옛날에 여러 명의 왕자를 둔 왕이 살았습니다. 왕자가 전부 몇 명인지는 정확히 알 수 없었지요. 수많은 왕자 중 유일하게 막내 왕자만이 세상 밖으로 나가고 싶어 했습니다. 집에서 편히 쉬는 것보다 자신의 운을 시험해보고 싶은 마음이 컸지요. 하지만 왕은 그런 막내 왕자의 뜻을 허락하지 않았습니다. 시간이 꽤 흐른 뒤에야 막내 왕자에게 세상에 나가보라고 말해주었지요.

드디어 세상 밖으로 나가게 된 왕자는 며칠 동안 돌아다니다가 한 거인의 집에 이르렀습니다. 그곳에서 거인의 시중 드는 일을 하기로 했지요.

다음 날 아침, 거인은 염소를 돌보러 마당에 나가며 왕자에게 일렀습니다.

"오늘은 마구간을 깨끗하게 치워놓거라. 그것만 다 해놓으면 다른 일은 하지 않아도 좋다. 네가 얼마나 편한 주인을 만났는지 알겠지? 그러나 시킨 일은 무조건 잘 끝내야 한다. 아, 그리고 지금 네가 묵고 있는 방 말고 다른 방에는 절대로 들어가면 안 된다. 만약 그랬다가는 네 목숨이 무사하지 못할 거야!"

거인이 나가자 왕자는 이 방 저 방을 오르락내리락하며 흥얼거렸습니다.

"흠, 마구간이야 이따가 청소해도 되겠지. 정말 좋은 주인을 만났어. 다행이야. 거인의 다른 방이 궁금한데 살짝 엿보는 건 괜찮지 않을까? 방에 무엇을 숨겨둔 걸까?"

왕자는 아무런 고민도 없이 첫 번째 방으로 들어갔습니다. 그곳에는 냄비 하나가 벽에 걸려 있었는데, 불이 없는데도 부글부글 끓고 있었습니다. 왕자는 신기한 냄비 안에 무엇이 들었는지 궁금해졌습니다. 그는 자신의 머리카락을 몇 가닥 뽑더니 냄비 안에 담가보았습니다. 그러자 머리카락이 모두 동으로 변했습니다.

"우와! 대단한 수프인데! 모르고 맛보았다간 목구멍이 꽉 막히겠는걸!"

왕자는 곧바로 다음 방으로 들어갔습니다. 그 방에도 역시 불 없이 부글부글 끓는 냄비가 있었습니다. 왕자는 혼자 중얼거리더니 부글거리는 냄비에 머리카락 몇 가닥을 담갔습니다. 그러자 이번엔 머리카락이 은으로 변했습니다.

"아니, 이게 뭐람! 아버지 궁전에도 이렇게 호사스러운 수프
는 없었는데."

다음으로 왕자는 세 번째 방에 들어갔습니다. 이곳에도 불
없이 끓는 냄비가 벽에 걸려 있었고 왕자는 바로 자신의 머리카
락을 뽑아 담갔습니다. 머리카락은 번쩍번쩍한 금이 되어 나왔
지요.

"이야, 이런! 누구는 설상가상이라더니 나는 갈수록 금상첨화
구먼! 저 방에서는 무엇을 끓이고 있으려나?"

왕자는 곧장 네 번째 방으로 들어갔습니다. 놀랍게도 방에는
냄비 대신 아주 아름다운 공주가 앉아 있었습니다. 공주의 얼굴
이 어찌나 사랑스럽던지, 왕자는 태어나서 그렇게 눈부신 외모
의 공주는 처음 보았습니다. 왕자를 보고 까무러치게 놀란 공주
는 소리쳤습니다.

"어머나, 세상에! 이곳에서 뭐하고 계세요?"

"아, 저는 어제 이곳에서 일자리를 얻었습니다."

"일자리라고요? 맙소사! 어서 여기서 도망치세요!"

"왜 그러시죠? 저는 아주 편한 주인을 만났다고 생각했는데
요. 오늘도 마구간만 청소하면 되거든요."

"그 일을 어떻게 끝마칠 생각이신데요? 당신이 쇠스랑으로 마
구간에 있는 오물을 퍼내고 나면 그보다 10배나 많은 오물이 도
로 들어올 거예요. 일단 제 말을 잘 들으세요. 어떻게 하면 그 일

을 제대로 마칠 수 있을지 알려드릴 테니까요. 쇠스랑을 거꾸로 쥐고 손잡이로 오물을 퍼내세요. 그러면 거름이 저절로 날아갈 거예요."

"고마워요, 공주. 그렇게 할게요."

왕자와 공주는 하루 종일 이야기를 나누며 금세 친해졌습니다. 두 사람은 서로가 마음에 들었지요. 이윽고 밤이 되자 공주가 왕자에게 말했습니다.

"이제 마구간을 치우는 게 좋겠어요."

"알겠어요, 공주."

마구간에 도착한 왕자는 쇠스랑으로 오물을 퍼내기 시작했습니다. 하지만 일을 시작한 지 얼마 되지 않아 마구간은 발 디딜 틈도 없이 거름으로 가득 차버렸습니다. 그제야 왕자는 공주가 말해준 대로 쇠스랑을 거꾸로 쥐고 손잡이로 오물을 퍼냈습니다. 그러자 마구간이 순식간에 말끔해졌지요. 일을 마친 왕자는 자신의 방으로 돌아와 흥얼거렸습니다. 잠시 후 거인이 염소를 몰고 집으로 돌아와 왕자에게 물었습니다.

"마구간 청소는 끝냈냐?"

"네, 주인님. 말끔히 치워놓았습니다."

"흠, 그래? 내 눈으로 직접 확인해봐야겠다."

거인이 성큼성큼 걸어가서 보니 왕자의 말대로 마구간은 아주 깨끗이 치워져 있었습니다. 거인이 왕자에게 물었습니다.

"너 내 안주인과 이야기를 나눈 거지? 틀림없어. 네놈 머리로는 죽었다 깨어나도 그 방법을 알 수가 없을 텐데."

왕자는 동태눈처럼 흐리멍텅한 표정을 짓고 대답했습니다.

"안주인이요? 그게 뭔데요? 저도 한번만 보여주세요, 제발요."

"알았어, 그만해. 곧 보여줄 테니."

다음 날, 거인은 염소를 몰고 나가며 왕자에게 말했습니다.

"오늘은 저 언덕에서 풀을 뜯고 있는 말을 데려다놔라. 그것만 하면 쉬어도 좋다. 넌 정말 편한 주인 만난 줄 알아. 아, 그리고 어제 말한 대로 다른 방에는 절대 들어가지 마라. 그랬다가는 목을 비틀어놓을 테다."

거인은 염소 떼를 몰고 사라졌습니다. 혼자 남은 왕자는 중얼거렸지요.

"맞아. 넌 정말 편한 주인이지. 얼른 가서 공주와 이야기를 해봐야겠다. 머지 않아 공주는 내 여자가 될 거야."

공주는 자신을 찾아온 왕자에게 물었습니다.

"오늘은 거인이 어떤 일을 시켰나요?"

"아, 별거 아니에요. 언덕에 올라가 거인의 말만 끌고 오면 되거든요."

"그러세요? 어떻게 하실 건데요?"

"그야 뭐, 어렵지 않죠. 말 타는 건 쉬운 일이거든요. 저는 아주 험한 말도 많이 타봤답니다."

"음, 그렇지만 그 일은 당신 생각처럼 쉬운 일이 아니랍니다. 제 말을 잘 들으세요. 당신이 말에게 가까이 다가가면 아마 말의 콧구멍에서 새빨간 불길이 치솟을 거예요. 저 문 뒤에 걸려 있는 재갈이 보이시죠? 재갈을 가져가서 말의 턱에 거세요. 그러면 말이 온순해져 당신이 원하는 대로 다룰 수 있을 거예요."

"정말 고마워요. 그렇게 할게요."

왕자와 공주는 이런저런 이야기를 주고받으며 또 하루를 보냈습니다. 왕자는 너무 행복한 나머지 언덕 위의 말을 새까맣게 잊고 지냈지요. 저녁이 되자 공주는 왕자에게 일렀습니다.

"거인이 돌아오기 전에 어서 말을 데려와요."

왕자는 그제야 일어나 재갈을 챙겨 언덕을 올라갔습니다. 공주의 말대로 말은 콧구멍으로 쉴 새 없이 불을 내뿜고 있었습니다. 왕자는 기회를 엿보다가 말이 입을 벌린 틈을 타 재갈을 던졌습니다. 그러자 말은 양처럼 온순해졌지요. 왕자는 말을 잘 길들여 집으로 돌아왔습니다. 해 질 녘이 되어서야 염소를 데리고 집으로 돌아온 거인은 왕자를 보자마자 대뜸 물었습니다.

"너 언덕 위에 있는 말을 집으로 잘 데려왔느냐?"

"네, 주인님. 분부대로 해놓았습니다. 그렇게 좋은 말은 처음 봤어요."

"그래? 내가 직접 봐야 믿을 수 있겠구나."

거인이 마구간으로 달려가보니 과연 왕자의 말대로 말이 있었습니다. 거인은 의심하는 말투로 물었습니다.

"너 이번에도 내 안주인과 대화했지? 분명해. 네 머리로는 백날이 지나도 이런 생각을 하지 못할 텐데."

왕자는 최대한 멍청한 척하며 대답했습니다.

"주인님, 도대체 안주인이 뭔데요? 어제도 그러시더니, 그게 뭔지 알려주세요. 한 번이라도 볼 수 있다면 여한이 없겠네요."

"아니야, 됐다. 곧 만나게 될 거다."

다음 날 새벽 무렵 거인은 염소를 몰고 숲으로 가며 왕자에게 말했습니다.

"오늘은 지옥에 가서 불로 된 내 세금을 받아 오거라. 그 일만 끝내면 오늘 하루 종일 놀고 쉬어도 된다. 넌 정말 편한 주인을 만난 줄 알아."

거인은 말을 마치자마자 훌쩍 떠나버렸습니다. 왕자는 볼멘소리로 구시렁거렸습니다.

"편한 주인이라고? 참나, 편한 주인 좋아하시네. 매일 어려운 일만 시켜대면서. 거인이 '안주인'이라 부르는 공주를 만나러 가야겠어. 공주는 어떻게 해야 세금을 받아 올 수 있는지 알고 있을 거야."

왕자는 전날, 전전날에 찾아갔던 방으로 발걸음을 옮겼습니다. 왕자를 본 공주는 반갑게 인사한 뒤 물었습니다.

"또 오셨군요. 오늘은 거인이 무슨 일을 시키던가요?"

"지옥에 가서 세금을 받아 오라고 했습니다."

"그래요? 당신은 어떻게 할 생각이신데요?"

"그야 당신이 알려줘야죠. 난 이제껏 지옥에 가본 적도 없을뿐더러 길을 안다고 해도 세금이 얼마인지 모르는 걸요."

"그렇다면 제가 알려드릴게요. 우선 저 언덕 아래 있는 커다란 바위로 가세요. 그곳에 있는 곤봉으로 바위 정면을 두드리면 불길로 번쩍이는 무언가가 나타날 거예요. 그러면 거인의 심부름을 왔다고 말하세요. 얼마나 가져갈 거냐고 물어보면 잊지 말고 '가져갈 수 있는 만큼' 달라고 하세요."

"네, 알겠어요. 정말 고마워요."

왕자와 공주는 한참 동안 이야기를 나누었습니다. 이야기가 너무 즐거웠던 탓에 왕자는 또 해야 할 일을 까먹었지요. 저녁이 되어 공주는 왕자에게 해야 할 일을 다시 알려주었고, 그제야 왕자는 길을 나섰습니다.

커다란 바위에 도착한 왕자는 곤봉으로 바위 정면을 두드렸습니다. 그러자 정말 바위가 열리더니 안에서 괴물이 나타났습니다. 괴물의 눈과 코에서는 불꽃이 뿜어져 나왔고 얼굴은 온통 이글거렸습니다. 괴물은 불꽃을 내뿜으며 물었습니다.

"무슨 일인가?"

"아, 안녕하세요. 거인이 세금을 받아 오라고 해서 왔습니다."

"얼마나 가져갈 건데?"

"제가 가져갈 수 있는 만큼만 가져가겠습니다."

"말이 지고 갈 수 있는 만큼이라고 말하지 않다니, 행운이로구만! 자, 나를 따라 바위 안으로 들어오게."

바위 안에는 금과 은이 잔뜩 쌓여 있었습니다. 자갈밭에 구르는 돌만큼이나 많았지요! 왕자는 자신이 들고 갈 수 있을 만큼만

금과 은을 들고 집으로 향했습니다. 늦은 밤, 집에 돌아온 거인은 콧노래를 부르는 왕자를 발견했습니다.

"기분이 왜 그리 좋지? 지옥에 가서 세금은 받아 왔느냐?"

"물론이죠, 주인님."

"어디에 두었는데?"

"저기 의자 위에 자루 보이시죠? 자루를 열어보세요."

"어디 보자."

거인은 의자 앞으로 성큼성큼 걸어가 자루의 끈을 풀었습니다. 그러자 금은보화가 바닥으로 쏟아졌습니다.

"너, 또 내 안주인과 이야기했지? 척 보면 알 수 있어. 정말 그랬다면 네놈 목을 비틀어버리겠다!"

"네? 안주인이라고요? 어제도 안주인에 대해 말씀하시더니, 오늘 또 그러시네요. 그제도 똑같은 말씀을 하셨고요. 대체 그 여자가 누구길래 그러세요? 정말 딱 한 번이라도 보면 소원이 없겠어요!"

"좋아, 좋아. 기다려. 내일 직접 만나게 해줄 테니까."

"와! 고마워요, 주인님. 농담 아니시죠? 기다리고 있을게요!"

다음 날 아침, 거인은 왕자를 데리고 공주에게 갔습니다.

"안주인, 이놈의 목을 쳐서 너와 나만 알고 있는 냄비에 넣고 푹 끓여라. 수프가 완성되면 날 부르고."

잠시 후 거인은 긴 의자에 눕더니 잠이 들었습니다. 코 고는 소리가 마치 천둥소리 같았지요. 공주는 칼을 집어 왕자의 새끼

손가락을 조금 잘라냈습니다. 그러고는 상처에서 나온 피 세 방울을 냄비 안에 떨어뜨렸지요. 그다음 누더기, 신발 밑창, 온갖 쓰레기를 긁어 모아 냄비 안에 넣었습니다.

냄비가 부글부글 끓는 동안 공주는 상자 안에 금을 잔뜩 채우더니 소금, 문 뒤에 걸려 있던 물통, 황금 사과, 황금 암탉과 수탉을 챙겼습니다. 이윽고 공주는 왕자와 함께 거인의 집에서 달아났지요.

거인의 집에서 벗어나 조금 달려가니 바다가 나타났습니다. 어디에서 구했는지는 모르겠지만 두 사람은 배를 타고 바다를 건너기 시작했습니다. 한편, 의자 위에서 깜빡 잠이 들었던 거인은 기지개를 켜며 외쳤습니다.

"아직 멀었나?"

그러자 냄비 안에 떨어졌던 왕자의 첫 번째 핏방울이 대답했습니다.

"이제 막 시작한 걸요."

대답을 들은 거인은 다시 깊은 잠에 빠졌습니다. 얼마 지나지 않아 깨어난 거인은 몸을 뒤틀며 물었지요.

"얼마나 더 기다려야 해? 내 말 안 들려?"

잠이 덜 깬 거인은 냄비를 자세히 들여다볼 생각은 못 했습니다. 그때 왕자의 두 번째 핏방울이 대답했습니다.

"이제 절반 정도 되었어요."

거인은 반대편으로 눕더니 다시 잠이 들었습니다. 몇 시간 후,

푹 자고 일어난 거인은 기지개를 활짝 켜며 물었습니다.

"아직도 다 안 되었어?"

세 번째 핏방울이 대답했습니다.

"거의 다 끝났어요."

거인이 눈을 비비며 주변을 둘러보았지만 누가 대답했는지 알 수 없었습니다. 공주는 물론 아무도 보이지 않았지요. 거인은 공주를 부르며 여기저기 찾아다녔습니다. 하지만 대답이 들릴 리가 없었지요.

"아, 잠시 밖에 나갔나 보군."

대수롭지 않게 생각한 거인은 수프를 맛보러 갔습니다. 그러나 냄비 안에는 누더기, 신발 밑창, 온갖 쓰레기만 끓고 있었습니다. 뭐가 뭔지 분간할 수도 없었지요. 거인은 그제야 일이 어떻게 돌아가고 있는지 알아챘습니다. 몹시 화가 난 거인은 제대로 서 있기도 힘들었지요.

거인은 곧 정신을 가다듬고 바람을 가르며 공주와 왕자를 뒤쫓았습니다. 잠시 후, 거인은 바다 앞에 도착했지만 건널 수가 없었습니다. 그는 혼자 중얼거렸습니다.

"걱정할 거 없어. 좋은 수가 있지. 물을 빨아들이는 친구를 불러야겠어."

얼마 지나지 않아 거인의 친구가 나타났습니다. 그는 바다 쪽으로 몸을 굽히더니 한 모금, 두 모금, 세 모금 바닷물을 들이마셨습니다. 그러자 바닷물이 급격히 줄어들었고 저 멀리 배를 타고 도망가는 왕자와 공주가 보였습니다. 공주는 거인을 발견하고는 외쳤습니다.

"왕자님! 빨리 소금 덩어리를 버리세요!"

왕자는 곧바로 소금 덩어리를 집어 던졌습니다. 바다에 떨어진 소금은 점점 커지더니 바다 한가운데를 가로막는 높은 산으로 변했습니다. 산은 거인도 넘어가기 어려울 정도로 높아 물을 빨아들이는 친구도 더 이상 거인을 도와줄 수 없었습니다. 거인은 또다시 혼자 중얼거렸습니다.

"후후, 걱정 없어. 또 좋은 수가 있거든."

거인은 구멍 뚫는 친구를 불러 소금 산에 구멍을 뚫게 했습니다. 그러고는 물을 빨아들이는 친구를 시켜 구멍 사이로 물을 들이키게 했지요. 그러나 소금 산에 구멍을 다 뚫고 물을 빨아들이는 친구가 막 물을 들이키려고 할 때 공주가 외쳤습니다.

"왕자님! 빨리 물병에 든 물을 한두 방울 버리세요!"

왕자가 물을 한두 방울 버리자 바닷물이 다시 넘쳐흘렀습니다. 덕분에 두 사람은 물을 빨아들이는 친구가 물을 들이키기 전에 반대편 육지에 도착할 수 있었지요.

거인의 손아귀에서 완전히 벗어난 왕자와 공주는 왕자의 아버지가 있는 궁전으로 돌아가기로 했습니다. 그러나 왕자는 공주가 맨몸으로 궁전에 들어서는 걸 원하지 않았습니다. 말에라도 태워서 들이고 싶었지요.

"공주, 여기서 10분만 기다리시오. 내가 아버지의 마구간에 가서 말 일곱 필을 끌고 오겠소. 여기서 그리 멀지 않으니 금방 다녀오리다. 아버지께 소개할 연인을 걸어가게 할 수는 없소.”

“아, 제발 저를 떠나지 마세요. 당신이 궁전에 들어가는 순간 저는 까맣게 잊히고 말 거예요. 당신이 그렇게 되리라는 걸 전 알고 있어요.”

“아니, 무슨 소리요? 내가 당신을 어떻게 잊는단 말이오? 이렇게 죽을 고생을 하며 함께 도망쳐 왔는데. 그리고 내가 당신을 얼마나 사랑하는데. 내가 당신을 잊는다고?”

공주는 계속해서 왕자를 말렸지만 소용없었습니다. 왕자는 한사코 말과 마차를 가져오겠다며 공주에게 해변에서 기다리라고 말했지요. 공주는 하는 수 없이 왕자를 보내며 단단히 일렀습니다.

“그럼 집에 도착하시거든 절대 멈춰 서지 마세요. 사람들과 인사를 나누려고 멈추는 것도 안 돼요. 곧장 마구간으로 가서 말을 몰아 되도록 빨리 돌아오세요. 사람들이 당신을 막아서더라도 못 본 척하셔야 해요. 가장 중요한 건 무슨 일이 있어도 음식을 드시면 안 됩니다. 제 말을 그대로 따르지 않으시면 우린 둘 다 불행해질 거예요.”

왕자는 그러겠다고 약속했습니다. 무슨 일이 있어도 공주를 잊지 않겠다고 자신했지요.

왕자가 막 궁전에 도착하니 한 왕자의 결혼 축하연이 열리기 직전이었습니다. 신부의 일가친척도 궁전에 도착해 있었지요.

막내 왕자를 본 사람들은 그를 에워싸고 이것저것 물어보았습니다. 심지어는 그를 궁 안으로 데려가려 했지요. 하지만 왕자는 많은 사람을 본체만체하며 마구간으로 쭉 걸어갔습니다. 그러고는 말을 끌고 나와 공주에게 가려고 했지요.

하지만 궁 안의 사람들은 거기서 멈추지 않았습니다. 잔치를 위해 차려진 맛있는 음식과 술을 내와 왕자에게 건넸지요. 하지만 왕자는 맛볼 생각은 조금도 하지 않고 갈 길을 재촉했습니다. 그때 신부의 여동생이 사과를 하나 굴리며 말했습니다.

"정 그러시다면 이 사과라도 좀 드세요. 오랫동안 여행을 다녀오셨으니 허기지고 갈증도 나실 거 아니에요."

왕자는 아무 생각 없이 사과를 집어 들더니 한 입 베어 먹었습니다. 그 순간 왕자는 공주에 대한 모든 것을 까맣게 잊어버리고 말았지요.

"내가 왜 말과 마차를 끌고 나왔지? 여행을 오래 해서 그런지 정신이 하나도 없군."

왕자는 말을 다시 마구간에 넣고 다른 사람들과 함께 궁전으로 들어갔습니다. 얼마 지나지 않아 막내 왕자는 자신에게 사과를 굴려준 여인과 결혼을 하게 되었지요.

한편, 공주는 해변에 앉아 하염없이 왕자를 기다렸지만 그는 끝내 나타나지 않았습니다. 결국 그녀는 해변을 떠나 궁전 가까이에 있는 숲속으로 들어갔지요. 숲속에 외따로 떨어져 있는 오두막에는 고집이 세고 심술궂은 노파가 살고 있었습니다. 공주는 오두막에 들어가 노파에게 부탁했습니다.

"저 여기에서 잠깐 묵어가도 될까요? 부탁드릴게요."

"안 돼! 이곳엔 아무나 들일 수 없어!"

"부탁드려요. 제가 집세는 후하게 드릴게요. 네?"

공주의 끊임없는 간청에 노파는 결국 오두막의 한 공간을 빌려주기로 했습니다.

"정말 감사합니다. 그나저나 집 안이 너무 어둡고 지저분하네요. 제가 말끔하게 치워두겠습니다."

"안 돼! 이곳에서 묵어가는 동안에는 아무것도 하지 마라."

하지만 공주는 전혀 개의치 않았습니다. 그녀는 상자를 열어 금을 한 주먹 쥐더니 불 속으로 던졌습니다. 그러자 금이 녹아 벽난로 위로 부글부글 끓어 넘쳐 오두막 전체로 퍼졌습니다. 집 안과 밖은 온통 금으로 칠해졌지요.

안타깝게도 노파는 멋지게 변한 집을 보지 못하고 죽었습니다. 금이 막 부글부글 끓어오르는 순간 노파는 악마가 나타난 줄 알고 겁에 질려 도망치다가 그만 문에 부딪히면서 목이 부러지고 말았지요.

다음 날 아침, 한 치안관이 숲속을 걷다가 반짝반짝 빛나는 오두막을 발견했습니다. 집이 너무 아름다워 자신의 눈을 믿을 수 없을 지경이었지요. 집 안으로 들어간 그는 더욱 놀랄 수밖에 없었습니다. 너무나도 아름다운 공주가 앉아 있었기 때문이지요. 치안관은 공주를 보자마자 사랑에 빠져 자신의 아내가 되어달라고 간청했습니다.

"좋아요. 그런데 당신, 혹시 돈은 좀 있나요?"

치안관은 곧바로 집으로 뛰어가더니 저녁쯤이 되어서야 돈 자루를 들고 나타났습니다. 공주는 그에게 말했지요.

"당신은 부유한 것 같으니 청혼을 받아들이겠어요."

이윽고 밤이 되자 치안관과 공주는 잠자리에 들 준비를 했습니다. 그런데 갑자기 공주가 벌떡 일어나더니 말했습니다.

"어머! 불 피우는 걸 깜빡 잊었어요."

"아니, 그냥 있어요. 내가 나가서 보고 올게요.."

치안관은 자리에서 일어나 난로를 보러 갔습니다. 공주는 그에게 외쳤습니다.

"삽을 들거든 제게 말하세요!"

"아, 지금 막 들었소!"

그러자 공주는 하늘에 대고 기도하기 시작했습니다.

"아, 제발 하느님. 그의 손에서 삽이 떨어지지 않게 해주세요. 그리고 삽아! 너는 제발 내일 아침까지 계속해서 뜨거운 석탄을 푸렴!"

그날 밤 치안관은 쉬지 않고 석탄을 퍼냈습니다. 아무리 울며 빌어도 석탄은 식지 않았지요. 물론 손에서 삽을 떼낼 수도 없었습니다. 날이 밝자 치안관은 그제야 삽을 놓을 수 있었고 이 모든 것이 마귀의 짓이라고 생각한 그는 뒤도 돌아보지 않고 도망쳤습니다.

한편 사람들은 누군가에게 흠씬 두들겨 맞은 몰골로 미친 사람처럼 뛰어다니는 치안관을 보고 놀랐습니다. 그에게 무슨 일이 있었느냐고 물었지만 치안관은 너무 창피해 차마 대답할 수 없었지요.

치안관이 떠난 다음 날, 한 법률가가 공주가 살고 있는 오두막 앞을 지나게 되었습니다. 그는 번쩍이는 오두막이 궁금해 안으로 들어갔지요. 법률가는 오두막 안에 앉아 있는 공주를 보자마자 반해버렸습니다. 그는 치안관보다 더 열정적으로 구혼했지요. 공주는 이번에도 똑같은 질문을 했습니다.

"당신, 돈은 얼마나 있나요?"

법률가는 냉큼 집으로 달려가더니 돈 자루를 챙겨 왔습니다. 공주는 청혼을 받아들였고 두 사람은 함께 잠자리에 들었습니다. 그런데 공주가 갑자기 소리쳤습니다.

"아이고! 문 잠그는 걸 깜빡 잊었어요! 얼른 가서 문을 잠그고 와야겠어요."

"아니, 뭐라고? 당신은 여기 있어요. 내가 다녀오지."

법률가는 잽싸게 일어나 현관문으로 달려갔습니다. 공주는 법률가의 뒤통수에 대고 소리쳤지요.

"문의 빗장을 잡으면 제게 말해주세요!"

"지금 막 잡았소!"

대답을 들은 공주는 다급한 목소리로 기도하기 시작했습니다.

"아, 제발 하느님. 그의 손에서 문이 떨어지지 않게 해주세요.

그리고 문아! 너는 날이 밝을 때까지 계속 왔다 갔다 하렴!"

법률가는 밤새 문에 손을 꼭 붙인 채로 춤을 추었습니다. 법률가가 문을 앞으로 밀려고 하면 문이 그를 뒤로 확 밀치고, 반대로 문을 밀려고 하면 문이 그를 앞으로 확 밀쳤습니다. 불쌍한 법률가는 계속 문에게 두들겨 맞은 셈이지요.

해가 뜨고 나서야 겨우 해방된 법률가는 돈 자루도 공주도 몽땅 잊어버리고 도망쳤습니다. 문이 또 춤을 추자며 덤벼들까 봐 무서웠던 것이지요. 그는 미친 사람처럼 허둥대며 흉한 몰골로 뛰었습니다. 법률관의 꼴을 보는 사람마다 놀라움을 숨기지 못했지요.

그로부터 또 하루가 지나고, 이번에는 시장市長이 숲속의 빛나는 오두막을 보았습니다. 그는 오두막 안으로 들어갔고 역시나 공주를 보자마자 사랑에 빠졌습니다. 공주는 전날, 전전날과 똑같이 시장에게 돈이 많으냐고 물어봤고, 시장은 자신이 절대 궁색하지 않다며 돈을 가지러 집으로 달려갔습니다.

밤이 되어 다시 돌아온 시장은 앞의 두 사람보다 훨씬 많은 돈이 들어 있는 자루를 내려놓았습니다. 공주는 시장의 청혼을 받아들였고 함께 잠자리에 들었습니다. 막 잠이 들려는 찰나, 공주는 벌떡 일어나 소리쳤습니다.

"아! 풀밭에 송아지를 그냥 두고 와버렸네! 당장 가서 외양간에 넣어놔야겠어요."

"아, 당신은 여기 있구려. 내가 다녀오지."

시장은 고양이처럼 날렵하게 뛰어나갔습니다. 공주는 또다시 소리쳤지요.

"좋아요. 송아지 꼬리를 잡거든 제게 알려주세요!"

"아, 지금 막 잡았소!"

공주는 이번에도 하늘에 대고 싹싹 빌었습니다.

"아, 제발 하느님. 그의 손에서 송아지 꼬리가 떨어지지 않게 해주세요. 그리고 송아지 꼬리야! 너는 제발 해가 뜰 때까지 그 사람을 데리고 계속 돌아다니렴!"

송아지는 밤새 봉우리로 골짜기로 쉬지 않고 뛰어다녔습니다. 시장은 끌려가지 않으려고 다리에 힘을 주었지만 소용없었습니다. 새벽이 되어서야 겨우 송아지에게서 벗어난 시장은 숨을 헐떡이며 도망쳤습니다. 송아지와 한바탕 난리를 치른 뒤라 옷은 갈가리 찢겨 있었고 몰골도 엉망이었지요.

시장은 체면을 생각해 뛰지 않았습니다. 덕분에 사람들은 시장의 우스꽝스러운 꼴을 더 잘 볼 수 있었지요. 사람들은 천천히 걸어가는 시장을 보며 한동안 웅성거렸습니다.

바로 다음 날, 왕자들과 신부들은 결혼식을 올리기 위해 길을 나섰습니다. 네 사람을 태운 마차가 막 떠나려는 순간 갑자기 마차를 연결하는 고리 하나가 툭 하고 부러졌습니다. 교회를 갈 수 없게 된 왕자들과 신부들은 풀이 죽었지요. 그때 결혼식에 초대받은 치안관이 나서서 말했습니다.

"저 숲속에 어떤 아가씨가 사는데, 그 아가씨의 부삽을 빌리세요. 그건 절대로 부러지지 않거든요."

왕실 사람들은 곧바로 숲속 아가씨에게 전령을 보냈습니다. 아가씨는 흔쾌히 삽을 보내주었고 삽은 마차의 튼튼한 연결 고리가 되었습니다.

하지만 왕자 일행이 다시 떠나려고 하자 이번에는 마차의 바닥이 산산이 부서지고 말았습니다. 사람들은 계속 새로운 바닥을 만들었지만 아무리 좋은 나무를 사용해도 출발하려고만 하면 어김없이 두 동강이 나버렸습니다. 모든 사람이 난감한 상황에 처해 발을 동동 구르는데 법률가가 나서서 말했습니다.

"저 숲에 한 아가씨가 사는데, 그 아가씨의 현관 문짝을 빌리세요. 그건 절대로 부서지지 않거든요."

왕실에서는 바로 아가씨에게 전갈을 보내 문짝을 빌릴 수 있겠느냐고 정중하게 물어보았습니다. 아가씨는 이번에도 흔쾌히 문짝을 보내주었지요. 단단한 문짝을 마차 바닥에 깔자 이제 정말로 출발할 수 있게 되었습니다.

하지만 이번에는 마차가 꿈쩍도 하지 않았습니다. 말 여섯 마리가 끌었는데도 말이지요. 12마리까지 말을 늘리고 채찍을 이리저리 휘둘렀지만 마차는 그 자리에서 조금도 움직이지 않았습니다.

시간이 흐를수록 사람들은 점점 좌절에 빠졌습니다. 정해진 시간 안에 교회에 도착하는 것이 불가능해 보였지요. 그때 갑자기 시장이 나타나 말했습니다.

"숲속에 들어가면 금으로 반짝이는 오두막 하나가 있어요. 그곳에 아가씨 한 명이 살고 있는데 그녀의 송아지를 빌리세요. 그럼 해결될 겁니다. 그 송아지라면 아무리 무거워도 끌 수 있을 테니까요."

사람들은 송아지가 끄는 마차를 떠올리며 반신반의했지만 다른 방법이 없었습니다. 결국 이번에도 왕의 이름으로 아가씨에게 전갈을 보내 송아지를 빌려달라고 했지요. 아가씨는 이번에도 송아지를 내주었습니다. 송아지를 마차에 매자마자 마차는 높이 떠올랐다 내려갔다를 반복하며 사람이 숨도 못 쉴 정도로 날뛰었습니다. 덕분에 교회에는 빨리 도착했지만 송아지가 뱅글뱅글 도는 바람에 사람들은 교회에 들어가는 데 무척 애를 먹었습니다. 결혼식을 마치고 궁전으로 돌아올 때도 송아지가 어찌나 날뛰던지 눈 깜짝할 사이에 궁전에 도착해 있었습니다.

사람들이 모두 식사하러 간 뒤 혼자 남은 막내 왕자는 골똘히 생각했습니다. 그는 자신에게 삽자루, 현관 문짝, 송아지를 빌려준 아가씨를 궁으로 불러 어찌 된 일인지 알아보고 싶었지요.

"아버지, 만약 그 세 가지 물건이 없었다면 우리는 여기서 꼼짝하지도 못했을 겁니다. 결혼식도 못 올렸겠지요. 그녀를 궁으로 부르고 싶습니다."

왕이 대답했습니다.

"그렇지. 네 말이 옳다."

왕은 신하 다섯 명을 숲속의 금빛 오두막으로 보내 아가씨를 모셔 오게 했습니다. 하지만 아가씨는 거절했습니다.

"왕께는 감사하다는 말씀 전해주세요. 그리고 왕께서 몸소 저를 데리러 오셔야 기꺼이 초대에 응하겠다고도 전해주세요."

아가씨의 말을 전해 들은 왕은 직접 그녀를 데리러 갔습니다. 왕과 아가씨는 궁전으로 돌아와 식사 자리에 앉았지요.

식사를 하던 중 아가씨는 거인의 집에서 챙겨 온 황금 사과, 황금 암탉과 수탉을 꺼내 식탁 위에 올려놓았습니다. 암탉과 수탉은 서로 황금 사과를 차지하려고 맹렬히 싸웠지요. 이 광경을 본 막내 왕자가 외쳤습니다.

"저것 좀 보게! 닭 두 마리가 사과를 놓고 죽기 살기로 싸우고 있구먼!"

"네, 맞아요. 우리도 거인의 언덕에 갇혀 있을 때 저렇게 목숨을 걸고 함께 도망치지 않았던가요?"

그 순간 막내 왕자에게 걸려 있던 마법이 풀렸습니다. 왕자는 공주를 한눈에 알아보았지요. 왕자의 기쁨은 말로 표현할 수 없었습니다.

한편 왕자에게 사과를 굴려 마법을 걸었던 신부는 사실 마녀였습니다. 마녀는 말 24마리에 묶여 사지가 갈가리 찢긴 채로 죽었습니다. 이윽고 왕자는 자신이 정말 사랑하는 공주와 진짜 결혼식을 올렸지요. 치안관, 법률가, 시장도 두 사람의 결혼을 축하해주었답니다. 물론 세 사람 모두 몸이 얼얼하고 발이 아프긴 했지만요!

THE BUL-BUL BIRD

불-불 새

옳은 일을 하면 죽어도 옳은 귀신이 된다

옛날 옛적, 슬하에 세 왕자를 둔 왕이 살고 있었습니다. 어느 날, 세 왕자는 아홉 왕국 건너에 사는 왕의 신기한 새 이야기를 들었습니다. 새는 왕의 정원에 있는 황금 새장에 사는데, 무엇이 든 시키기만 하면 척척 해낸다고 했지요. 새는 매일 밤 가지가 세 갈래로 갈라진 보리수나무에 걸려 있는 황금 새장 안에서 잠을 청한다고 했습니다.

한편, 새의 왼쪽 발톱에는 작은 반지가 하나 끼워져 있는데 그 반지를 빼낼 수 있는 사람만이 신기한 새를 가질 수 있었습니다. 수많은 사람이 새를 찾아가 반지를 빼내려 했지만 아무도 성공하지 못했습니다.

모든 소문을 들은 세 왕자는 황금 새장의 새를 데려오기로 결심했습니다. 가장 먼저 장남이 말에 안장을 얹고 긴 여정을 준비했습니다. 나머지 두 왕자도 말에 안장을 얹고 형의 뒤를 따랐지요. 한참을 가던 세 왕자는 어느 다리에 이르렀습니다. 장남은 말에서 내려 칼로 다리에 홈 세 개를 파더니 동생들에게 말했습니다.

"잘 들어라, 아우들아. 만약 이 자국이 지금처럼 하얗게 유지된다면 내게 별 문제가 없는 거지만, 만약 이 자국이 피로 채워지면 내가 위험에 처했다는 것이다. 그땐 꼭 날 구하러 와주렴."

장남은 아흐레 만에 아홉 왕국 건너에 있는 나라의 궁전에 도착했습니다. 왕자는 왕을 찾아가 말했습니다.

"안녕하세요, 여기에 신기한 새가 있다고 들었습니다. 저는 그 새를 얻으러 왔습니다."

왕은 곰곰이 생각하다가 머리를 갸우뚱하더니 물었습니다.

"이보게, 젊은이. 새로 무엇을 하려고 그러는가? 이 새는 다름 아니라 불-불 새라네. 이제껏 많은 사람이 불-불 새를 데려가려고 날 찾아왔지만 모두 실패했지. 앞으로도 많은 사람이 찾아오겠지만 아마 모두 실패할 걸세."

왕자는 단호하게 대답했습니다.

"아뇨, 무슨 일이 있더라도 저는 새를 데려가겠습니다."

왕자를 말릴 수 있는 사람은 아무도 없었습니다. 해가 질 무렵 정원으로 들어간 왕자는 세 갈래로 갈라진 보리수나무를 찾기 시작했습니다. 하지만 아무리 여기저기를 둘러보아도 보리수나무는 보이지 않았습니다. 왕자는 빽빽한 자작나무 숲으로 더 깊숙이 들어갔습니다. 즐거운 마음으로 나무를 헤치며 나아간 왕자는 마침내 작은 풀밭 위에 서 있는 보리수나무를 발견했습니다. 세 갈래로 갈라진 보리수나무의 가지 끝에는 황금 새장이 걸려 있었지요. 하지만 새장 안에는 불-불 새가 없었습니다.

왕자는 나무 주위에 자라난 풀숲에 몸을 숨기고 새가 나타나기를 기다렸습니다. 잠시 후 정원에는 마치 수백만 마리의 새가 노래를 부르는 듯한 소리가 울려 퍼졌습니다. 불-불 새가 나타난 것이지요! 새는 자신의 새장에 내려앉더니 조심스럽게 주위를 돌아보았습니다. 그러고는 슬픔에 잠긴 목소리로 물었지요.

"다른 사람들은 모두 잠들었군요. '불-불 새야, 너도 자야지?'라고 말해줄 사람이 아무도 없나요?"

왕자는 속으로 생각했습니다.

'바라는 게 그것뿐이라면 못 들어줄 이유가 전혀 없지!'

그는 곧바로 말했습니다.

"불-불 새야, 너도 자거라!"

그 순간 불-불 새가 날개를 펼쳐 왕자를 쳤고 왕자는 그 자리에서 자작나무로 변하고 말았습니다.

다음 날 아침 왕자의 두 동생은 칼자국이 난 홈에 묻어 있는 피를 보았습니다. 깜짝 놀란 둘째 왕자는 곧바로 말에 올라타 아홉 왕국 건너에 있는 나라로 달려갔습니다. 둘째 왕자는 궁전에 도착하자마자 왕을 찾아가 물었습니다.

"내 형은 어디 있지?"

그러자 왕은 대답했습니다.

"자네 형은 아마 불-불 새가 있는 정원에 있을 걸세."

둘째 왕자는 왕의 정원으로 들어가 이곳저곳을 찾아다녔습니다. 하지만 그곳에는 형도 보리수나무도 보이지 않았습니다. 그는 울창한 자작나무 숲으로 발을 옮겼고 마침내 보리수나무를 발견했습니다. 하지만 형은 여전히 보이지 않았지요.

둘째 왕자 역시 보리수나무 주위 풀숲에 몸을 숨기고 기다렸습니다. 주위는 온통 고요만이 가득했지요. 이윽고 해가 지자 수백만 마리의 새가 노래를 부르듯 정원에 큰 소리가 울려 퍼졌습니다. 곧 불-불 새가 돌아와 황금 새장에 앉더니 주위를 한 바퀴 둘러보고 슬픈 음성으로 물었습니다.

"다른 사람들은 모두 잠이 들었군요. '불-불 새야, 너도 그만 자거라' 하고 말해줄 사람 누구 없나요?"

둘째 왕자는 한마디도 하지 않았습니다. 잠시 후 불-불 새는 아주 구슬프게 또 물었지요.

"정말 나만 빼고 모두 잠들었군요. '불-불 새야, 너도 어서 자거라' 하고 말해줄 사람이 단 한 사람도 없는 건가요?"

동정심이 생긴 왕자는 대답했습니다.

"불-불 새야, 그만 자거라."

그 순간 불-불 새는 날개로 둘째 왕자를 쳤습니다. 그도 자작나무로 변하고 말았지요.

다음 날 아침, 막내 왕자는 칼자국이 난 홈에 묻어 있는 피를 보았습니다. 막내 왕자는 바로 떠날 채비를 갖추고 형들을 구하러 나섰습니다. 막내 왕자가 아홉 왕국 건너에 있는 나라에 도착하니 왕이 직접 나와 말했습니다.

"자네의 두 형은 불-불 새가 있는 정원에 아직 있을 거라네."

막내 왕자는 왕의 말이 끝나자마자 정원으로 들어갔고 구석구석을 뒤져보았습니다. 하지만 형들도 보리수나무도 눈에 띄지 않았습니다. 그러다가 자작나무 숲에 들어가게 된 왕자는 보리수나무를 발견했습니다. 그는 황금 새장과 가까운 풀숲에 몸을 숨기고 기다렸습니다. 얼마 지나지 않아 하늘이 어두워지자 정원에는 수백만 마리의 새소리가 울려 퍼졌습니다. 그리고 불-불 새가 나타나 황금 새장에 들어갔지요. 새는 또다시 슬픈 목소리로 물었습니다.

"다른 사람들은 모두 잠이 들었군요. '불-불 새야 너도 그만 자거라'라고 말해줄 사람 누구 없나요?"

막내 왕자는 아무 말도 하지 않고 가만히 있었습니다. 그러자 불-불 새는 아주 구슬프게 또 물었습니다.

"나만 빼고 다 잠든 건가요? '불-불 새야, 너도 자거라' 하고 말해줄 사람이 정말 아무도 없어요?"

막내 왕자는 잠자코 있었습니다. 잠시 후 불-불 새는 한숨을 푹 내쉬더니 눈물을 흘리며 물었습니다.

"정말 다 잠들었나 봐요. 나만 이렇게 깨어 있어야 하는군요. '불-불 새야, 너도 자거라' 고작 이 말 한마디 해줄 사람이 단 한 명도 없단 말인가요?"

새의 울음소리에 마음이 약해진 막내 왕자가 막 대답하려는 순간 불-불 새가 새장 안으로 뛰어들어 갔습니다. 그 모습을 본 막내 왕자는 안도의 한숨을 내쉬었지요.

"휴, 다행이다."

막내 왕자는 아주 천천히 풀숲에서 기어나와 새장으로 다가 갔습니다. 그는 새의 왼발에 끼워진 반지를 조심스럽게 빼낸 뒤 새장 문을 세게 닫아버렸습니다. 큰 소리에 놀라 잠이 깬 불-불 새는 펄쩍 뛰며 비명을 질러댔습니다. 한참을 깡총거리던 새는 동이 틀 무렵이 되어서야 진정하더니 이내 머리를 숙이고 말했 습니다.

"당신이 제 반지를 가져갔으니 이제부터 제 주인은 당신입니 다. 무엇이든 말만 하세요."

"자, 그럼 어서 말해라. 내 형들은 모두 어디 있지?"

"당신 옆에 있는 자작나무 두 그루가 바로 당신의 형들입니다."

"그렇다면 다른 자작나무들은 무엇이 변한 것이냐?"

"그것 역시 다른 사람들이 변한 것입니다."

"어떻게 하면 다시 사람으로 되돌릴 수 있지?"

"자작나무 숲 안쪽으로 더 들어가서 주위를 둘러보면 모래 무 덤이 보일 겁니다. 그 모래를 세 줌씩 나무에 던지면 다시 사람으로 변합니다."

막내 왕자는 곧장 자작나무 숲으로 들어가 모래를 구해 왔습니다. 그러고는 두 형을 원래의 모습으로 돌려놨지요. 세 사람은 다른 자작나무에도 모래를 뿌려 원래의 모습으로 되돌려주었습니다. 깨어난 사람들은 세 왕자를 도와 모든 자작나무에 모래를 뿌렸습니다. 이윽고 정원에 있던 모든 나무가 다 사람으로 변했습니다. 정원을 꽉 채운 수많은 사람이 몹시 기뻐했지요. 막내 왕자는 불-불 새에게 명령을 내렸습니다.

"간밤에 부른 노래를 또 해보거라."

불-불 새는 계속해서 아름다운 노래를 불러주었습니다. 사람들은 오묘한 음성을 들으며 더욱 기뻐했지요.

그로부터 사흘 뒤 사람들은 뿔뿔이 흩어졌습니다. 세 왕자도 집으로 발걸음을 옮겼지요. 부지런히 걷다가 바닷가 근처에 닿은 막내 왕자는 너무 지친 나머지 해변에 누워 그대로 잠이 들고 말았습니다. 그러자 두 형은 막냇동생을 바닷속으로 던져버렸습니다. 불-불 새를 빼앗으려는 생각이었지요.

하지만 바보 같은 두 왕자는 동생의 손가락에 끼워져 있던 반지를 깜빡하고 말았습니다. 반지가 있어야만 불-불새를 이용할 수 있는데 말이지요! 이윽고 궁전에 도착한 두 형은 불-불 새를 찾아 떠났던 긴 여정과 그간의 노고를 말하며 허풍을 떨었습니다. 막냇동생의 소식을 전혀 모른다며 시치미를 떼기도 했지요.

두 형은 불-불 새에게 값비싼 물건을 내놓으라고 끊임없이 명령했지만 불-불 새는 꿈쩍도 안 했습니다. 그렇게 시간이 흐르고, 두 왕자는 아무런 양심의 가책도 없이 궁전에서 호화로운 생활을 즐겼습니다. 하지만 늙은 아버지는 막내 왕자를 떠올리며 눈물지었지요.

한편 바다에 빠진 막내 왕자는 아주 잘 지내고 있었습니다. 왕이 슬퍼할 필요가 없었지요. 막내 왕자가 바다에 빠졌을 때 물의 요정이 나타나 그를 아름다운 호박 궁전으로 데려갔습니다. 그곳에 살고 있던 바다의 여왕은 훤칠하게 잘생긴 막내 왕자에게 반해버렸습니다. 얼마 지나지 않아 두 사람은 결혼식을 올리고 행복하게 살았습니다.

그러던 어느 날, 바다의 요정이 찾아와 육지 소식을 전해주었습니다.

"왕자님, 제가 들은 바로는 왕자님의 아버지께서 매우 깊은 슬픔에 빠져 계신다고 합니다."

왕자는 아버지가 몹시 걱정되었습니다. 그는 며칠 동안 아버지 집에 다녀오기로 했지요. 왕자가 불-불 새의 반지를 문지르자 반지가 바닷속 궁정과 아버지의 궁전을 연결하는 황금 다리로 변했습니다.

죽은 줄로만 알았던 막내아들이 건강한 모습으로 되돌아오자 아버지는 몹시 기뻐했습니다. 두 사람의 모습을 본 불-불 새는 노래를 부르기 시작했고 두 형이 막냇동생에게 한 짓을 아버지에게 들려주었습니다. 두 왕자는 곧바로 아버지와 동생 앞에 무룷을 꿇더니 살려달라고 애원했습니다. 너그러운 막내 왕자는 두 형을 용서했습니다. 아버지에게도 형들을 용서해달라고 간청했지요.

이후 사흘 동안 막내 왕자는 아버지의 궁에 머물며 즐거운 시간을 보냈습니다. 나흘째 되는 날, 왕자는 불-불 새를 데리고 다시 바다의 여왕 곁으로 돌아갔습니다. 바다의 궁정에 이른 왕자가 문을 열자 황금 다리는 도로 황금 반지가 되었답니다!

THE THREE PRINCESSES OF WHITELAND

하얀나라의 세 공주

스스로 무덤을 판다

옛날 옛적, 어느 궁전 옆에 한 어부가 살았습니다. 어느 날 그는 왕의 식탁에 올릴 물고기를 잡으러 나갔습니다. 어부는 쉬지 않고 낚싯대를 던졌지만 끝내 한 마리도 잡지 못했지요. 날이 거의 저물 무렵 갑자기 물에서 머리 하나가 튀어나와 말했습니다.

"당신 아내의 허리띠 아래에 있는 것을 내게 준다면 물고기를 많이 잡을 수 있게 해주겠소."

아내가 아기를 가졌다는 사실을 전혀 몰랐던 어부는 아주 대담하게 대답했습니다.

"좋소, 그렇게 하겠소."

이후 어부는 온갖 종류의 물고기를 잔뜩 잡았습니다. 밤이 되어 집으로 돌아온 어부는 아내에게 그날 있었던 일을 말해주었습니다. 어부의 말을 들은 아내는 넋을 잃은 채 탄식했습니다.

"아이고, 이 바보 같은 사람아. 허리띠 아래 있는 게 제 자식인 줄도 모르고…."

그 이야기는 순식간에 성안의 사람들에게까지 전해졌습니다. 소식을 들은 왕은 어부와 그의 아내에게 전갈을 보냈습니다.

> 아기가 태어나면 내가 직접 돌보도록 하겠네.
> 그리고 아기를 구할 방법도 최선을 다해 찾아보겠네.

그럭저럭 시간이 흐르고 어부의 아내는 사내아이를 낳았습니다. 왕은 곧바로 아기를 데려와 친아들처럼 길렀고, 어느덧 아기는 씩씩한 청년이 되었습니다. 어느 날 청년은 왕에게 이렇게 말했습니다.

"아버지와 함께 낚시를 하고 싶습니다. 잠시 나갔다 오면 안 될까요?"

왕은 청년의 부탁을 들으려고도 하지 않았습니다.

"안 된다."

하지만 청년은 고집을 꺾지 않고 끝까지 졸랐습니다. 결국 왕은 그의 말을 들어줄 수밖에 없었지요.

어부 부자는 하루 종일 밖에서 물고기를 잡았습니다. 두 사람 모두 밤이 되어 뭍으로 돌아올 때까지 무사했지요. 안전하게 배에서 내린 청년은 주머니를 뒤지며 중얼거렸습니다.

"손수건이 안 보이네. 아무래도 배에 두고 온 것 같은데…."

청년은 손수건을 찾으러 배로 되돌아갔습니다. 그런데 청년이 배에 올라타자마자 이상한 일이 일어났습니다. 배가 갑자기 물살을 가르며 맹렬하게 움직이기 시작한 것이지요. 청년이 아무리 반대 방향으로 노를 저어도 소용없었습니다. 배는 밤새 어디론가 하염없이 나아가더니, 마침내 청년은 아주 멀리 떨어진 하얀 바닷가에 도착했습니다.

배에서 내려 주변을 걸어다니던 청년은 긴 백발 수염을 휘날리는 매우 늙은 노인을 만났습니다.

"안녕하세요, 할아버지. 혹시 이곳의 이름이 무엇인가요?"

"하얀나라일세. 자네는 어디에서 왔는가? 여기서 무엇을 할 생각이지?"

청년은 자초지종을 모두 말해주었습니다.

"아아, 그랬군. 여기 바닷가를 따라 조금만 더 걸어가면 세 공주가 사는 곳에 이르게 될 걸세. 공주들은 목까지 땅에 묻힌 채 머리만 내밀고 있을 텐데, 첫째 공주가 먼저 소리치며 당장 자신을 꺼내달라고 애원할 걸세. 둘째 공주 역시 똑같이 그럴 테고. 하지만 절대로 두 사람에게 다가가지 말게. 아무것도 못 보고 못 들은 것처럼 재빨리 지나치게. 그리고 셋째 공주에게 다가가 그녀의 요구를 들어주게나. 이렇게만 한다면 자네는 엄청난 행운을 누리게 될 걸세. 이게 전부라네."

첫째 공주가 있는 곳에 이르자 과연 노인의 말대로 당장 자신을 꺼내달라고 애원하는 소리가 들렸습니다. 청년은 못 보고 못 들은 것처럼 지나쳤지요. 마찬가지로 둘째 공주의 말도 무시하고 지나쳤습니다. 그는 곧바로 셋째 공주에게 다가갔습니다. 셋째 공주는 다가오는 청년을 향해 외쳤습니다.

"제가 하라는 대로만 하면 당신은 우리 셋 가운데 원하는 사람과 결혼할 수 있을 거예요."

청년은 기꺼이 그렇게 하겠다고 대답했습니다. 셋째 공주는 어떤 이유로 세 공주가 땅속에 묻히게 되었는지 알려주었습니다. 숲속 성에 살던 공주들은 세 트롤에 의해 그렇게 된 것이었지요. 셋째 공주가 말을 이었습니다.

"이제 성으로 들어가 매일 밤 우리를 위해 트롤에게 채찍질을 당하세요. 당신이 트롤의 채찍질을 견뎌낸다면 우리는 풀려날 수 있을 거예요."

청년은 그러겠다고 대답한 뒤 채비를 했습니다. 공주는 계속해서 말을 이어갔습니다.

"성 가까이 가면 문 앞에 두 마리의 사자가 보일 거예요. 그 사이로 곧장 들어가면 아무런 해도 입지 않을 겁니다. 성에 들어가면 바로 어둡고 작은 방으로 들어가 자리에 누우세요. 그러면 당신을 때리려고 트롤이 나타날 겁니다. 트롤에게 채찍질을 당한 후 벽에 걸려 있는 약병에 담긴 연고를 바르면 몸에 있는 모든 상처가 바로 아물 거예요. 트롤이 채찍질을 끝내면 약병 옆에 걸

땅에 묻힌 채 머리만 내밀고 있는 세 공주

린 칼로 트롤을 내리쳐 죽이세요."

청년은 공주가 알려준 대로 움직였습니다. 먼저 그는 사자가 보이지 않는 것처럼 두 마리 사이를 빠르게 지나 어둡고 작은 방에 들어가 누웠습니다.

첫날 밤, 머리가 셋 달린 트롤이 채찍 세 개를 들고 나타나 청년을 있는 힘껏 때렸습니다. 청년은 트롤이 그만둘 때까지 견뎠지요. 채찍질이 끝나자마자 청년은 약병에 담긴 연고를 온몸에 바른 후 칼로 트롤을 베어버렸습니다.

다음 날 아침, 밖으로 나가보니 공주들의 몸이 허리까지 땅 밖으로 나와 있었습니다. 그날 밤에도 똑같은 상황이 전개되었습니다. 다만 이번에는 머리가 여섯 달린 트롤이 채찍 여섯 개로 전날의 트롤보다 훨씬 세게 청년을 내리쳤습니다. 하지만 청년은 꾹 참아냈고 빠르게 연고를 바른 뒤 트롤을 해치웠습니다.

다음 날이 되어 공주들을 찾아가보니 그들은 무릎까지 땅 밖으로 나와 있었습니다. 사흘째 되는 날 밤에는 머리가 아홉 달린 트롤이 채찍 아홉 개를 들고 나타나 청년이 거의 정신을 잃을 정도로 내리쳤습니다. 그런 다음 청년을 잡아 벽에 내동댕이쳤지요. 하지만 그 충격에 벽에 걸려 있던 약병이 청년 위로 떨어지면서 깨졌고, 다행히도 안에 들어 있던 연고가 그의 몸에 흘러내려 전처럼 건강과 힘을 되찾을 수 있었습니다. 청년은 그 틈을 놓치지 않고 칼을 들어 트롤을 베어버렸습니다.

다음 날 아침 다시 성 밖으로 나갔더니 세 공주의 몸이 모두 땅 밖으로 나와 있었습니다. 청년은 셋째 공주를 아내로 맞이해 한동안 행복하게 잘 살았습니다.

시간이 흐르자 청년은 부모님을 뵈러 집에 다녀오고 싶다는 생각이 들었습니다. 셋째 공주는 청년의 생각이 마음에 들지 않았습니다. 하지만 청년의 마음은 쉽사리 바뀌지 않았고 그는 부모님을 무척이나 보고 싶어 했습니다. 공주는 어쩔 수 없이 다녀오며 당부의 말을 건넸습니다.

"다녀오는 건 좋지만 저와 약속해야 할 것이 하나 있습니다. 당신 아버지가 하자고 하는 건 해도 되지만, 어머니가 원하는 건 절대로 들어주시면 안 됩니다."

"알겠소, 부인."

공주는 청년에게 반지를 하나 주며 말했습니다.

"이 반지는 두 가지 소원을 이뤄주는 반지입니다. 반지에 대고 집에 가고 싶다고 빌면 당신을 그곳으로 데려다줄 거예요."

청년은 반지를 낀 후 집에 가고 싶다는 소원을 빌었습니다. 어느새 그는 집 앞에 도착해 있었지요. 한편, 그의 부모님은 아들이 어쩌다가 그렇게 지체 높은 사람이 되었는지 몹시 궁금했습니다.

집으로 돌아온 지 며칠 지나지 않아 어머니가 말했습니다.

"여보, 우리 아들을 궁전으로 보내 얼마나 멋진 사내가 되었는지 왕에게 보여주는 게 어때요?"

하지만 아버지는 반대했습니다.

"아니, 저 아이에게 절대 그렇게 하라고 말하지 마. 만약 그랬다가는 이번에도 저 아이와 함께 사는 기쁨을 누리지 못하게 될 거야."

그러나 어머니의 고집을 꺾을 수는 없었습니다. 어찌나 간절하게 애원하던지 결국 청년은 어머니의 부탁을 들어줄 수밖에 없었습니다. 성에 나타난 청년을 본 왕은 그를 영 탐탁지 않아 했습니다. 여느 왕에 비해 옷차림이나 치장이 훨씬 늠름했기 때문이지요.

"모든 것이 아주 근사하구나. 하지만 여기 나의 왕비가 보이느냐? 얼마나 예쁜지 네 눈에도 보이겠지. 하지만 네 아내는 어떤지 알 수가 없구나. 자네가 아내를 데려오지 않은 걸 보니, 그녀는 나의 왕비만큼 아름답지 않은가 보군."

"하늘에 맹세코, 제 아내를 직접 보신다면 그런 말씀은 하지 못하실 겁니다. 제 아내가 이곳에 있으면 좋겠군요."

청년이 말을 마치고 나니 공주가 그의 앞에 서 있었습니다. 공주는 몹시 슬퍼하며 물었지요.

"왜 제가 한 말에 주의하지 않았나요? 왜 아버지의 말씀에 귀 기울이지 않았나요? 전 이제 집으로 돌아가야만 해요. 하지만 당신은 이미 두 가지 소원을 다 써버렸지요. 당신은 앞으로 평생 저를 보지 못할 거예요."

공주는 청년의 머리카락으로 자신의 이름이 새겨진 반지를 만들어주었습니다. 그러고는 반지에 대고 집으로 돌아가고 싶다고 말했습니다. 그녀는 바로 사라져버렸지요. 청년은 몹시 낙담했습니다. 어떻게 해야 공주를 되찾을 수 있을지 하염없이 생각했지요.

"하얀나라가 어디에 있는 건지 꼭 알아내고 말겠어."

청년은 온 세상을 돌아다니며 하얀나라에 대해 물었습니다. 한참을 돌아다니다 높은 산에 이른 청년은 숲의 제왕을 만났습니다. 그는 뿔피리를 불어 숲의 모든 짐승을 집으로 불러들일 수 있었지요. 청년은 그에게 물었습니다.

"숲의 제왕님, 혹시 하얀나라가 어디에 있는지 아십니까?"

"아니, 나는 모른다. 나의 짐승들은 알지도 모르니 한번 물어보지."

숲의 제왕은 뿔피리를 불어 짐승을 모두 불러들인 후 하얀나라가 어디에 있는지 아느냐고 물었습니다. 하지만 아는 짐승이 한 마리도 없었습니다. 왕은 청년에게 스노우슈즈(눈에 미끄러지지 않도록 고안된 테니스 라켓처럼 생긴 신발—편집자) 한 켤레를 주며 말했습니다.

"이것을 신으면 여기서 수백 킬로미터 떨어진 곳에 사는 우리 형님에게 금방 도착할 수 있을 거다. 형님은 공중의 온갖 새를 다스리는 제왕이니, 그에게 한번 물어보거라. 형님의 집에 도착하거든 신발의 끝이 이쪽을 향하게 내려놔라. 그러면 신발이 알아서 이곳으로 돌아올 테니."

청년은 새의 제왕 집에 도착하자마자 신발의 끝을 돌려 내려

스노우슈즈를 신고 눈길을 걸어가는 청년

놓았습니다. 그러자 신발이 알아서 집으로 돌아갔습니다.

청년은 새의 제왕에게 하얀나라에 대해 물었습니다. 그러자 그는 뿔피리로 모든 새를 불러들인 후 하얀나라를 아느냐고 물었습니다. 하지만 하얀나라에 대해 아는 새는 한 마리도 없었습니다. 한참 뒤에 온 늙은 독수리 역시 아는 것이 없었지요. 이윽고 새의 제왕이 말했습니다.

"흠, 그렇다면 내가 스노우슈즈 한 켤레를 빌려주겠다. 이것을 신으면 수백 킬로미터 떨어진 우리 형의 집으로 빨리 갈 수 있을 거다. 형은 바다의 온갖 물고기를 다스리는 제왕이니 그에게 물어보는 게 좋겠다. 그곳에 도착하거든 잊지 말고 신발의 끝이 이쪽을 향하도록 내려놓거라."

청년은 거듭 고마움을 표했고 물고기의 제왕을 만나자마자 신발의 끝을 돌려놓았습니다. 역시나 신발은 알아서 제자리를 찾아갔습니다. 청년은 곧바로 물고기의 제왕에게 하얀나라를 아느냐고 물어보았습니다.

물고기의 제왕은 뿔피리로 모든 물고기를 부르더니 하얀나라가 어디에 있는지 아느냐고 물었습니다. 하지만 모든 물고기가 모른다고 답했습니다. 이윽고 늙은 창꼬치 한 마리가 뒤늦게 도착했습니다. 그에게 하얀나라를 아느냐고 묻자 이렇게 대답했습니다.

"하얀나라를 아느냐고요? 알고말고요. 저는 그곳의 요리사로 10년 동안 일하고 있는걸요. 게다가 내일 또 갈 거랍니다. 얼마 전에 하얀나라의 왕이 멀리 떠나는 바람에 왕비가 다른 남자와 결혼하게 되었거든요."

창꼬치의 말을 들은 물고기의 제왕이 청년에게 말했습니다.

"저런! 자네 지금부터 내가 알려주는 걸 그대로 따라하게. 이 근처 습지에 삼 형제가 서 있는데 그들은 모자, 외투, 신발을 두고 서로 차지하겠다고 300년 동안이나 싸우고 있다네. 세 가지를 모두 가지게 되면 투명 인간으로 변할 수 있고, 어디든 원하는 곳으로 갈 수 있다네. 그들에게 가서 자네가 먼저 모든 것을 착용해본 후 누가 어떤 것을 가져가야 할지 판결해주겠다고 말하게."

"오! 정말 감사합니다, 물고기의 제왕님."

청년은 곧장 삼 형제를 찾아가 그가 알려준 대로 말했습니다.

"도대체 무슨 일입니까? 왜 그렇게 온종일 싸우는 건가요? 제가 한번 세 가지를 모두 착용해보겠습니다. 그런 다음 누가 어떤 것을 가져가야 할지 판결해드리지요."

삼 형제는 기꺼이 그렇게 하라고 대답했고 청년은 모자와 외투와 신발을 챙겼습니다.

"다음에 만나면 제 판결을 알려드리죠."

마지막 말과 함께 청년은 사라지게 해달라고 빌었습니다. 곧 허공에 높이 솟아오른 청년은 된바람을 만났습니다. 된바람이 청년에게 물었습니다.

"어디로 가는 거요?"

"하얀나라요."

청년은 그동안의 일을 모두 말해주었습니다.

"아하, 당신은 나보다 빨리 그곳에 도착할 수 있을 거요. 나는 모퉁이를 돌 때마다 숨을 헐떡여야 하지만 당신은 그럴 필요가 없기 때문이지. 하지만 나보다 먼저 도착하더라도 문 옆의 계단에 앉아 나를 기다리시오. 그럼 내가 온 성을 날려버릴 듯한 폭풍우를 일으켜주겠소. 왕비와 결혼하려는 왕자가 무슨 일인지 알아보러 밖으로 나오면 당신이 그의 목덜미를 잡아 문 밖으로 던져버리시오. 그럼 내가 그자를 데리고 멀리 날아가리다."

청년은 된바람이 알려준 대로 도착하자마자 계단에 자리를 잡고 앉았습니다. 곧이어 도착한 된바람이 폭풍우를 일으켜 성벽을 강타했습니다. 성이 흔들리자 무슨 일인지 알아보려고 왕자가 밖으로 나왔습니다. 그때를 틈 타 청년은 잽싸게 왕자의 목덜미를 잡아 문 밖으로 던졌습니다. 그러자 된바람이 그 왕자를 잡아 데리고 날아가버렸지요.

왕자가 사라진 뒤 청년은 성으로 들어갔습니다. 그러나 공주는 무척 야위어버린 그를 알아보지 못했습니다. 청년은 공주에게 그녀가 자신에게 만들어준 반지를 보여주었고 공주는 이루 말할 수 없이 기뻐했습니다. 머지않아 제대로 된 결혼식이 진행되었고, 그 명성은 아주 멀리까지 퍼져나갔답니다.

야윈 청년을 알아보지 못하는 공주

THE LAD WHO WENT TO THE NORTH WIND

된바람을 찾아간 청년

콩 심은 데 콩 나고 팥 심은 데 팥 난다

옛날 옛적, 외아들을 둔 늙은 과부가 살고 있었습니다. 과부는 몹시 가난한 데다 몸까지 허약했습니다. 어느 날, 아들은 저녁 식사에 필요한 옥수수 가루를 가지러 창고로 갔습니다. 아들이 옥수수 가루를 들고 창고 밖으로 나와 막 계단을 내려가려는데 갑자기 어디선가 된바람이 불어왔습니다. 된바람은 아들이 들고 있던 옥수수 가루를 낚아채더니 눈 깜짝할 새 허공으로 사라져버렸습니다.

청년은 하는 수 없이 다시 창고로 들어갔습니다. 그러나 이번 에도 그가 창고 밖으로 나오자마자 된바람이 가루를 가지고 날 아가버렸습니다. 세 번이나 창고에 들어가게 된 청년은 된바람의 심한 장난 때문에 몹시 화가 났습니다. 그는 된바람을 찾아가 옥수수 가루를 되찾아와야겠다고 마음먹었지요. 그러고는 곧장 먼 길을 떠났습니다. 청년은 걷고 또 걸어 마침내 된바람의 집에 도착했습니다.

"안녕하세요? 어제 저희 집에 방문해주셔서 감사했어요."

청년의 인사를 받은 된바람은 크고 거친 목소리로 대답했습니다.

"그래, 어서 오게. 무슨 일로 나를 찾아왔나?"

"어제 당신이 가져간 옥수수 가루를 되돌려받으러 왔어요. 저희 집에는 먹을 게 별로 없어요. 당신이 계속 옥수수 가루를 가져가버리면 저와 제 어머니는 굶어 죽을 수밖에 없다고요."

"나에게는 네 가루가 없단다. 흠, 네 사정이 그렇다면 내가 마법의 보자기를 주마. 보자기에 대고 '보자기야 펼치거라, 진수성찬을 차려라!' 하고 말만 하면 네가 먹고 싶은 것은 무엇이든 다 차려줄 게다."

청년은 된바람이 준 선물이 마음에 들었습니다. 그는 보자기를 들고 집으로 향했지요. 집에 가던 청년은 하룻밤 쉬어 가기 위해 여인숙에 들어갔습니다. 저녁 식사 시간이 되자 청년은 구석에 있던 식탁에 보자기를 올려놓고 말했습니다.

"보자기야 펼치거라, 진수성찬을 차려라!"

청년의 말이 떨어지기가 무섭게 보자기는 진수성찬을 차려냈습니다. 그 자리에 있던 모든 사람이 보자기를 신기하게 여겼지요.

한편, 여인숙의 주인은 마법의 보자기가 탐났습니다. 모두가 깊이 잠든 밤에 그녀는 자신의 보자기와 마법의 보자기를 바꿔치기했지요. 물론 여주인의 보자기는 마른 빵 한 조각도 차릴 수 없는 보통 보자기였답니다.

다음 날 청년은 보자기와 함께 어머니가 계신 집으로 돌아갔습니다. 그는 어머니에게 그동안의 일을 말해주었습니다.

"어머니, 저는 된바람의 집에 다녀오는 길인데요. 그 친구 알고 보니 정말 괜찮은 친구더라고요. 글쎄 저에게 어떤 선물을 주었는지 아세요? '보자기야 펼치거라, 진수성찬을 차려라!' 하고 외치기만 하면 온갖 음식을 다 차려주는 마법의 보자기를 주었어요!"

"네 말을 못 믿는 건 아니지만 백문이 불여일견이라고, 직접 보여줄 수 있겠니?"

청년은 서둘러 식탁을 끌어와 그 위에 보자기를 올려놓고 말했습니다.

"보자기야 펼치거라, 진수성찬을 차려라!"

하지만 여주인이 바꿔치기한 보통 보자기가 진수성찬을 차릴 리 없었습니다. 청년은 크게 실망했지요.

"이럴 수가, 보자기가 왜 이러지? 이렇게 된 이상 된바람을 다시 찾아가는 것 말고는 다른 도리가 없겠구나."

청년은 다시 된바람의 집을 향해 떠났습니다. 이윽고 저녁 늦은 시간이 되어서야 된바람의 집에 도착했지요. 청년은 먼저 인사를 건넸습니다.

"안녕하세요?"

"그래, 안녕?"

"당신이 가져간 옥수수 가루를 되돌려받으러 왔어요. 지난번에 당신이 준 그 보자기는 아무 쓸모도 없었거든요."

"난 네 가루를 가지고 있지 않아. 혹시 저 숫양을 가져가는 건 어떠냐? 저 양은 네가 '양아, 양아, 돈 내놔라!' 하고 말만 하면 금화를 잔뜩 쏟아내는 마법의 양이란다."

신기한 숫양이 마음에 든 청년은 그것을 받아들고 집으로 출발했습니다. 하지만 해가 이미 저문 뒤라 밖이 너무 어두웠습니다. 청년은 하룻밤을 묵기 위해 저번에 갔던 여인숙으로 다시 들어갔습니다.

식탁 앞에 앉은 청년은 숫양을 바라보며 말했습니다.

"양아, 양아, 돈 내놔라!"

그러자 숫양이 정말로 금화를 쏟아냈습니다. 이 장면을 모두 지켜본 여주인은 청년이 잠든 틈을 타 마법의 양과 보통 숫양을 바꿔치기했습니다.

다음 날 집에 도착한 청년은 어머니에게 말했습니다.

"엄마, 된바람 참 괜찮은 친구였어요. 이번에는 '양아, 양아, 돈 내놔라!' 하고 외치기만 하면 금화를 잔뜩 쏟아내는 신기한 숫양을 주었어요."

"글쎄, 네 말이 사실이긴 하겠다만 직접 봐야 더 믿음이 갈 거 같구나."

청년은 양에게 돈을 내놓으라고 소리쳤지만 양은 아무것도 내놓지 않았습니다. 보통 숫양이니 그럴 수밖에요.

결국 청년은 다시 된바람을 찾아가 말했습니다.

"당신은 아무 쓸모도 없는 양을 주었어요! 제 옥수수 가루를 내놔요, 당장!"

"흠, 이제 줄 만한 것이 없는데. 아, 저기 저 구석에 있는 막대 기라도 가져가렴. 저 막대기는 네가 '막대기야, 막대기야, 쳐라!' 하고 말만 하면 '그만 멈춰라!' 하고 말할 때까지 누군가를 계속 때릴 것이다."

의심스러운 마음으로 막대기를 받아든 청년은 집으로 돌아가 다가 전에 묵은 여인숙에서 또 하룻밤을 지내게 되었습니다. 사 실 청년은 여인숙에서 보자기와 양이 바뀌었다는 것을 어느 정 도 눈치채고 있었습니다. 그는 식사를 하지 않고 의자에 드러누 워 잠이 든 척 코를 골기 시작했습니다.

이번에도 여주인은 청년의 막대기를 매우 값나가는 물건으로 생각했습니다. 그녀는 비슷하게 생긴 막대기를 구해 청년이 잠 든 사이에 바꿔치기하려고 했습니다. 여주인이 막 막대기를 집 어든 순간, 청년이 벌떡 일어나 소리쳤습니다.

"막대기야, 막대기야, 쳐라! 매우 쳐라!"

그러자 막대기는 여주인을 사정없이 때리기 시작했습니다.

여주인은 의자 위로, 탁자 위로, 침상 위로 뛰어다니며 애원했습니다.

"아, 제발! 제발 막대기에게 그만하라고 해줘. 이러다 날 죽이겠어. 네 보자기와 숫양을 돌려줄 테니 제발 그만 때리라고 해!"

"흠, 이 정도면 충분하겠지. 막대기야, 그만 멈춰라!"

여주인은 곧바로 청년에게 마법의 보자기와 신기한 숫양을 돌려주었습니다. 청년은 보자기를 주머니에 넣고 막대기를 손에 든 뒤, 숫양의 뿔에 끈을 매 집으로 돌아갔습니다. 조금 고생은 했지만 옥수수 가루에 대한 보상은 넘치게 받은 셈이었지요!

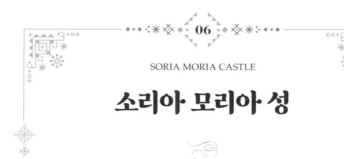

SORIA MORIA CASTLE

소리아 모리아 성

검은 소가 흰 송아지를 낳다

옛날 옛적에 할보르라는 아들을 가진 가난한 부부가 살았습니다. 할보르는 어렸을 때부터 아무것도 하지 않고 그저 난로의 재나 뒤지며 시간을 보냈습니다. 부모는 그를 밖으로 내보내 갖가지 기술을 배우게 했지만 할보르는 어느 곳에도 안착하지 못했습니다. 어디를 가든 하루 이틀 만에 스승에게서 도망쳐 나왔지요. 그러고는 다시 난롯가에 앉아 재를 뒤적였습니다.

그러던 어느 날, 한 선장이 할보르를 찾아왔습니다.

"할보르, 잘 지냈니? 내가 곧 낯선 나라들을 구경하러 바다에 나갈 건데, 혹시 나와 함께 가는 게 어떠니?"

할보르는 들뜬 목소리로 대답했습니다.

"좋아요, 같이 가고 싶어요!"

할보르는 순식간에 떠날 채비를 마쳤습니다. 그들은 오랜 시간 항해를 즐겼지요. 긴 여행이 끝나갈 무렵, 두 사람은 거대한 폭풍을 만났습니다. 이리저리로 휩쓸리던 배는 어느 바닷가로 떠밀려 가게 되었는데, 선장과 할보르는 생전 처음 보는 곳이었습니다. 게다가 그곳은 바람이 전혀 불지 않아 배를 다시 몰 수도 없었습니다. 두 사람은 낯선 바닷가에 꼼짝없이 갇혀버렸지요. 할보르는 답답해하며 말했습니다.

"선장님, 제가 해안 주위를 둘러보고 오겠습니다. 여기서 하릴없이 누워 잠이나 자느니 뭍에 가보는 게 좋을 것 같아요."

"지금 그 몰골로 사람들 앞에 나서겠다는 거냐? 네가 지금 걸친 누더기 말고는 다른 옷이 없는 걸로 아는데."

"네, 그렇지만 한번 둘러보고 오는 게 훨씬 나을 것 같아요. 다녀오는 걸 허락해주세요."

할보르의 고집을 꺾지 못한 선장은 마침내 다녀오라고 말했습니다. 단 바람이 불기 시작하면 바로 돌아오라고 당부했지요.

뭍으로 올라간 할보르는 아름다운 땅을 발견했습니다. 어디를 가나 온통 너른 곡식밭과 비옥한 풀밭이 펼쳐져 있었지요. 하지만 살아 있는 사람의 모습이라고는 도통 볼 수가 없었습니다. 그때 갑자기 바람이 불기 시작했습니다. 할보르는 선장과 약속한 대로 다시 돌아가야 했지요. 하지만 조금 더 멀리 가보고 싶었던 그는 선장과의 약속을 어기고 널따란 길로 발걸음을 옮겼습니다. 길은 계란을 굴려도 깨지지 않을 정도로 부드럽고 평평했습니다.

어느덧 해 질 녘이 되었고 할보르는 저 멀리 석양빛을 받고 있는 커다란 성을 발견했습니다. 온종일 아무것도 먹지 못한 채로 걸어다닌 그는 몹시 허기졌습니다. 성과 가까워지면 가까워질수록 두려움도 조금씩 커졌지요.

성에 도착한 할보르는 커다란 불길이 이글거리는 부엌으로 들어갔습니다. 태어난 이후로 그렇게 크고 멋진 부엌은 처음 보았지요. 그곳에는 금과 은으로 만들어진 식기가 가득했지만 여전히 사람은 보이지 않았습니다. 한참을 서 있어도 사람이 나오지 않자 할보르는 안쪽에 있는 문을 열었습니다. 그곳에는 한 공주가 의자에 앉아 물레를 돌리고 있었습니다. 그녀는 할보르를 보자마자 외쳤습니다.

"안 돼요, 안 돼! 들어오지 말아요! 기독교도가 이곳에 들어오려 하다니요? 트롤에게 잡아먹히고 싶지 않으면 어서 돌아가세요. 이곳에는 머리가 셋이나 달린 트롤이 살고 있단 말이에요."

"일단 먹을 것 좀 주세요. 굶어 죽기 직전이니 아무거나 먹을 것 좀 주세요."

공주는 고기를 잔뜩 가져와 할보르에게 주었습니다. 할보르는 허기를 채우며 말했습니다.

"그나저나 머리가 셋이든 넷이든 그 소리를 들으니 반갑네요. 도대체 트롤이 어떻게 생긴 놈인지 궁금했거든요. 꽁무니를 뺄 생각은 없어요. 그에게 해가 될 만한 짓은 하지 않았으니까요."

그러자 공주가 물었습니다.

"혹시 저 벽에 걸린 칼을 휘두를 수 있나요?"

"당연하죠, 저를 뭘로 보고."

하지만 할보르는 칼을 휘두르기는커녕 들어 올릴 수조차 없었습니다. 그런 할보르에게 공주가 좋은 방법을 알려주었습니다.

"저 칼 옆에 있는 물약을 마셔보세요. 트롤이 칼을 쓸 때마다 꼭 그렇게 하더라고요."

할보르가 물약을 마시자 알 수 없는 힘이 생겼습니다. 눈 깜짝할 사이에 아까 그 칼을 쉽게 휘두를 수 있게 되었지요. 바로 그때 트롤이 씩씩거리며 나타났습니다. 할보르는 잽싸게 문 뒤로 숨었지요. 트롤은 문 방향으로 첫 번째 머리를 들이밀며 외쳤습니다.

"킁킁, 기독교도의 피 냄새가 나는데!"

그러자 할보르가 대답했습니다.

"기독교도가 어떤 사람인지 보여주마!"

할보르는 문 뒤에서 뛰쳐나와 트롤의 세 머리를 모두 베어버렸습니다. 공주는 죽은 트롤을 보고 이루 말할 수 없이 기뻐했습니다. 그녀는 춤을 추고 노래를 부르다가 문득 언니들이 떠올라 말했습니다.

"저기, 제 언니들도 구해주시면 안 될까요?"

"안 될 이유야 없죠. 그들은 지금 어디에 있나요?"

공주는 언니들이 있는 곳을 전부 알려주었습니다.

"두 언니 모두 트롤에게 납치되었어요. 한 언니는 여기서 80킬로미터 떨어진 성에 있고, 또 다른 언니는 그 성에서 80킬로미터 더 떨어진 곳에 있어요. 우선 트롤의 시체를 끌어낼 수 있게 도와주시겠어요?"

할보르는 트롤의 시체를 치운 뒤 깨끗하게 청소했습니다. 그는 아주 잠시 공주와 행복한 시간을 보내고 다음 날 아침이 밝자마자 두 언니를 구하러 떠났습니다.

할보르는 잠시도 쉬지 않고 하루 온종일 걷고 달렸습니다. 성이 조금씩 보이기 시작하자 할보르는 약간의 두려움을 느꼈습니다. 새로운 성은 처음 본 성보다 훨씬 웅장했지만 그곳 역시 살아 있는 사람의 모습은 보이지 않았습니다. 할보르는 지체하지 않고 부엌을 지나 집 안으로 들어갔습니다. 그러자 안에 있던 공주가 소리쳤습니다.

"안 돼요, 안 돼! 들어오지 말아요! 기독교도가 이곳에 들어오려 하다니요? 트롤에게 잡아먹히고 싶지 않으면 어서 돌아가세요. 이곳에는 머리가 여섯이나 달린 트롤이 살고 있단 말이에요."

할보르가 대답했습니다.

"머리가 여섯 개 더 달렸다 해도 도망갈 생각은 없어요."

"트롤이 당신을 산 채로 잡아먹을 거예요."

"트롤 따위 전혀 무섭지 않아요. 다만 오랜 여정 때문인지 굶어 죽을 지경입니다. 먹을 것 좀 주세요."

공주는 할보르에게 먹을 것을 주었습니다. 할보르는 양껏 배를 채울 수 있었지요. 그때 공주가 다시 말했습니다.

"이제 어서 떠나세요. 위험해요."

"아니요. 가지 않을 겁니다. 그에게 해가 될 만한 짓은 하지 않았으니까요. 두려워할 것도 전혀 없습니다."

"아니, 트롤은 당신을 보는 순간 잡아먹고 말 거예요."

그러나 할보르의 의지는 꺾이지 않았습니다. 어쩔 수 없이 공주는 다른 방법을 말해주었습니다.

"저 칼 옆에 있는 약을 마신 후 칼을 들어보세요."

약을 마신 할보르는 칼을 자유자재로 사용할 수 있게 되었습니다. 바로 그때 트롤이 집으로 돌아왔습니다. 몸집이 어찌나 거대하던지, 그는 몸을 옆으로 돌려야만 문을 지날 수 있었습니다. 트롤은 첫 번째 머리를 움직이며 외쳤습니다.

"킁킁, 이건 기독교도의 피 냄새잖아!"

바로 그 순간 할보르는 트롤의 첫 번째 머리를 베어버렸고, 나머지 머리도 들이미는 족족 베어버렸습니다. 트롤에게서 해방된 공주는 춤을 추며 기뻐하다가 납치당한 동생들을 떠올렸습니다.

"부탁드릴 게 있습니다. 제 동생들도 구해주실 수 있을까요?"

"물론이죠. 일단 이 시체 먼저 치웁시다."

할보르와 공주는 트롤의 시체를 치우고 바닥을 깔끔하게 정돈했습니다. 다음 날 아침, 할보르는 또 다른 여정을 떠났습니다.

다음 성은 더 멀리 있었기 때문에 할보르는 더 빠르게 걸음을 옮겼습니다. 저녁 무렵, 이전에 본 두 성보다 훨씬 웅장하고 멋진 성이 눈에 들어왔습니다. 할보르는 전혀 두려움 없이 곧장 부엌을 통해 성으로 들어갔습니다. 역시나 성안에는 무척 예쁜 공주가 앉아 있었습니다. 그 미모는 비할 데가 없었지요. 할보르를 본 공주가 외쳤습니다.

"안 돼요, 안 돼! 들어오지 말아요! 기독교도가 이곳에 들어오려 하다니요? 트롤에게 잡아먹히고 싶지 않으면 어서 돌아가세요. 이곳에는 머리가 아홉이나 달린 트롤이 살고 있단 말이에요. 위험해요!"

할보르가 대답했습니다.

"머리가 아홉 개에 아홉 개가 더 달렸다 해도 도망가지 않을 겁니다."

할보르는 벽난로 앞에서 꼼짝도 하지 않았습니다. 공주는 트롤이 곧 올 거라며 도망치라고 간청했지만 할보르는 이렇게 말할 뿐이었습니다.

"어디 한번 나타나보라고 하지요."

마음이 급해진 공주는 트롤의 칼에 관한 이야기를 해주었습니다.

"저기 있는 물약을 마시고 트롤의 칼을 휘둘러보세요!"

바로 그때 머리가 아홉 개 달린 트롤이 으르렁거리며 나타났습니다. 그는 전에 본 두 트롤보다 훨씬 크고 강해 보였지요. 트롤은 첫 번째 머리를 들이밀며 말했습니다.

"킁킁, 기독교도의 피 냄새가 나!"

할보르는 높이 뛰어올라 트롤의 첫 번째 머리를 베어버렸고 나머지 머리도 차례차례 날렸습니다. 특히 마지막 머리는 무척이나 단단해 전력을 다해 칼을 휘둘러야 했지요.

모든 트롤을 물리치고 드디어 세 공주가 '소리아 모리아 성'이라 불리는 곳에 함께 모이게 되었습니다. 이제껏 멀리 떨어져 있었던 공주들은 매우 행복했습니다. 세 사람은 모두 할보르를 좋아했고 할보르도 세 사람을 모두 좋아했습니다. 다만 할보르는 그중에서도 막내 공주를 신부로 삼고 싶어 했습니다.

한편 할보르는 시간이 지날수록 점점 무료하고 침울해졌습니다. 공주들은 그에게 물었습니다.

"할보르, 무엇이 부족해서 그리 침울하신가요? 혹시 이곳에서의 삶에 싫증이 난 건가요?"

할보르는 그렇다고 대답했습니다.

"우리는 유복해요. 부족한 것이 없죠. 저도 모든 면에서 잘 지내고 있긴 하지만 집을 떠나온 지가 너무 오래되었어요. 아버지와 어머니가 보고 싶네요."

세 공주가 머리를 맞대고 궁리하더니 할보르에게 말했습니다.

"우리가 알려주는 대로만 하면 무사히 부모님을 뵈러 갔다가 이곳으로 돌아올 수 있을 거예요."

"공주들이 알려주는 대로 할게요. 어떻게 하면 되나요?"

공주들은 할보르에게 근사한 옷을 입힌 뒤 손가락에 반지를 끼워주었습니다. 반지만 있으면 할보르는 어디든 마음대로 갈 수 있었지요. 공주들은 할보르에게 단단히 일렀습니다.

"잘 들어요, 할보르. 절대로 이 반지를 손에서 빼면 안 돼요. 저희를 불러서도 안 되고요. 약속을 어기는 순간 당신이 입은 모든 옷이 사라져버릴 거예요. 다신 우리를 만날 수 없을 테고요."

"알겠어요. 꼭 그렇게 할게요."

할보르는 매우 기쁜 마음으로 반지에 대고 부모님의 집을 말했습니다. 어느새 그는 아버지의 오두막 앞에 도착해 있었지요.

막 어둑어둑해지는 저녁 무렵, 당당하게 걸어오는 할보르를 본 늙은 부부는 두려움에 떨었습니다. 그가 자신의 아들인 줄은 꿈에도 몰랐지요. 할보르는 연신 고개를 조아리는 부모님을 향해 물었습니다.

"제가 이곳에서 하룻밤 묵어가도 될까요?"

부모님은 바로 안 된다고 대답했습니다.

"아니요, 그럴 수는 없습니다. 지체 높은 어르신이 묵어가기에 이곳은 너무 누추합니다. 저기 멀지 않은 곳에 굴뚝이 보이는 농가가 있습니다. 그곳에는 모든 게 갖춰져 있어 하룻밤을 보내기에 훨씬 좋을 겁니다."

할보르는 부모님의 말을 들으려 하지 않았습니다.

"아뇨, 이곳에서 쉬어 가고 싶습니다. 그렇게는 안 될까요?"

노부부 역시 뜻을 꺾지 않았습니다.

"네, 안 됩니다. 농가로 가서서 고기와 마실 것을 충분히 드시고 편히 쉬세요. 저희 집에는 앉을 의자조차 변변치 않습니다."

"아닙니다. 농가에는 내일 아침 일찍 가보겠습니다. 오늘 밤만 그냥 여기에서 묵게 해주세요. 아무리 최악이라도 벽난로 구석에는 앉을 수 있을 것 아닙니까."

결국 부부는 할보르의 고집을 꺾지 못하고 난롯가의 한 자리를 내주었습니다. 할보르는 예전처럼 난롯가에 앉아 재를 이리저리 쑤시다가 노곤한 몸을 뉘었습니다. 노부부와 할보르는 많은 이야기를 주고받았습니다. 그러다가 할보르는 그들에게 아이가 있는지 물었지요.

"그야 물론 있었지요. 할보르라는 아이였습니다. 하지만 지금은 어디에서 무엇을 하며 사는지 알 수가 없습니다. 살았는지 죽었는지, 생사조차 알 수 없지요."

그러자 할보르가 말했습니다.

"어머니, 제가 할보르예요. 정말 저를 몰라보시겠어요?"

깜짝 놀란 어머니는 자리에서 일어나며 대답했습니다.

"어디 보자, 어르신 우리 할보르는 아주 게으르고 아둔해서 아무것도 하지 않았어요. 게다가 온통 너덜너덜한 누더기 차림이었죠. 그 아이가 지금 어르신처럼 멋진 모습을 하고 있다는 건 말이 안 돼요."

대답을 마친 어머니는 불을 키우러 난롯가로 갔습니다. 그때 난로의 불길이 할보르의 얼굴을 환히 비췄습니다. 그 모습을 본 어머니는 곧바로 아들을 알아보았습니다.

"아니, 이런! 정말 할보르가 맞구나!"

아들을 되찾은 노부부의 기쁨은 이루 말할 수 없었습니다. 할보르는 그동안의 일을 말씀드렸고, 어머니는 아들을 무척 사랑스럽게 여겼습니다. 당장 농가를 찾아가 할보르를 깔보던 처녀들에게 보란 듯이 자랑하고 싶었지요. 어머니가 앞장섰고 할보르는 그 뒤를 따라갔습니다. 농가에 도착하자마자 어머니는 말했습니다.

"어이, 집에 계시나? 오늘 나의 사랑스러운 아들이 집에 돌아왔다네. 아이의 모습이 아주 왕자가 따로 없어. 얼른 나와 이 아이를 보게나."

농가의 처녀들은 고개를 꼿꼿이 들고 대답했습니다.

"흥, 그래봤자 늘 그랬듯이 초라한 거지 행색일 테지."

난롯가에서 속옷 차림으로 옷을 꿰매고 있던 처녀들은 걸어들어오는 할보르를 보고 모두 혼비백산했습니다. 모든 여인이 꿰매던 옷을 내팽개치고 황급히 도망쳤지요. 그들은 겉옷을 걸치고 돌아오더니 할보르를 보며 매우 수줍어했습니다. 할보르는 처녀들을 향해 말했습니다.

"당신들은 늘 자신들이 예쁘고 고상하다고 생각해 아무도 다가오지 못하게 했지. 내가 만난 공주에 비하면 당신들은 젖 짜는 일이나 하는 하녀로 보일 것이오. 둘째 공주는 첫째 공주보다 훨씬 예쁘고, 나의 아내 막내 공주는 해와 달보다도 훨씬 아름답네. 아, 공주들이 이곳에 있다면 얼마나 좋을까. 그러면 형편없는 당신들에게도 공주의 아름다움을 보여줄 수 있었을 텐데."

할보르가 말을 마치기 무섭게 세 공주가 나타났습니다. 할보르가 그만 공주들과의 약속을 잊고 그들을 불러버린 것이지요. 농가에서는 세 공주를 위한 성대한 잔치를 마련했습니다. 하지만 공주들은 농가에 머물려 하지 않았습니다.

"저는 농가에 있고 싶지 않아요. 그냥 당신의 부모님을 뵈러 내려가고 싶어요."

할보르와 세 공주는 밖으로 나와 커다란 호수에 이르렀습니다. 호숫가에는 아주 근사한 풀밭이 있었습니다. 공주들은 그곳에 앉아 잠시 쉬자고 했습니다. 가만히 호수의 경치를 바라보기에는 더없이 멋진 장소였지요. 그런데 자리를 잡은 지 얼마 되지 않아 막내 공주가 할보르에게 말했습니다.

"당신의 머리를 좀 빗겨주고 싶어요."

할보르가 공주의 무릎에 머리를 뉘이자 공주는 그의 풍성한 머리칼을 빗어주었습니다. 얼마 지나지 않아 할보르는 깊은 잠에 빠졌습니다. 공주는 잠든 할보르의 손가락에서 반지를 빼고 다른 반지를 끼운 뒤 말했습니다.

"이제 나를 꽉 잡아요. 우리 모두를 소리아 모리아 성으로 데려가길!"

이윽고 잠에서 깨어난 할보르는 다시는 공주들을 볼 수 없다는 사실을 알게 되었습니다. 큰 상심에 빠져 구슬피 우는 할보르를 위로할 수 있는 사람은 아무도 없었지요. 부모님이 한사코 말렸지만 할보르는 세 공주를 찾으러 떠나겠다고 했습니다. 그들을 다시 보지 않고는 마음을 놓을 수도 살아갈 가치도 없다고 말했지요. 그는 수중에 남은 60파운드를 주머니에 넣고 길을 나섰습니다. 출발한 지 얼마 되지 않아 할보르는 말을 끌고 가는 남자를 만났습니다. 그는 말의 주인과 흥정을 시작했습니다.

"혹시 얼마를 주면 그 말을 내게 주겠소?"

"나는 말을 팔 생각이 전혀 없소. 하지만 가격이 잘 맞는다면 팔 수도…."

"얼마를 원하오?"

"뭐 그리 많이 받을 생각은 없소. 값이 나가는 녀석은 아니니. 용맹해서 타고 다니기에는 좋지만 끌고 다니기에는 전혀 적합하지 않소. 그래도 당신과 봇짐 정도는 교대로 태우고 갈 수 있을 거요."

두 사람은 잘 합의된 가격으로 거래를 마쳤습니다. 할보르는 말에 봇짐을 올리고 다시 길을 나섰지요.

해가 저물 무렵, 할보르는 커다란 나무가 서 있는 초원에 이르렀습니다. 그는 말을 풀어주고 그 나무 밑동에 앉아 봇짐을 열어 허기를 달랬습니다. 그러고는 날이 밝기 무섭게 다시 걸음을 옮겼습니다. 그렇게 걷고 말을 타고를 반복하며 하루 종일 드넓은 숲을 헤집고 다녔습니다. 숲속의 나무 사이에는 매우 밝고 근사하게 빛나는 초록의 공터들이 많았습니다. 할보르는 지금 이곳이 어디인지, 자신이 어디로 가는 것인지 전혀 알지 못했지만 잠깐 봇짐에서 간식을 꺼내 먹거나 말에게 풀을 먹이는 시간 외에는 잠깐도 쉬지 않았습니다. 하지만 그토록 쉴 새 없이 움직여도 숲의 끝은 좀처럼 보이지 않았습니다.

다음 날에도 똑같이 숲속 이곳저곳을 다니던 할보르는 저 멀리 나무들 틈으로 반짝이는 불빛을 보았습니다.

"아, 몸 좀 녹이고 따뜻한 밥이나 한 끼 얻어먹을 수 있게 사람이 살고 있으면 좋으련만."

불빛이 흘러나오는 곳으로 가보니 허름하고 작은 오두막이 하나 있었습니다. 창문으로 들여다보니 몹시 늙은 노부부가 있었지요. 노부부는 흰 비둘기 한 쌍처럼 백발이었고 할머니의 코는 대단히 길었습니다. 할보르가 먼저 인사를 건넸습니다.

"할머니, 할아버지, 안녕하세요?"

할머니가 대답했습니다.

"어서 오게나. 이런 누추한 곳에 무슨 볼일이 있어 왔나? 요 몇백 년 동안 기독교도는 얼씬도 하지 않았는데."

할보르는 자신의 사정을 모두 털어놓은 뒤 소리아 모리아 성으로 가는 방법을 알려달라고 했습니다. 그러자 할머니가 대답했습니다.

"아니, 나는 모른다네. 하지만 지금 달님이 찾아왔으니 달님에게 한번 물어보겠네. 달님은 세상 모든 곳을 비추니 모르는 게 없을 테지.”

나무 꼭대기 위로 달이 선명하게 떠오르자 할머니는 밖으로 나가 소리쳤습니다.

“달님, 달님. 소리아 모리아 성으로 가는 길을 알려주실 수 있나요?”

달님은 대답했습니다.

“아니, 가는 길을 모른다. 지난번 그곳을 비췄을 때 구름이 앞을 가로막아버렸거든.”

할머니는 다시 할보르에게 말했습니다.

“잠깐만 더 기다려보게. 얼마 있으면 갈바람이 불어올 테니. 그는 온 구석구석으로 불고 다니니 분명 알고 있을 거야.”

할머니는 다시 밖으로 나가다가 말을 발견하곤 말했습니다.

“아니 저런, 자네 말도 있었네. 저 녀석도 안으로 데리고 들어와야지. 저기 그냥 세워두고 굶어 죽게 할 수는 없잖아.”

할머니는 갑자기 안으로 달려오더니 말을 이었습니다.

“그러지 말고, 젊은이. 저 말과 내 신발을 바꾸지 않겠어? 내 신발은 좀 낡긴 했지만 한 걸음에 30킬로미터쯤 갈 수 있거든. 나에게 말을 넘기면 그 신발을 줄게. 그러면 훨씬 더 빨리 소리아 모리아 성에 갈 수 있을 거야.”

할보르는 당장 그러겠다고 대답했습니다. 말을 가지게 된 할머니는 무척이나 기뻤습니다. 당장이라도 덩실덩실 춤을 출 기세웠지요.

"이제 나도 말을 타고 교회에 갈 수 있겠구나. 생각만 해도 좋다! 할보르, 미안하지만 따로 내어줄 침대가 없으니 저기 의자에라도 누워 잠시 눈 좀 붙이게. 이따가 갈바람이 오면 깨워주겠네."

잠시 후 오두막의 담벼락이 떨어져나갈 정도로 덜컹거렸습니다. 아주 시끄러운 으르렁 소리와 함께 갈바람이 나타났지요. 할머니는 황급히 밖으로 달려 나갔습니다.

"저기, 갈바람님! 혹시 소리아 모리아 성으로 가는 길을 알려줄 수 있어요? 여기 그곳에 가고 싶어 하는 젊은이가 있어요."

"그럼, 아주 잘 알고말고. 그렇지 않아도 지금 그곳에서 열릴 결혼식에서 입을 옷을 말리러 가던 참인데. 청년이 빨리 달릴 수 있다면 내가 함께 데려가지."

갈바람의 소리를 들은 할보르가 밖으로 달려 나왔습니다.

"빨리 달릴 수 있습니다. 저를 데려가주세요."

"나를 따라오려면 다리를 있는 대로 벌려야 할 거다."

갈바람이 들판과 장벽을 넘어 날아가는 동안 할보르는 진땀을 빼며 열심히 따라갔습니다. 마침내 둘은 어느 언덕에서 멈췄습니다. 갈바람이 할보르를 보며 말했습니다.

"이제 더 이상 너랑 있을 시간이 없다. 옷을 말리러 빨래터에 가기 전에 가문비나무 숲을 헤집어놔야 하거든. 이 언덕을 따라 조금만 더 가면 빨래를 하는 처녀들을 만나게 될 거다. 그곳에서 조금만 더 가면 소리아 모리아 성이 있을 거야."

갈바람의 말대로 언덕을 오르니 빨래를 하고 있는 처녀들이 보였습니다. 처녀들은 결혼식에서 입을 옷을 말려주기로 한 갈바람을 보았느냐고 물었습니다. 할보르는 곧바로 대답했지요.

"아, 네. 보았습니다. 가문비나무 숲을 헤집어놓아야 한다며 가버렸습니다. 조금만 기다리면 돌아올 겁니다. 저, 근데 혹시 소리아 모리아 성으로 가는 길을 아십니까?"

처녀들은 성으로 가는 길을 알려주었습니다. 할보르가 소리아 모리아 성에 도착해보니 그곳은 사람과 말로 가득 차 있었습니다. 갈바람을 따라 관목 숲, 가시덤불, 늪지 위를 날아온 할보르는 옷이 온통 해져 누더기 차림이었습니다. 그는 한쪽 구석에 몸을 숨기고 결혼식의 피로연이 열리는 마지막 날까지 모습을 드러내지 않았습니다.

드디어 피로연이 시작되자 모든 사람이 신랑과 신부의 건강과 행운을 빌며 건배하는 시간이 찾아왔습니다. 술을 따르는 시종이 모든 기사와 시종의 잔을 채운 후 할보르의 잔도 채워주었습니다. 할보르는 술을 들이킨 뒤 호숫가에서 잠들었을 때 막내 공주가 대신 끼워둔 반지를 빈 술잔에 넣었습니다. 그러고는 시종을 불러 신부에게 잔을 전해달라고 부탁했습니다. 반지가 든 잔을 건네받은 공주는 자리에서 벌떡 일어났습니다.

"세 공주를 구해 우리 가운데 한 사람을 아내로 맞이해야 하는, 지금 내 옆에 신랑으로 앉아야 하는 사람은 누구인가요?"

그곳에 있던 모든 사람이 이구동성으로 자신의 이름을 외쳤습니다. 그사이 할보르는 초라한 누더기를 벗어던지고 멋진 신랑의 옷으로 갈아입었습니다. 막내 공주는 그 모습을 보고 눈물을 흘렸습니다.

"아아, 여기 그 장본인이 있네요."

그녀는 다른 신랑감을 창밖으로 내쫓아버리고는 할보르와 결혼식을 올렸답니다!

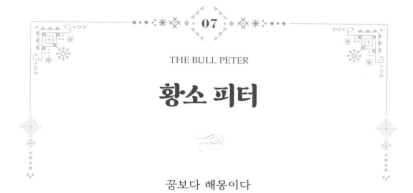

THE BULL PETER

황소 피터

꿈보다 해몽이다

옛날 옛적, 덴마크에 한 농부 부부가 살고 있었습니다. 그들은 매우 좋은 농장을 가지고 있었지만 안타깝게도 재산을 물려줄 자식이 없었습니다. 두 사람의 재산은 계속 불어났지만 막상 물려줄 후손이 없었지요.

그러던 어느 날, 부부는 아주 작고 예쁜 송아지를 얻게 되었습니다. 두 사람은 송아지에게 피터라는 이름을 지어주었지요. 피터는 이제껏 본 송아지 중에서 가장 잘생겼을 뿐만 아니라 매우 영리했습니다. 부부의 말을 다 알아듣는 것은 물론이고, 아주 온순하고 재롱도 잘 부렸지요. 두 사람은 피터를 친자식처럼 귀여워했습니다.

하루는 남편이 아내에게 말했습니다.

"여보. 우리 교구 집사님께 가서 피터에게 말하는 법을 가르칠 수 있는지 물어봐야겠어. 그렇게 할 수만 있다면 피터를 양자 삼아 우리 재산을 물려줄 수 있잖아."

"글쎄요. 집사님이 주기도문 말고 아는 게 얼마나 많은지는 모르겠지만 피터는 머리가 좋으니 말을 배울 수도 있을 거 같네요. 일단 한번 물어나보세요."

농부는 곧장 집사를 찾아가 자신이 데리고 있는 송아지에게 말을 가르칠 수 있느냐고 물었습니다.

"집사님. 제가 피터라는 송아지 한 마리를 데리고 있는데요. 혹시 송아지에게 말을 가르칠 수 있으십니까? 피터가 말만 배운다면 이 아이를 양자 삼아 재산을 물려주고 싶거든요."

농부의 말을 들은 집사는 어이가 없었지만 재빠르게 주변을 살펴본 뒤 대답했습니다.

"아 물론이지요. 그거야 쉬운 일입니다. 하지만 이 일을 다른 사람에게 절대 말해선 안 됩니다. 아무도 모르게, 특히 목사님 모르게 해야 해요. 원래는 금지된 일이거든요. 목사님께서 알기라도 하면 제가 무척 곤란해집니다. 아, 그리고 돈이 좀 많이 들 텐데 괜찮으세요? 값비싼 책이 좀 필요해서요."

"아유, 그 정도는 아무것도 아닙니다. 얼마가 들더라도 상관없습니다."

"음, 그럼 책을 사야 하니 100달러를 먼저 주실 수 있겠습니까?"

"당연하죠, 집사님!"

농부는 그 자리에서 바로 100달러를 건넸습니다. 집사는 100달러를 챙긴 뒤 말했습니다.

"그럼 밤이 이슥해지면 송아지를 데려와요. 절대 아무에게도 말하면 안 됩니다."

밤이 되자 농부는 송아지를 데려왔습니다. 집사는 최선을 다해 가르치겠다고 약속했지요. 일주일이 지나고 농부는 송아지가 말을 잘 배우고 있는지 궁금해졌습니다. 그는 바로 집사를 찾아갔지요.

"안녕하세요, 집사님. 피터를 보러 왔어요. 말은 잘 배우고 있나요?"

"아, 안녕하세요. 피터는 아주 잘 배우고 있습니다. 하지만 당분간은 피터를 보지 않는 게 좋을 것 같습니다. 피터가 당신을 보면 당장 따라가려 할 거고, 그러면 그동안 배운 걸 다 잊을 수도 있거든요. 그리고 말인데요, 피터에게 가르칠 새 책이 또 필요합니다. 100달러가 추가로 필요해요."

마침 돈이 있었던 농부는 바로 100달러를 주었습니다. 그러고는 희망에 부푼 마음으로 집에 돌아갔지요.

또 일주일이 흐르고 농부는 다시 집사를 찾아갔습니다.

"피터는 어떤가요? 이제 말을 할 줄 아나요?"

"피터는 나날이 발전하고 있답니다."

"아직 아무 말도 못하는 건가요?"

"아니요. 이제 '음메' 정도는 할 수 있습니다."

"집사님이 보시기엔 어떻습니까? 앞으로 더 잘할 수 있을 것 같습니까?"

"그야 물론이죠. 하지만 책을 사려면 100달러가 더 있어야 합니다. 피터가 지금 있는 책을 다 배웠거든요."

"네네, 드려야죠. 필요하다면 얼마든지 드려야죠."

농부는 집사에게 100달러를 주었습니다. 피터에게 전해달라며 오래 묵은 흑맥주도 주었지요. 집사는 맥주는 자신이 마시고 피터에게는 우유를 주었습니다. 그러는 편이 훨씬 어울린다고 생각했기 때문이지요.

그 후 몇 주 동안 농부는 집사를 찾아가지 않았습니다. 찾아갈 때마다 책값으로 100달러씩 주는 게 아까웠기 때문이지요.

한편 집사는 먹기 좋게 살이 오른 피터를 죽였습니다. 그런 다음 검은 옷으로 갈아입고 농부를 찾아갔습니다.

"안녕하세요? 혹시 피터가 이곳에 오지 않았나요?"

"아니요, 안 왔는데요. 에고, 혹시 피터가 도망이라도 갔나요?"

"글쎄요, 그러지 않았길 바랍니다. 제가 오랜 시간 정말 공들여 가르쳤거든요. 제 돈 100달러까지 들여가면서 말이죠. 피터가 하고 싶은 말을 다 할 수 있게 되자 오늘 저에게 부모님을 한번 만나보고 싶다고 하더군요. 저도 피터를 기쁘게 해주고 싶어 댁으로 데려다주려 했는데 지팡이를 가지러 들어간 사이 피터가 사라졌습니다. 피터가 함부로 행동하는 아이가 아닌데, 대체 어디로 갔는지 모르겠군요."

농부와 아내는 큰 슬픔에 빠졌습니다. 많은 공을 들인 결실을 이제야 보나 싶었는데 피터가 사라져버렸기 때문이지요. 게다가 이제 재산을 물려줄 상속자가 영영 없어졌으니 슬플 만도 하지요. 집사는 최대한 정성스럽게 부부를 위로했습니다. 또 피터 같이 훌륭한 제자를 잃어 슬프다고 말했지요.

"피터가 길을 잃어버렸을지도 모르니 돌아오는 일요일에 교회에 가서 함께 물어봅시다. 피터를 본 사람이 있을지도 모르니까요."

집사는 부부에게 작별 인사를 건넨 뒤 집으로 돌아와 맛있는 송아지 구이로 포식을 했습니다.

그러던 어느 날, 신문을 들여다보던 집사는 동네에서 좀 떨어진 읍내에 어떤 상인이 가게를 새로 열었다는 기사를 읽었습니다. 그런데 공교롭게도 그 가게의 이름이 '황소 피터'였습니다. 집사는 신문을 호주머니에 넣고 슬퍼하고 있는 부부에게 갔습니다. 그는 부부에게 신문 기사를 읽어준 뒤 덧붙여 말했습니다.

"저는 이 가게 주인이 당신들이 잃어버린 송아지 피터가 아닐까 하는 생각이 드는데요."

"맞아요. 우리 피터가 맞을 거예요. 다른 사람일 리가 있겠어요? 우리 피터가 틀림없어요!"

그러자 아내도 옆에서 맞장구를 쳤습니다.

"그래요. 여보, 어서 출발하세요. 제 생각에도 우리 피터가 틀림없어요. 어서 가서 만나보세요. 돈도 여유 있게 준비하고요. 피터가 장사꾼이 되었다면 현금이 많이 필요할 거예요."

다음 날 아침, 농부는 돈 가방을 등에 지고 샌드위치를 챙긴 뒤 입에 파이프를 물고 읍내로 향했습니다. 어느 날 새벽, 막 동이 틀 무렵에 읍내에 도착한 농부는 집사가 말한 가게를 찾아가 상인이 집에 있는지 물었습니다. 사람들은 그가 집에 있긴 하지만 아직 일어나지 않았을 거라고 알려주었지요. 농부는 그들에게 말했습니다.

"아, 상관없습니다. 제가 그 아이의 아버지입니다. 저를 그 애 방으로 좀 안내해주세요."

상인의 방으로 안내된 농부는 상인을 보자마자 한눈에 알아보았습니다. 그가 소처럼 넓은 이마와 두꺼운 목과 붉은 머리털을 가지고 있었기 때문이지요. 그러나 나머지 부분은 꼭 사람처럼 보이기도 했습니다. 농부는 상인에게 달려가 그를 꽉 끌어안았습니다.

"아, 피터야. 이 녀석! 애써 가르쳐놨더니 어머니, 아버지를 내버려두고 어디를 헤매고 다녔냐? 어서 일어나거라. 얼굴 좀 자세히 보자. 너에게 해줄 말도 있단다."

상인은 자신에게 갑자기 뛰어든 농부를 미친 사람이라고 생각했습니다. 그가 시키는 대로 얌전히 있는 것이 안전하겠다고 판단했지요.

"네, 알았어요. 잠시만요."

상인은 급히 옷을 입었습니다. 농부는 신이 난 목소리로 계속 말을 이어갔지요.

"아, 너를 가르친 집사님이 정말 보통이 아닌가 보다. 너를 이렇게 사람처럼 만들어놓았으니 말이다. 누가 너를 붉은 암소가 낳은 송아지라고 생각하겠냐? 자, 이제 아버지를 따라 집으로 가자."

"아니요, 잠시만요. 지금 당장은 안 돼요. 꼭 해야 할 중요한 일이 있거든요."

"너도 알다시피 지금 당장이라도 농장은 네 것인데 왜 그러냐? 우린 이제 늙었으니 은퇴할 생각이다. 네가 만약 여기서 가게를 계속하고 싶다면 너 좋을 대로 하려무나. 더 필요한 건 없니?"

"돈이 많으면 좋지요. 상인에게는 늘 현금이 필요하니까요."

"맨손으로 시작했으니 당연히 그럴 테지. 그럴 줄 알고 내가 돈을 가져왔다."

농부는 말을 마치자마자 가져온 돈을 탁자 위에 쏟았습니다. 탁자는 반짝이는 금화로 가득 찼지요. 그제야 상인은 자신 앞에 서 있는 노인이 보통 사람이 아니라는 것을 알아챘습니다. 그는 정중한 목소리로 이곳에 며칠 묵었다 가시라고 청했습니다. 농부는 대답했습니다.

"그래 좋다. 그런데 너, 나에게 아버지라고 불러야지."

"네? 하지만 저는 부모님이 모두 안 계신데요."

"그야 물론 나도 잘 알지. 네 친아버지는 작년 미카엘 축일 때 함부르크에서 팔았고, 네 친어머니는 봄에 새끼를 낳다가 죽지 않았느냐? 하지만 우리 부부가 너를 양자로 맞았으니 나에게 아버지라고 불러야 마땅하지 않겠니?"

상인 피터는 기꺼이 농부의 뜻에 따르기로 했습니다. 그에게 많은 돈도 받았지요. 농부는 집에 가기 전에 자신의 모든 것을 그에게 물려주기로 결심했습니다. 그는 아내에게 돌아가 그동안의 일을 모두 말해주었습니다.

상인 피터가 자신들이 잃어버린 송아지가 맞다는 말을 들은 아내는 몹시 기뻤습니다.

"여보, 어서 집사님께 그 사실을 말씀드리고 그분이 우리 아들을 위해 쓴 100달러를 갚아드려요. 그분께서 그토록 애써주신 덕분에 우리에게 아들이 생겼으니 말이에요."

농부는 당장 집사를 찾아가 그동안의 노고에 감사해하며 200달러를 주었습니다. 그러고는 농장을 팔아 읍내에 살고 있는 상인의 가게 근처로 이사를 갔습니다. 부부는 그에게 전 재산을 물려주고 죽는 날까지 함께 살았답니다.

08

THE BLUE BELT

푸른 허리띠

비 온 뒤에 땅이 굳는다

옛날 옛적에 아들을 하나 둔 거지 할멈이 있었습니다. 어느 날 할멈과 아들은 동냥을 얻으러 밖으로 나갔습니다. 두 사람은 동냥자루를 두둑하게 채운 뒤 집으로 향했지요. 집에 가려면 여러 산을 넘어야 했는데, 산비탈을 조금 올라가니 길 위에 푸른 허리띠 하나가 놓여 있었습니다. 아들은 어머니에게 물었습니다.

"어머니, 이 푸른 허리띠를 주워 가도 될까요?"

"안 된다. 어쩌면 요술이 걸린 허리띠일지도 모르잖니."

어머니는 아들에게 겁을 주며 잔말 말고 따라오라고 했습니다. 하지만 얼마 안 가 청년은 잠시 볼일이 있다며 푸른 허리띠가 있던 곳으로 달려갔습니다. 가엾은 어머니는 그것도 모르고 나무 그루터기에 앉아 한참을 기다렸지요. 청년은 푸른 허리띠를 보자마자 허리에 둘러보았습니다. 그러자 그에게 온 산을 들어 올릴 수 있을 만큼의 힘이 생겼습니다! 아들은 허리띠를 챙겨 어머니에게 돌아갔습니다. 아들을 본 어머니는 불같이 화를 냈지요.

"너 도대체 어디에서 뭘 하다 이제 온 거냐! 시간을 얼마나 허비했는지 알아? 게다가 날도 점점 저물고 있잖아. 어두워지기 전에 산을 넘어가야 하는데 말이야!"

두 모자는 해가 지기 전에 산을 넘어가기 위해 부지런히 걸었습니다. 산의 중간까지 오느라 몹시 피곤해진 어머니는 조금 쉬어야겠다고 했습니다.

"어머니, 쉬고 계시는 동안 제가 산꼭대기에 올라가 주위에 인적이 있는지 좀 살펴봐도 될까요?"

"그래, 한번 살펴보고 오너라."

청년은 곧장 산꼭대기로 올라가 주변을 살펴보았습니다. 이윽고 그는 북쪽에서 반짝이는 한 줄기의 빛을 발견하고는 바로 어머니에게 달려가 알렸습니다.

"어머니, 계속 가야 해요. 북쪽 근처에서 반짝이는 불빛을 보았어요. 농가가 있는 것 같아요."

아들의 말을 들은 어머니는 어깨에 자루를 지고 다시 출발했습니다. 하지만 얼마 가지 못해 가파른 산등성이가 길을 막아섰습니다.

"내 이럴 줄 알았지. 이제 더 갈 수 없으니 여기서 자야겠다!"

어머니가 화를 내자 아들이 대답했습니다.

"아니에요, 어머니. 더 갈 수 있어요."

청년은 한 손에는 자루를 쥐고 한 손에는 어머니를 안고 산등성이를 성큼성큼 오르기 시작했습니다. 푸른 허리띠의 요술 덕분이었지요.

"자, 이제 보이시죠? 가까이 있는 농가 말이에요. 저기 밝은 불빛 보이시죠?"

어머니는 그곳에 있는 것은 사람이 아니라 트롤이라고 말했습니다. 숲 일대를 훤히 꿰뚫고 있던 어머니가 알기로는 그곳에 사람이 아무도 살고 있지 않았기 때문이지요. 그사이 아들은 산마루를 넘어 반대편으로 내려갔습니다. 계속 길을 걸어간 끝에 두 모자는 온통 붉은색으로 칠해진 큰 저택에 닿았습니다.

"아이고, 이걸 어쩌면 좋니? 여긴 트롤들이 살고 있으니 들어가면 안 된다."

"그런 말씀 마세요, 어머니. 들어가야 해요. 저렇게 불빛이 환한 걸 보면 분명 사람들이 있을 거예요."

아들은 말을 마치자마자 집으로 들어갔고, 어머니는 그 뒤를 따라 들어갔습니다. 하지만 아들이 저택의 문을 열자마자 어머니는 기절하고 말았습니다. 키가 6미터가 넘는 거인이 의자에 앉아 있었기 때문입니다.

"할아버지, 안녕하세요!"

청년이 인사를 하자 거인이 대답했습니다.

"그래, 안녕. 내가 이곳에 300년 동안 앉아 있었는데, 그동안 나를 할아버지라고 불러준 사람은 하나도 없었단다."

청년은 노인 옆에 앉아 마치 오래된 친구처럼 이야기를 나누었습니다. 한동안 수다를 떨고 난 뒤 거인이 물었습니다.

"음, 네 어머니는 어찌 되었니? 기절한 것 같던데. 어머니를 보살펴드리는 게 좋겠구나."

청년은 어머니를 질질 끌며 커다란 방으로 올라갔습니다. 그 바람에 정신이 든 어머니는 발버둥을 치고 날뛰다가 결국 구석에 있던 장작더미 위에 주저앉았습니다. 어머니는 큰 공포에 빠져 거인의 얼굴을 쳐다볼 엄두조차 내지 못했습니다. 잠시 후 청년은 거인을 찾아가 이곳에서 하룻밤을 묵어가도 되는지 물었습니다.

"그럼, 물론이지."

이야기를 나누던 청년은 배가 고파졌습니다.

"할아버지, 혹시 요깃거리가 좀 있을까요?"

"그야 물론이지."

나이 든 거인은 잠시 앉아 있다가 바싹 마른 소나무 장작 여섯 덩어리를 불에 던졌습니다. 그것을 본 어머니는 더욱 겁이 났지요. 그녀는 구석에 쭈그리고 앉아 중얼거렸습니다.

"아, 이제 우리를 산 채로 구워 먹으려나 보다."

활활 타오르던 장작불이 점점 사그라질 무렵 거인은 갑자기 집 밖으로 걸어 나갔습니다.

"아이고, 하늘이 도우셨구나. 아들아, 도대체 너는 얼마나 강심장인 거냐! 우리가 트롤 소굴에 들어왔다는 걸 아직도 모르는 거냐?"

"어머니, 그게 무슨 터무니없는 말이세요! 설령 트롤 소굴이라 해도 괜찮아요. 아무 문제 없을 거예요."

잠시 후 거인은 살집이 매우 좋은 황소를 들고 돌아왔습니다. 청년이 이제껏 보지 못한 크기였지요. 거인은 황소의 귀 아래를 주먹으로 세게 내리쳐 죽였습니다. 그러고는 바닥에 뻗은 황소의 다리를 잡아 이글거리는 숯 위에 올려놓았지요. 거인은 황소를 쫙 펴고 이리저리 뒤집으며 노릇노릇하게 구웠습니다. 잘 구워진 황소는 커다란 은 쟁반에 올려놓았지요. 쟁반이 어찌나 거대하던지, 황소 한 마리가 올라가고도 남았습니다.

거인은 길이가 2미터나 되는 칼 두 자루와 은 쟁반을 식탁 위에 놓았습니다. 그러고는 지하 저장고에서 포도주가 담긴 술통을 가져와 마개를 땄지요. 모든 준비를 마친 거인은 두 사람을 불렀습니다. 어머니는 커다란 칼을 어떻게 사용해야 할지 몰라 끙끙거렸습니다. 아들은 거대한 칼로 황소의 넓적다리를 잘라 어머니의 접시 위에 놓았습니다.

어느 정도 배가 찬 아들은 두 손으로 술통을 들어 바닥에 내려놓았습니다. 하지만 술통은 여전히 너무 높았습니다. 푸른 허리띠를 맨 힘이 세진 청년은 어머니를 술통 가장자리까지 들어 올렸습니다. 덕분에 어머니는 술을 마실 수 있었지요. 아들도 양껏 술을 들이킨 뒤 술통을 다시 식탁 위에 올려놓았습니다. 그러고는 거인에게 감사 인사를 전했지요.

"좋은 식사를 대접해주셔서 감사합니다. 어머니도 어서 인사하세요."

어머니는 겁을 꾹 참고 감사 인사를 했습니다.

"감사합니다. 잘 먹었습니다."

청년은 다시 거인 옆에 앉아 이야기를 나누기 시작했습니다. 이윽고 거인이 말했지요.

"아 참! 나도 저녁을 좀 먹어야겠는걸."

거인은 황소 한 마리를 머리끝부터 발끝까지 통째로 먹어치웠습니다. 술통에 있던 마지막 술 한 방울까지 깨끗하게 비우고는 다시 청년의 옆으로 돌아갔지요.

"저기, 잠자리 말인데. 어떻게 하면 좋을지 모르겠군. 우리 집에는 침대와 요람이 하나씩밖에 없거든. 자네가 요람에서 자고 자네 어머니가 침대에서 잔다면 괜찮을 거 같긴 한데."

"그렇게 해주신다면 더 바랄 게 없죠. 정말 감사합니다."

청년은 곧바로 옷을 벗고 요람에 누웠습니다. 한편 어머니는 너무 무서워 정신을 잃을 지경이었지만 거인을 따라갈 수밖에 없었습니다. 요람에 누워 있던 청년은 혼자 중얼거렸습니다.

"흠. 이상하게 자꾸 찜찜하단 말이지. 밤새 무슨 일이 일어나는지 살펴봐야겠다."

그런데 잠시 후, 거인이 어머니에게 말을 걸었습니다.

"당신 아들만 없애버리면 우리 둘이 행복하게 살 수 있을 거요."

어머니가 대답했습니다.

"제 아들을 처리할 방법을 알고 있나요? 생각해둔 거라도 있어요?"

"흠. 그리 호락호락하진 않겠지만 뭐라도 해봐야지."

거인은 어머니에게 하루 이틀 정도 집을 봐달라고 했습니다. 그러면 자기가 청년을 산꼭대기로 데려가 커다란 바위에 깔려 죽게 만든다고 했지요. 청년은 이 모든 대화를 다 들었습니다. 나이 든 거인은 트롤이 맞았던 것이지요!

다음 날 아침, 트롤은 쇠지레(무거운 물건을 움직이는 데 쓰는, 쇠로 만든 막대기—편집자)를 집더니 청년에게 물었습니다.

"자네, 혹시 나와 산에 가서 주춧돌을 캐지 않겠나?"

"좋습니다. 같이 가시지요."

트롤과 청년은 함께 산을 올랐습니다. 바위를 몇 개 쪼개고 난 후 트롤은 청년에게 말했습니다.

"이제 내가 산꼭대기에서 바위를 뜯어내 밑으로 굴릴 테니 자네는 아래로 내려가 바위가 잘 쪼개지는지 확인하게."

그러자 청년이 대답했습니다.

"아! 당신이 나를 어떻게 할 작정인지 알겠어요. 내가 굴러떨어지는 바위에 깔려 죽길 원하는 거죠? 제가 산꼭대기에서 바위를 굴릴게요. 바위가 잘 쪼개지는지는 당신이 직접 살피세요."

트롤은 청년의 말을 거역할 엄두가 나지 않았습니다. 전날 저녁 식사 때 그가 얼마나 힘이 센지 보았기 때문이지요. 결국 청년이 산꼭대기에 올라가 커다란 바위를 굴렸습니다. 아래에 있던 트롤은 굴러오는 바위에 맞아 넓적다리 한쪽이 부러져버렸지요.

"저런, 참 안됐군요."

청년은 성큼성큼 내려가 바위를 들어 올려 트롤을 빼주었습니다. 그러고는 트롤을 등에 업고 집에 갔지요. 청년이 얼마나 빨리 달리던지, 트롤은 등에 업힌 몸이 이리저리 흔들리는 바람에 날카로운 비명을 질러댔습니다.

집에 도착하자마자 침대로 옮겨진 트롤은 한동안 꼼짝도 못 하고 누워 있어야 했습니다. 이윽고 밤이 되자 트롤은 어머니에게 다시 말을 걸었습니다.

"저 꼬맹이를 어떻게 하면 없앨 수 있겠소?"

"글쎄요. 당신에게도 저 아이를 없앨 좋은 방법이 없는데, 저라고 별수 있겠어요?"

"흠, 어디 보자. 우리 형의 정원에는 사자 12마리가 살고 있소. 저 아이가 사자들에게 잡히면 온몸이 갈가리 찢길 텐데."

"아이를 사자 정원으로 데려가는 건 식은 죽 먹기죠. 제가 아픈 척을 할게요. 그리고 사자의 젖을 먹어야만 기력이 날 것 같다고 말해보죠."

누워 있던 청년은 이 모든 이야기를 다 들었습니다. 다시 다음 날 아침이 밝고, 어머니는 아들에게 몸이 몹시 안 좋다며 사자의 젖을 먹어야만 나을 것 같다고 했습니다.

"어머니, 그렇다면 빨리 나으시긴 어려울 것 같네요. 사자의 젖을 어디서 구한단 말입니까?"

그러자 트롤이 대답했습니다.

"아, 그 문제라면 전혀 걱정할 거 없다! 가지러 갈 사람만 있다면 사자의 젖은 절대 부족할 리 없으니."

트롤은 자신의 형이 어떻게 12마리의 사자가 있는 정원을 가지게 되었는지 말해주었습니다. 정원의 열쇠를 손에 넣는 방법도 알려주었지요. 청년은 정원의 열쇠와 젖을 담을 통을 챙겨 나갔습니다.

정원의 문을 열고 안으로 들어가자마자 12마리의 사자가 앞발을 세우고 으르렁거리며 덤벼들었습니다. 청년은 그중 가장 큰 놈을 잡은 뒤 나무 그루터기와 암석에 패대기쳤습니다. 그는 사자의 앞발 말고는 아무것도 남지 않을 때까지 공격을 멈추지 않았지요. 그 모습을 본 나머지 사자들은 겁에 질려 설설 기었습니다.

그 후 사자들은 청년이 가는 곳마다 졸졸 따라다녔습니다. 청년이 집에 도착하면 문턱에 앞발을 올리며 발라당 눕기도 했지요. 청년은 집으로 돌아와 말했습니다.

"자, 어머니. 여기 사자의 젖이에요. 이제 곧 나으실 거예요."

침대에 누워 있던 트롤은 청년이 사자의 젖을 짜 왔을 리 없다고 생각했습니다.

"거짓말, 새빨간 거짓말이야!"

그 말을 들은 청년은 트롤을 침대에서 일으켜 문밖으로 던져 버렸습니다. 그러자 사자들이 일어나 트롤을 공격했습니다. 결국 청년이 직접 사자들을 떼어놓아야 했지요. 그날 밤, 트롤은 또 어머니에게 물었습니다.

"이 녀석을 어떻게 해치워야 할지 모르겠는걸. 힘이 너무나도 세단 말이야. 당신, 뭐 생각나는 거 없나?"

"아니요. 당신도 모르는 걸 제가 어떻게 알겠어요?"

"맞다, 성에 살고 있는 두 형이 있지! 형들은 나보다 12배나 힘이 세네. 형들의 성 근처에는 과수원이 있는데, 그곳의 사과를 먹으면 누구든지 사흘 밤낮 내내 곯아떨어지지. 녀석이 그 과수원에 가기만 한다면 사과를 먹지 않고는 배길 수 없을 텐데. 녀석이 사과를 먹고 잠든 녀석을 보면 우리 형들이 갈가리 찢어버릴 테고."

"아, 그럼 제가 이번에도 아픈 척을 해볼게요. 아들은 제가 사과를 무척 좋아한다는 걸 알아요. 사과를 먹지 않으면 죽을 것 같다고 말해보겠어요."

역시나 청년은 둘의 대화를 전부 들었습니다. 아침이 되자 어머니는 몸이 안 좋다며 끙끙 앓는 소리를 냈습니다.

"아이고, 몸이 너무 아파 죽겠구나. 성 근처의 과수원에서 자라는 사과를 먹어야만 몸이 나을 것 같은데. 누가 그 사과 좀 가져다주면 좋겠다."

청년은 바로 채비를 갖추고 사자 11마리와 함께 과수원으로 향했습니다. 이윽고 과수원에 이른 청년은 달콤한 사과 향기에 홀려 사과나무로 기어오르더니 사과를 실컷 따 먹었습니다. 나무에서 내려온 청년은 곧 아주 깊은 잠에 빠지고 말았지요. 함께 온 사자들은 청년을 에워싸고 누웠습니다.

사흘째 되던 날, 트롤의 형들이 나타났습니다. 그들은 사람의 형체가 아니었지요. 마치 사람을 잡아먹는 말처럼 콧바람을 불며 걸어왔습니다.

"누가 감히 겁도 없이 이곳에 발을 들여? 흔적도 안 남을 정도로 갈가리 찢어주지."

말소리를 듣고 벌떡 일어난 사자 11마리는 두 트롤을 잔인하게 찢어버렸습니다. 잔뜩 쌓인 트롤들의 잔해는 마치 거름 덩어리 같았지요. 두 트롤을 해치운 사자들은 다시 청년을 둘러싸고 누웠습니다.

그날 오후 늦게야 잠에서 깬 청년은 무릎을 짚고 일어났습니다. 졸린 눈을 비비다가 커다란 발자국을 보고는 무슨 일이 있었던 것인지 궁금해졌지요. 청년이 성을 향해 걸음을 옮기려는데 한 처녀가 나타나 방금 전의 일을 모두 말해주었습니다.

"아까 그 난투극에 끼지 않은 걸 수호성인에게 감사하세요. 안 그랬다면 당신은 이미 죽은 목숨일 테니까요."

"뭐라고! 죽은 목숨이라고? 그런 것 따위 두렵지 않소."

"이곳에 온 뒤로 기독교도는 처음 보는 것 같아요. 당신과 이야기를 나누고 싶으니 이리 들어오세요."

처녀가 문을 열자 사자들도 안으로 들어가려 했습니다. 하지만 처녀가 몹시 겁에 질려 비명을 질러댔습니다. 청년은 하는 수 없이 사자들에게 밖에서 기다리라고 말했습니다. 이런저런 이야기를 나누다가 청년이 물었습니다.

"당신같이 아름다운 아가씨가 어쩌다 저런 흉측한 트롤과 함께 지내게 되었소?"

"제가 원한 게 아닙니다. 저는 원래 아라비아 왕의 딸입니다. 트롤들이 저를 강제로 잡아 온 거죠."

두 사람은 계속 이야기를 나누었습니다. 이윽고 처녀가 물었습니다.

"앞으로 어떻게 하실 생각인가요? 저를 집으로 돌려보낼 건가요, 아니면 아내로 맞이할 건가요?"

"나는 당신을 돌려보낼 생각이 전혀 없소. 아내로 맞이한다면 모를까."

성안의 이곳저곳을 살펴보던 두 사람은 커다란 방에 이르렀습니다. 방 안의 벽 아주 높은 곳에는 트롤의 칼 두 자루가 걸려 있었습니다.

"당신이 저 칼 중에 하나를 휘두를 수 있을 만큼 힘이 셀지 모르겠네요."

"누구? 나 말입니까? 저 정도 칼도 못 든다면 사나이 체면이 말이 아니죠."

청년은 의자를 차곡차곡 쌓아 펄쩍 뛰어오르더니 손가락 끝으로 제일 큰 칼을 쳐냈습니다. 그러고는 허공에 뜬 칼자루를 잡아 바닥으로 펄쩍 뛰어내렸지요. 청년은 그 칼을 항상 차고 다녔습니다.

청년과 공주는 한동안 성안에서 함께 살았습니다. 그러던 어느 날, 공주는 문득 집에 계신 부모님께 지금까지의 일을 알려드려야겠다고 생각했습니다. 두 사람은 배를 준비했고, 공주는 배를 타고 성을 떠났습니다.

공주가 떠나고 한참 동안 배회하던 청년은 자신이 이곳에 온 이유를 깨달았습니다. 하지만 어머니가 그렇게 위독해 보이지는 않았기 때문에 지금쯤이면 다 나았을 거라 중얼거리며 터벅터벅 집으로 돌아갔습니다. 역시나 어머니와 나이 든 트롤은 아주 멀쩡하게 잘 지내고 있었습니다. 청년이 어머니에게 말했습니다.

"이렇게 허름한 오두막에 살다니, 참 딱하시네요. 저와 함께 제 성으로 가요. 그럼 제가 얼마나 멋진 사람인지 알게 되실 거예요."

트롤과 어머니는 바로 청년을 따라나섰습니다. 성으로 가는 도중에 어머니가 물었습니다.

"그런데 넌 어떻게 그렇게 힘이 세진 거니?"

"저번에 어머니와 구걸하러 나갔을 때 본 파란 허리띠 기억하세요? 그걸 찬 이후로 이렇게 힘이 세졌어요."

어머니는 음흉한 미소를 지었습니다.

"그거 아직도 가지고 있니?"

"네, 항상 차고 다니지요."

"어디 좀 볼 수 있을까?"

"그럼요, 물론이죠."

청년은 조끼와 셔츠를 벗고 어머니에게 허리띠를 보여주었습니다. 바로 그때 어머니가 허리띠를 잽싸게 잡아채더니 주먹에 휘감았습니다.

"하하하, 불쌍한 녀석. 이제 내 주먹 한 방이면 네놈의 머리통이 날아가겠구나."

트롤이 옆에서 거들었습니다.

"저런 녀석은 죽어도 싸지. 아니, 먼저 두 눈을 태운 후에 작은 배에 태워 바다로 보내버리자고!"

청년의 간절한 기도와 눈물에도 불구하고, 두 사람은 그의 눈을 불살라버린 다음 배에 태워 바다로 보내버렸습니다. 다행히도 11마리의 사자들이 곧바로 물속에 뛰어들어 청년을 끌고 나왔습니다. 사자들은 새의 깃털을 뽑아 침대를 만들어 그 위에 청년을 눕혔습니다. 부지런히 사냥을 해 먹을 것도 구해 왔지요. 사자들은 눈이 멀어버린 청년을 돌보는 데 최선을 다했습니다.

그러던 어느 날, 제일 큰 사자가 눈이 멀어 앞을 보지 못하는 산토끼를 뒤쫓았습니다. 나무 그루터기와 돌 위로 이리저리 도망치던 토끼는 전나무에 부딪혀 들판 위를 데굴데굴 구르다가 어느 샘 속으로 퐁당 빠졌습니다. 그런데 이게 무슨 일입니까! 샘에서 나온 토끼는 아주 멀쩡한 모습이었습니다. 잘 보이는 눈 덕분에 사자로부터 빠르게 도망칠 수 있었지요.

"옳거니!"

사자는 무릎을 탁 치더니 재빨리 청년을 그 샘으로 데려갔습니다. 그러고는 청년의 머리를 물속에 푹 담갔지요. 시력을 회복한 청년은 사자들의 등을 밟고 바다를 건너 육지에 도착했습니다. 자작나무 숲으로 들어간 청년은 사자들에게 조용히 누워 있으라고 했지요. 그다음 허리띠를 되찾기 위해 도둑처럼 몰래 성으로 다가갔습니다. 성문에 이르러 열쇠 구멍으로 안을 들여다보니 허리띠가 부엌문 위에 걸려 있었습니다. 마침 부엌에는 아무도 없었기 때문에 청년은 살금살금 안으로 기어들었습니다. 마침내 허리띠를 손에 넣은 청년은 미친 듯이 발길질을 해대며 부엌의 물건들을 마구 짓밟았습니다. 바로 그때 어머니가 황급히 뛰쳐나왔습니다.

"어머, 착하지 얘야! 허리띠를 어미에게 다시 주려무나."

"제가 미쳤어요? 당신이 지껄인 운명을 당신에게 돌려드릴게요. 제가 겪었던 고통을 똑같이 느껴보세요."

청년은 그 자리에서 어머니의 눈을 불살라버렸습니다. 소리를 듣고 달려온 트롤이 제발 살려달라고 싹싹 빌었지요.

"좋아, 목숨은 살려주지. 다만 네가 나에게 했던 짓을 똑같이 당하게 해주마.”

청년은 트롤의 두 눈을 불사른 뒤 바다로 던져버렸습니다. 안타깝게도 트롤에게는 그를 구해줄 사자들이 없었지요.

홀로 남은 청년은 갈수록 공주가 그리워졌습니다. 마음이 온통 공주만을 향해 있던 청년은 결국 공주를 찾아 나서기로 했지요. 청년은 곧바로 배 네 척을 준비해 짐을 잔뜩 실은 뒤 아라비아를 향해 떠났습니다.

한동안은 바람도 순하고 날씨도 좋았습니다. 하지만 갑자기 불어오는 앞바람에 청년은 어느 바위섬 아래 꼼짝없이 갇혀버렸습니다. 선원들은 섬으로 올라가 어슬렁거리며 시간을 보내다가 작은 집만 한 크기의 알을 발견했습니다. 그들은 커다란 돌로 알을 내리쳐보았지만 깨지지 않았습니다. 시끌벅적한 소리를 들은 청년이 어찌 된 영문인지 알아보려고 선원들에게 갔습니다. 청년은 그까짓 알 깨는 것쯤이야 일도 아니라고 생각하며 칼로 알을 내리쳤습니다. 그러자 알은 두 동강이 났고, 안에서는 코끼리만 한 닭이 나왔습니다.

“엉뚱한 짓을 벌였군. 이 녀석 때문에 우리 모두의 목숨이 위태로워졌잖아. 만약 지금부터 바람이 순해진다면 24시간 안에 아라비아에 도착할 수 있겠나?”

선원들이 대답했습니다.

“그야 물론이죠. 저희는 아주 뛰어난 선원이랍니다!”

배는 돛을 활짝 펴고 바람을 따라 아라비아로 향했습니다. 그들은 23시간 만에 아라비아에 도착할 수 있었지요. 청년은 뭍에 오르자마자 모든 선원에게 명령했습니다.

"저기 저 모래언덕으로 가서 배가 보이지 않을 정도로 깊숙이 몸을 묻어라. 꼭 눈까지 묻어야 한다."

청년과 선장은 높은 산으로 올라가 전나무 아래 앉았습니다. 잠시 후 거대한 새 한 마리가 발톱에 섬을 하나 쥐고 오더니 배가 세워져 있던 곳에 떨어뜨렸습니다. 그곳에 있던 모든 배가 가라앉고 말았지요. 새는 다시 선원들이 몸을 묻은 언덕으로 날아가 날개를 푸드덕거렸습니다. 선원들의 머리가 날아갈 정도로 거대한 바람이 불었지요. 산꼭대기의 전나무 아래에 있던 청년의 몸도 뒤집힐 정도였습니다. 청년은 새가 가까이 오자마자 미리 준비해둔 칼로 몸통을 내리쳐 새를 단번에 죽였습니다.

모든 일을 마친 청년은 성으로 향했습니다. 그곳의 모든 사람은 왕이 공주를 되찾은 것을 기뻐하고 있었습니다. 그때 왕이 말했습니다.

"이제 나만 아는 곳에 공주를 감춰둘 것이다. 나의 사랑스러운 딸을 찾아내는 사람을 사위로 삼도록 하지."

청년은 길을 가다가 한 상인에게서 백곰 가죽을 사서 걸쳤습니다. 그런 다음 선장에게 부탁했습니다.

"내 몸을 쇠사슬로 묶어 마을 안으로 끌고 들어가주게."

곰의 모습으로 변장한 청년은 마을 이곳저곳을 돌아다니며 갖은 묘기와 재롱을 부렸습니다. 재미있는 백곰이 돌아다닌다는 소문은 곧 왕의 귀에도 들어갔지요.

왕은 곧바로 전령을 보내 곰을 데려오게 했습니다. 백곰이 성에 나타나자 사람들은 모두 무서워했습니다. 여태껏 그런 짐승은 본 적이 없었기 때문이지요. 곰과 함께 온 선장은 말했습니다.

"당신들이 백곰을 보고 웃지만 않는다면 전혀 위험하지 않을 거요. 다만 누구 하나라도 곰 앞에서 웃는다면 몸이 갈가리 찢길지도 모르오."

왕은 모든 사람에게 절대 웃지 말라고 경고했습니다. 하지만 왕의 시녀들 가운데 한 사람이 곰의 묘기를 보다가 폭소를 터뜨렸습니다. 백곰은 그 자리에서 묘기를 멈추고 하녀에게 달려가 그녀의 몸을 한 조각도 남기지 않고 찢어버렸습니다. 성안의 모든 사람이 슬퍼하기 시작했고, 누구보다도 선장이 가장 안타까워했습니다. 왕은 이런 상황에서 찬물을 끼얹으며 말했습니다.

"웬 호들갑이냐, 일개 시녀 하나 죽은 거 가지고. 나에게는 곰의 묘기를 보는 게 더 중요하단 말이다."

백곰이 묘기를 마쳤을 때는 이미 깜깜한 밤이었습니다. 왕은 선장과 곰을 바라보며 말했지요.

"오늘은 너무 늦었으니 자고 가는 게 좋겠다. 이곳에서 곰을 재우도록 해라."

선장이 대답했습니다.

"아닙니다. 부엌 불가에 한 자리만 내주시면 됩니다."

"아니다. 여기에서 자도록 해라. 베개와 이불도 준비해주겠다."

왕은 신하를 시켜 베개와 이불을 잔뜩 챙겨주었고, 옆방에도 자리를 마련해 선장이 쉴 수 있도록 해주었습니다. 그러나 한밤중이 되자 왕은 등불과 커다란 열쇠 꾸러미를 들고 나타나 백곰을 데려갔습니다. 이곳저곳을 걸어 다니다 아래층으로 내려가더니 마침내 어느 다리 앞에 도착했습니다. 다리는 바다를 사이에 두고 이쪽 절벽에서 저쪽 절벽으로 걸쳐져 있었습니다.

왕은 말뚝과 쐐기를 이리저리 끌어당겨 어떤 것은 위로 올리고 어떤 것은 아래로 내렸습니다. 그랬더니 놀랍게도 작은 집 하나가 물가에 떠올랐습니다. 바로 그곳에 공주가 숨겨져 있었지요.

왕은 백곰을 밖에 둔 채 집으로 들어가 곰이 어떻게 춤을 추고 재주를 부렸는지 말해주었습니다. 공주는 무서워서 곰의 묘기를 볼 엄두가 나지 않는다고 대답했습니다. 하지만 왕은 곰 앞에서 웃지만 않으면 아무런 해를 입지 않을 거라며 공주를 안심시켰습니다.

이윽고 곰이 집으로 들어와 춤을 추며 묘기를 부렸습니다. 그러나 곰의 흥이 절정에 달했을 때 갑자기 공주의 하녀가 웃기 시작했습니다. 곰은 바로 그녀의 몸을 갈가리 찢어버렸습니다. 공주는 흐느끼며 소리치기 시작했습니다. 왕은 그런 공주를 향해 소리쳤지요.

"웬 호들갑이냐! 일개 시녀 가지고 이런 난리법석을 떨다니. 내가 좋은 아이로 하나 또 구해주마. 곰은 내일 아침까지 이곳에 있는 게 좋겠다. 밤이 너무 으슥해 곰과 함께 저 계단과 복도를 지나갈 마음이 안 드는구나."

"곰을 여기서 자게 한다니 말도 안 돼요!"

바로 그때, 곰이 난로 옆에 몸을 웅크리더니 그대로 누워버렸습니다. 공주는 하는 수 없이 불을 켠 채로 잠자리에 들 준비를 했지요. 왕이 방을 나가고 공주가 침대에 누우려는데 갑자기 백곰이 다가왔습니다.

"제 목줄 좀 풀어주세요."

공주는 너무 놀라 거의 기절할뻔했습니다. 그녀는 손을 덜덜 떨며 목줄을 찾아 풀어주었지요. 공주가 목줄을 풀어주기 무섭게 청년은 곰 가죽 머리를 벗었습니다. 공주는 가죽 뒤로 드러난 청년의 얼굴을 알아보고는 몹시 기뻐하며 이 사실을 아버지에게 알리려 했습니다.

"이럴 수가, 살아 계셨군요. 이렇게 다시 만나다니 너무 기뻐요. 당신이 숨겨진 저를 찾아냈다는 걸 당장 아버지께 말씀드려야겠어요."

"안 됩니다, 공주. 저는 제 힘으로 당신을 다시 얻고 싶어요. 조금만 기다려주시오."

다음 날 아침, 밖의 말뚝이 덜거덕거리는 소리를 들은 청년은 왕이 온 것을 알아챘습니다. 그는 바로 곰 가죽을 뒤집어쓰고 난로 옆에 누웠습니다. 곰의 뒷모습을 본 왕이 물었습니다.

"흠, 아직도 안 일어난 거냐?"

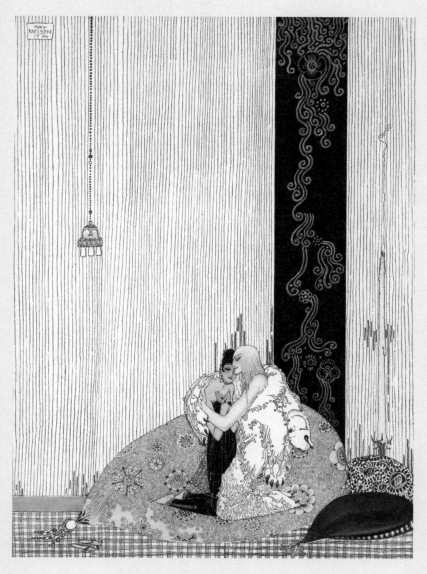

곰 가죽을 벗은 청년과 공주

"네, 그런 것 같아요. 반대로 돌아눕거나 기지개를 켜지도 않았어요."

왕은 곰을 데리고 다시 성으로 돌아왔고, 선장과 곰은 그대로 성을 나왔습니다. 성에서 나온 청년은 곰 가죽을 벗어버리고 재봉사를 찾아가 어울릴 만한 옷을 주문했습니다. 청년은 완성된 옷을 입고 왕에게 가 공주를 찾고 싶다고 말했습니다.

"그대 말고도 나의 딸을 찾고 싶어 하는 사람은 많았네. 하지만 모두 목숨을 잃고 말았지. 만약 24시간 안에 공주를 찾지 못한다면 자네도 목숨을 내놓아야 하네."

청년은 단호하게 대답했습니다.

"그 정도 각오는 되어 있습니다."

한편, 성안에는 아름다운 가락을 연주하는 악단이 있었습니다. 많은 아가씨가 가락에 맞춰 춤을 추었지요. 청년 역시 음악에 빠져 함께 춤을 추었습니다. 왕은 12시간이 넘도록 공주를 찾지 않고 놀기만 하는 청년에게 말했습니다.

"참으로 안됐구나. 자넨 공주를 찾을 수 없을 것 같군. 분명 목숨을 잃고 말 것이다."

"무슨 말도 안 되는 소리십니까! 살아 있는 한 희망은 있고, 지금 당장 숨이 붙어 있는데 걱정할 게 뭐가 있겠습니까? 아직 시간은 많다니까요!"

청년은 그렇게 말하고는 계속 음악을 즐겼습니다. 이윽고 공주를 찾을 수 있는 시간이 딱 한 시간 남았을 때, 청년이 왕에게 말했습니다.

"이제 공주를 찾겠습니다."

"이미 늦었다. 시간이 거의 다 되었다."

"아니요, 아직 한 시간이나 남아 있습니다. 등불을 켜세요. 당신의 큰 열쇠 꾸러미도 챙기시고요. 저를 따라 밖으로 나오십시오. 어서요."

청년은 전날 밤 왕이 자신을 데리고 갔던 길로 걸어갔습니다. 왕의 열쇠 꾸러미로 잠겨 있는 문을 하나씩 열면서 가다 보니 바다 위에 놓인 다리에 도착했습니다.

"이미 늦었다고 하지 않았느냐. 시간이 다 되었다. 이리로 가 봤자 바다에 빠지기밖에 더하겠느냐?"

"아직 5분이나 남았습니다."

청년은 말뚝과 쐐기를 밀고 당겨 공주의 집을 떠오르게 했습니다. 그러자 왕이 고함을 쳤습니다.

"시간이 다 되었다니까! 어이 거기, 이리 와 이자의 목을 쳐라!"

"아니, 안 됩니다! 아직 3분이나 남았다고요. 열쇠를 내놓으시죠. 이 집으로 들어갈 수 있게 말입니다."

왕은 가만히 서서 열쇠를 만지작거리며 시간을 끌었습니다. 그러더니 결국 열쇠가 없다는 거짓말을 했지요.

"흥, 당신에게 열쇠가 없다면 나에게도 방법이 있습니다."

청년은 말을 마치자마자 문을 발로 뻥 찼습니다. 그 바람에 문은 산산조각이 나 집 안으로 떨어졌지요. 문 앞에서 청년을 맞이

한 공주는 아버지에게 그가 자신을 구해준 정혼자라고 소개했습니다. 아라비아 왕은 어쩔 수 없이 둘을 결혼시켰고, 두 사람은 오랫동안 행복하게 살았답니다!

THE PRINCESS ON THE GLASS HILL

언덕 위의 공주

길고 짧은 것은 대봐야 안다

옛날 옛적, 언덕 높은 곳에 풀이 있는 땅을 가진 농부가 살았습니다. 농부는 땅 위에 건초를 보관할 헛간 하나를 지었습니다. 하지만 이상하게도 지난 2년 동안 건초가 잘 모이지 않았습니다. 특히 성 요한 축일 밤만 되면 누가 거대한 양 떼를 끌고 와 밤새 풀을 뜯긴 것처럼 바닥이 깨끗했습니다. 한창 풀이 푸르고 무성하게 자랄 무렵이었는데도 말이지요. 이듬해에도 같은 일이 벌어지자 농부는 더 이상 참을 수 없어 세 아들을 불러 말했습니다.

"지난 두 해처럼 올해도 풀을 몽땅 도둑맞을 순 없다. 셋 중 한 사람은 저 헛간에서 먹고 자며 풀을 지키도록 해라."

가장 먼저 큰아들이 풀을 지키러 갔습니다. 밤이 되자 큰아들은 언덕 위의 헛간으로 올라가 잠을 자려고 누웠습니다. 그런데 갑자기 지진이라도 난 것처럼 땅이 울리더니 헛간의 벽과 지붕이 온통 흔들리며 갈라졌습니다. 놀란 큰아들은 뒤도 돌아보지 않고 집을 향해 죽어라 뛰었습니다. 결국 올해도 건초를 모으지 못했지요.

다음 해 성 요한 축일이 되자 아버지는 다시 아들을 불러 말했습니다.

"올해는 정말로 풀을 단단히 지켜야 한다. 전과 같은 일이 벌어져선 안 돼."

이번에는 둘째 아들이 풀을 지키기로 했습니다. 밖이 어두워지자 둘째 아들 역시 헛간에 올라가 자려고 누웠습니다. 그런데 얼마 지나지 않아 갑자기 땅이 흔들리는 듯한 소리가 났습니다. 작년보다 더욱 큰 소리였지요. 둘째 아들은 잔뜩 겁에 질려 줄행랑을 쳤습니다.

다음 해는 막내 부츠가 풀을 지킬 차례였습니다. 부츠가 헛간에 갈 준비를 마치자 형들은 그를 비웃으며 놀려댔습니다.

"흥, 네가 건초를 지키겠다고? 매일 하는 일이라고는 벽난로 재 앞에 앉아 불이나 쬐는 것밖에 없는 주제에?"

부츠는 형들의 조롱을 무시한 채 언덕 위로 뚜벅뚜벅 걸어 올라갔습니다. 이윽고 밤이 되자 부츠도 헛간으로 들어가 자려고 누웠습니다. 그런데 한 시간 정도 지나자 갑자기 헛간이 덜커덩거리며 갈라지기 시작했습니다. 듣기만 해도 소름 끼치는 소리였지요.

"음, 더 심해지지만 않는다면 이 정도는 견딜 수 있겠어."

잠시 후 처음보다 더 심한 진동과 무언가 갈라지는 소리가 났습니다. 헛간에 있던 짚들도 이리저리 날렸지요.

"아! 더 심해지지만 않는다면 이 정도까진 견뎌볼 수 있겠어."

조금 지나니 덜커덩거리는 소리와 함께 커다란 지진이 찾아왔습니다. 부츠는 자신의 머리 위로 천장과 벽이 무너져 내리는 줄 알았지요. 하지만 곧 모든 소리는 사라졌고 쥐 죽은 듯 고요해졌습니다. 부츠는 혼자 중얼거렸습니다.

"조금 있다 또 시작하겠지. 틀림없어."

하지만 더 이상 아무 일도 일어나지 않았고 사방은 계속 고요했습니다. 그로부터 얼마쯤 시간이 흐르자 문 밖에서 말이 풀을 뜯어 먹는 듯한 소리가 들려왔습니다. 부츠는 문간으로 살금살금 기어가 문틈으로 밖을 내다보았지요. 그러자 정말 말 한 마리가 풀을 뜯어 먹고 있었습니다. 부츠는 이제껏 그렇게 크고 통통하고 근사한 말은 처음 보았습니다. 말 옆에는 안장과 마구와 황동으로 만들어진 기사의 갑옷이 놓여 있었습니다. 갑옷은 반짝반짝 빛이 나고 있었지요.

"하하, 이런. 바로 너였니? 지금까지 우리 풀을 몽땅 뜯어 먹고 간 놈이 너였단 말이지? 내가 아주 따끔한 맛을 보여주지. 어디두고 봐라!"

부츠는 부시통에서 부싯돌을 하나 꺼내 말 위로 던졌습니다. 그러자 말은 매우 온순해졌습니다. 말이 그 자리에서 꼼짝도 않고 서 있는 덕분에 부츠는 말을 원하는 대로 다룰 수 있었습니다. 부츠는 말 등에 올라타 아무도 모르는 자신만의 비밀 장소로 갔습니다. 그곳에 말을 숨겨두었지요. 집으로 돌아가자 형들은 부츠를 비웃으며 밤새 어떻게 지냈느냐고 물었습니다.

"뭐, 너 따위가 헛간에서 자진 않았겠지? 끽해야 들판까지 나간 게 다겠지."

"글쎄요, 전 그냥 해가 뜰 때까지 헛간에 누워 있었고, 아무것도 보지도 듣지도 못했어요. 형들이 무엇을 보고 그렇게 놀랐는지 전혀 모르겠던데요?"

"뭐라고? 그럴 리가. 어디 네가 풀밭을 얼마나 잘 지켰는지 보자. 앞장서!"

형들은 곧장 언덕으로 올라갔습니다. 그들은 푸르고 무성한 풀밭을 보고 놀랐지요.

한 해가 지나고 다음 성 요한 축일에도 똑같은 일이 일어났습니다. 두 형은 풀밭을 지키러 나갈 생각이 전혀 없었기 때문에 부츠가 언덕을 올라갔지요. 해가 지자 큰 소리와 함께 첫 번째 지진이 일어났습니다. 그리고 두 번째로 더 큰 지진이 일어나며 무언가 갈라지는 소리가 들렸지요. 마지막으로 가장 큰 규모의 지진이 나며 큰 소리가 들렸습니다. 그러더니 갑자기 모든 소리가 사라지고 다시 쥐 죽은 듯한 고요만이 감돌았습니다. 곧이어 헛간 밖에서 풀을 뜯는 것 같은 소리가 들렸습니다. 부츠는 몰래 기어가 문틈으로 밖을 내다보았습니다. 그러자 지난번처럼 말 한 마리가 힘껏 풀을 뜯어 먹고 있었습니다. 작년에 본 말보다 훨씬 근사하고 살이 쪄 있었지요. 등에는 안장이 얹혀 있었고 목에는 고삐가 둘려 있었습니다. 말 옆에는 온통 은으로 만들어진 멋진 갑옷이 있었습니다.

"하하! 우리 풀을 다 먹어치운 놈이 바로 너였단 말이지? 그렇다면 내가 너를 가만 놔둘 수 없지!"

이번에도 부츠는 부시통에서 부싯돌을 꺼내 말의 목덜미 위로 던졌습니다. 그러자 말은 양처럼 온순해졌지요. 부츠는 말을 비밀 장소로 데려가 작년에 데려온 말과 함께 숨겨놓고 집으로 돌아왔습니다. 형들은 부츠를 보더니 또 비아냥댔습니다.

"흥, 네가 무슨 말을 할지 다 알고 있지. 이번에도 건초밭이 풍년이라고 할 테지."

"사실이 그런걸요."

부츠의 말에 형들은 곧바로 언덕으로 달려가 풀밭을 확인했습니다. 풀은 작년처럼 깊고 푸르렀지요. 그러나 형들은 부츠에게 수고했다는 말 한마디도 하지 않았습니다.

일 년이 흘러 또 성 요한 축일이 돌아왔습니다. 형들은 이번에도 풀밭을 지키러 갈 생각이 없었습니다. 어쩔 수 없이 용감한 부츠가 다시 나섰습니다. 지난 두 해와 같이 땅이 꺼지는 듯한 엄청난 진동과 큰 소리를 세 번이나 겪고 나니 세상이 조용해졌습니다. 지난 해보다 훨씬 더 강한 지진이었지요. 부츠가 잠시 쉬는 동안 무엇인가 풀을 세게 잡아 뜯는 소리가 들렸습니다. 부츠가 밖을 엿보았더니 아주 가까운 곳에 말 한 마리가 서 있었습니다. 지난번에 본 두 말보다 훨씬 크고 살이 쪄 있었지요.

"하하, 네 녀석이 바로 우리 풀을 다 뜯어 먹은 놈이로구나. 내가 그 못된 짓을 당장 그만두게 해주겠다!"

부츠는 부싯돌을 말의 목 위로 던졌습니다. 그러자 말은 땅에 박힌 듯 얌전해졌습니다. 부츠는 지난번처럼 말을 비밀의 장소에 숨겨두고 집으로 돌아왔습니다. 형들은 여전히 부츠를 놀려 댔습니다.

"자다 일어난 거 같은데, 부츠? 풀밭 잘 지킨 거 맞아?"

"그럼요. 직접 가서 보면 아실 거예요."

형들이 언덕으로 올라가 풀밭을 보니 역시 이번에도 푸른색의 풀이 빽빽이 우거져 있었습니다.

한편, 왕의 궁전 근처에는 아주아주 높고 풀이 잔뜩 난 언덕이 있었습니다. 그곳은 눈처럼 부드러우면서도 매우 미끄러웠지요. 어느 날 왕은 언덕을 오를 수 있는 사람에게 자신의 딸을 주겠다고 말했습니다.

"이 언덕 꼭대기에는 나의 딸 공주가 황금 사과 세 개를 무릎에 올려둔 채로 앉아 있다네. 사과 세 개를 전부 가져오는 사람에게 내 딸을 주겠네. 왕국의 반도 기꺼이 내주지."

왕은 포고문을 모든 교회의 정문에 붙였고, 이웃 나라에도 보냈습니다.

소문을 들은 많은 왕자와 기사는 공주를 아내로 들이고 왕국의 절반을 얻을 수 있는 절호의 기회를 놓치려 하지 않았습니다. 일단 공주의 외모가 누구나 첫눈에 반할 정도로 몹시 아름다웠기 때문이지요. 전국 방방곡곡에서 멋지게 차려입은 수많은 남자가 높이 날뛰는 말을 타고 몰려왔습니다. 그들 중 공주를 꼭 차지하고야 말겠다고 마음먹지 않은 사람은 단 한 사람도 없었지요.

드디어 왕이 지정한 날이 되자 언덕 아래로 왕자들과 기사들이 모여들었습니다. 그 수가 너무 많아 고개를 한 바퀴 빙 돌려야 겨우 다 볼 수 있을 정도였지요. 또 누가 공주를 차지하게 될지 보려고 모여든 많은 사람으로 주변이 매우 북적거렸습니다.

한편, 부츠의 두 형이 그 자리에 빠질 리가 없었습니다. 그들은 한사코 부츠를 데려가려 하지 않았지요. 두 형은 부츠처럼 더럽고 검댕투성이인 멍청이와 나타난다면 사람들이 모두 자신들을 비웃을 것이라며 부츠만 남겨두고 떠났습니다. 혼자 남은 부츠는 혼잣말로 떠들었습니다.

"참나, 형들이 그런다고 내가 못 갈 줄 알고? 죽이 되든 밥이 되든 나 혼자서도 갈 수 있다고!"

부츠의 두 형이 언덕 아래 도착하니 많은 기사와 왕자가 모두 언덕을 오르려 애쓰고 있었습니다. 하지만 그들의 말은 이미 지쳐 입에서 거품을 내뿜는 중이었습니다. 아무리 갖은 수를 써도 언덕을 오를 수 없어 보였지요. 언덕은 담벼락처럼 경사가 험했고 단면이 풀잎처럼 매끄러워 말이 언덕에 발을 올려놓기만 해도 쉽게 미끄러졌습니다. 단 1미터도 올라갈 수가 없었지요.

하지만 공주와 왕국의 절반을 쉽사리 포기할 수는 없었기 때문에 사람들은 미끄러지면서도 쉴 새 없이 언덕을 올랐습니다. 어느 정도 시간이 흐르자 하나둘씩 포기하는 사람이 생겼습니다. 너무 지친 말이 거품 같은 땀을 흘리며 다리 한 짝도 제대로 들지 못했기 때문이지요. 이 광경을 본 왕은 시험을 하루 늘려 더 많은 사람에게 기회를 줘야겠다고 생각했습니다.

바로 그때 기사 한 명이 나타났습니다. 이제껏 보지 못했던 무척 늠름한 말을 탄 기사는 청동 갑옷을 입고 있었지요. 그의 말은 햇빛을 받아 반짝이는 청동 재갈을 물고 있었습니다. 다른 사람들은 아무리 올라봐야 소용없으니 괜히 고생하지 말라고 외쳤습니다. 하지만 기사는 묵묵히 언덕으로 말을 몰았습니다. 그러고는 아무렇지도 않게 언덕의 삼분의 일 지점까지 올라갔지요. 그러나 기사는 거기서 더 올라가지 않고 말을 돌려 내려왔습니다. 언덕 꼭대기에서 청동 갑옷의 기사를 지켜보던 공주는 혼자 중얼거렸습니다.

"아, 제발 저 기사가 올라왔으면!"

중간에 돌아서는 기사를 본 공주는 무릎에 있던 황금 사과를 집어 기사에게 던졌습니다. 사과는 그대로 기사의 신발 속으로 들어갔지요. 기사는 언덕을 내려오자마자 빠르게 사라져버렸습니다. 아무도 그가 어떻게 되었는지 알 수 없었지요. 그날 밤 왕은 모든 기사와 왕자에게 물었습니다.

"누가 그렇게 빨리 언덕 위를 오른 것이냐? 공주의 사과를 가지고 있는 사람이 아무도 없느냐?"

하지만 모여 있는 사람들 중 사과를 가진 사람은 아무도 없었습니다. 저녁이 되어서야 집에 돌아온 부츠의 형들은 그날의 일을 장황하게 늘어놓았습니다.

"언덕을 조금이라도 올라간 사람이 하나도 없었는데 마지막에 한 기사가 나타났어. 몇 리 밖에서도 보일 정도로 반짝이는 청동 갑옷을 입고 있었지. 그가 탄 말은 청동 재갈을 물고 청동 안장을 얹고 있었어. 그 기사가 유일하게 언덕을 오른 사람이었는데, 단번에 삼분의 일이나 올라갔지 뭐야! 마음만 먹으면 끝까지 오르는 건 문제도 아닐 것 같았어. 아, 근데 기사가 갑자기 돌아서더니 그대로 다시 내려오더군. 아마 그 정도면 충분하다고 생각한 모양이야."

불 옆에 앉아 늘 하던 대로 재 속에 발을 파묻고 있던 부츠가 외쳤습니다.

"아, 나도 그 기사를 좀 보았으면!"

"뭐라고? 네가 그 기사를 본다고? 너같이 지저분하고 더러운 녀석은 재 틈에 섞여 있는 게 훨씬 어울려! 감히 귀족 사이에 낄 생각을 하다니…."

다음 날 아침, 형들은 다시 언덕으로 갈 준비를 마쳤습니다.

부츠는 자신도 데려가달라고 애원했지요. 하지만 더러운 아이는 절대 데려갈 수 없다며 형들은 이번에도 부츠만 쏙 빼놓고 가버렸습니다. 부츠는 또다시 혼자 남아 중얼거렸습니다.

"좋아, 좋다고! 나 혼자서라도 가지 뭐. 하나도 안 무섭다, 뭐!"

부츠의 형들이 언덕에 도착해보니 역시 모든 왕자와 기사가 언덕을 오르려 하고 있었습니다. 이번에는 다들 말의 발굽을 뾰족하게 만들어 왔지만 그래도 소용없었습니다. 조금 올라가기가 무섭게 바로 미끄러져버렸습니다. 마침내 말들은 발을 들어 올릴 기운조차 없어졌습니다. 결국 모두 포기하고 말았지요. 왕은 시험을 통과한 사람이 하나도 없다는 것을 알고 마지막으로 내일 하루만 더 기회를 줘야겠다고 생각했습니다. 한편으로는 어제 나타났던 그 기사가 다시 올지도 모른다는 기대도 있었지요.

이윽고 청동보다 더 번쩍번쩍 빛나는 은으로 만들어진 갑옷을 입은 기사가 나타났습니다. 그의 말은 은으로 된 안장을 차고 있었고 재갈도 은으로 만들어진 것이었습니다. 다른 사람들은 헛수고일 뿐이라며 언덕을 오르지 말라고 충고했지만 기사는 들은 체도 않고 곧장 언덕을 올랐습니다. 하지만 그는 언덕의 삼분의 이쯤 오르자 다시 말 머리를 돌려 언덕 아래로 내려왔습니다.

어제의 청동 기사보다 오늘의 은 기사가 더 마음에 든 공주는 그가 정상까지 올라오길 바랐습니다. 하지만 그가 말을 돌리는 것을 보고 서둘러 사과를 던졌지요. 이번에도 사과는 기사의 신발 속으로 굴러 들어갔습니다. 어제와 마찬가지로 언덕에서 내려온 기사는 쏜살같이 사라져버렸습니다. 아무도 기사의 행방을 알 수 없었지요. 그날 밤 왕은 모든 사람을 차례대로 불러들여 공주의 황금 사과를 가지고 있는지 물었습니다. 하지만 사과를 가진 사람은 아무도 없었습니다. 부츠의 두 형은 전날과 마찬가지로 집에 돌아와 겪은 일을 자세하게 이야기했습니다.

"오늘도 아무도 언덕에 오르지 못하고 있는데 마지막에 은 갑옷을 입은 기사가 나타났지. 말은 은 안장을 차고 은 재갈을 물고 있었어. 그 기사가 유일하게 언덕을 올랐는데 언덕의 삼분의 이쯤 오르더니 갑자기 돌아 내려오더군. 그는 무척 훌륭했고 실수도 하지 않았어. 공주는 그에게 두 번째 사과를 던졌지."

부츠는 대답했습니다.

"아, 나도 그 기사를 한 번만 볼 수 있으면 좋겠어요!"

"뭐라고? 웃기고 있네. 너는 그 기사의 갑옷이 네가 맨날 쑤시고 있는 재랑 똑같은 줄 알아? 매일같이 지저분한 꼴을 하고 있는 주제에."

세 번째 시험 날도 전과 같은 상황이 벌어졌습니다. 부츠는 형들에게 자신도 구경할 수 있게 데려가달라고 빌었지만 그들은 거들떠보지도 않고 가버렸습니다. 역시 언덕을 제대로 오르는 사람은 한 명도 없었고 모두가 은 기사를 기다렸습니다. 하지만 그의 그림자조차 볼 수 없었지요. 그러나 은 기사 대신 아주 늠름하고 탄탄한 말을 탄 기사가 나타났습니다. 그 기사는 몇 리 밖에서도 또렷이 보일 만큼 번쩍번쩍 빛나는 금으로 된 갑옷을 입고 있었지요. 기사의 말은 금 안장을 얹고 금 재갈을 문 채로 달려왔습니다.

사람들은 기사의 찬란한 자태에 놀라 언덕에 오르지 말라고 충고할 새조차 없었습니다. 언덕으로 향한 기사는 단숨에 정상까지 올랐습니다. 공주에게는 그 기사가 꼭대기까지 올라왔으면 좋겠다고 생각할 틈도 없었지요. 기사는 언덕에 오르자마자 공주의 무릎에서 마지막 황금 사과를 집어 들더니 다시 잽싸게 언덕을 내려갔습니다. 그러고는 언덕 아래에 도착하자마자 전속력으로 달려 눈 깜짝할 사이에 사람들의 시야에서 사라져버렸지요.

해가 지고 집에 돌아온 형들은 낮에 있었던 일을 구구절절 늘어놓았습니다. 특히 황금 갑옷을 입고 나타난 기사에 대해 이야기했지요.

"그 기사가 유일하게 언덕을 오른 사람이었지. 그렇게 근사한 기사는 다시 보기 힘들 거야."

부츠가 아쉬움 섞인 목소리로 말했습니다.

"아! 나도 그 기사를 한 번만이라도 볼 수 있다면…"

"뭐? 네가 그 기사를 본다고? 그 기사의 갑옷은 네가 맨날 쑤셔대는 그 뻘겋게 달아오른 석탄보다도 더 밝게 빛난단다, 이 멍청아!"

다음 날 해가 뜨고, 모든 왕자와 기사가 왕과 공주의 앞에 차례대로 섰습니다. 누가 사과를 가지고 있는지 알아보기 위해서

였지요. 하지만 아무리 살펴보아도 황금 사과를 가진 사람은 없었습니다. 왕은 답답해하며 말했습니다.

"그 기사가 언덕을 올라 사과를 가져가는 것을 우리 눈으로 똑똑히 보았으니 분명 누군가는 사과를 가지고 있을 게다."

왕은 왕국에 있는 백성들을 차례대로 불러 확인했습니다. 하지만 사과를 가진 사람은 나타나지 않았지요. 한참이 흐른 뒤 드디어 부츠의 형들 차례가 되었습니다. 그들이 가장 마지막 백성이었으므로 왕은 그들에게 물었습니다.

"혹시 궁전에 다녀가지 않은 사람이 또 있느냐?"

"아, 네. 저희에게 동생이 하나 있긴 하지만 그 애는 사과를 가지고 있지 않을 겁니다. 시험이 열렸던 사흘 내내 집 밖으로 나간 적이 없었으니까요."

"됐다. 네 동생도 궁전으로 오라고 이르거라."

궁전으로 불려 온 부츠에게 왕이 물었습니다.

"자, 네가 사과를 가지고 있는 것이냐? 어서 사실대로 말해보거라!"

"네, 전하. 여기 첫 번째 사과가 있고 이것이 두 번째 사과입니다. 그리고 마지막으로 세 번째 사과는 여기 있습니다."

부츠는 호주머니에서 사과 세 개를 전부 꺼내놓으며 재투성이 누더기를 벗어 던졌습니다. 황금 갑옷을 입은 늠름한 기사가 바로 부츠였던 것이지요!

"아, 바로 자네였군! 그대에게 내 왕국의 절반과 딸을 주겠다.

그대에게는 충분한 자격이 있다!"

곧이어 결혼식 준비가 이루어졌고 부츠는 공주를 아내로 맞이했습니다. 세상에서 가장 즐거운 결혼식과 피로연이 열렸습니다. 비록 언덕에 오른 사람은 아무도 없었지만 축하연에 참석한 모든 사람이 행복한 시간을 보냈습니다. 혹시 모르지요, 아직도 신나게 축하연을 벌이고 있을지도요!

THE LAD AND THE GIANT

청년과 거인

작은 고추가 맵다

옛날에 아들만 셋을 둔 몹시 가난한 남자가 있었습니다. 어느 날 그가 죽자 큰아들과 둘째 아들은 행운을 찾아 도회지로 떠나려 했습니다. 두 사람은 한사코 막냇동생을 데려가려 하지 않았지요.

"너는 저기 구석에 처박혀 재나 쑤시고 있어라. 그게 딱 어울린다, 임마."

도회지로 떠난 두 아들은 곧 궁전에서 일자리를 얻었습니다. 한 사람은 마부의 조수가 되었고 다른 한 사람은 정원사의 조수가 되었습니다.

한편 두 형이 떠난 지 얼마 지나지 않아 막내 부츠도 도회지로 떠났습니다. 두 형이 걸리적거린다고 버려둔 반죽 통을 챙겨 출발했지요. 반죽 통은 꽤 무거웠지만 부츠는 부모님이 남긴 유일한 유품을 버리고 갈 수 없었습니다. 무거운 반죽 통을 질질 끌며 도시에 도착한 부츠는 일자리를 알아보았습니다.

하지만 부츠를 일꾼으로 쓰겠다는 사람은 아무도 없었습니다. 부츠는 애걸복걸해 간신히 궁전의 부엌에서 허드렛일을 하게 되었지요. 그는 주로 하녀를 위해 나무나 물을 날랐습니다. 부츠는 부지런하면서도 민첩했습니다. 그래서인지 사람들은 모두 부츠를 좋아했지요. 그러나 부츠의 두 형은 동전 한 푼 벌기는커녕 엉덩이를 걷어차일 때가 훨씬 많았습니다. 두 사람은 잘 지내는 부츠를 보며 질투심을 불태웠습니다.

호수 건너 궁전의 맞은편에는 은으로 된 오리 일곱 마리를 키우는 트롤이 살고 있었습니다. 오리들은 늘 호수에서 헤엄치고 있어 궁전에서도 쉽게 볼 수 있었습니다. 왕은 일곱 마리의 오리를 무척이나 탐냈는데, 그 사실을 알게 된 두 형은 계략을 꾸미더니 마부에게 말했습니다.

"제 동생이 그러는데요. 자기가 마음만 먹으면 저 일곱 마리의 은 오리를 왕에게 가져다드리는 건 식은 죽 먹기라고 합니다."

마부는 곧바로 왕에게 달려가 두 형의 말을 전했습니다. 마부의 말을 들은 왕은 부츠를 불러들여 말했지요.

"네 형들이 말하길 네가 나에게 은 오리 일곱 마리를 가져다준다고 했다지? 자, 그럼 어서 트롤의 오리들을 가져오거라."

부츠는 몹시 당황스러운 표정으로 대답했습니다.

"전하, 맹세컨대 저는 그런 생각을 품은 적도, 그런 말을 한 적도 없습니다."

하지만 왕은 고집을 꺾지 않았습니다.

"네가 그렇게 말을 했다던데! 어서 가서 오리들을 가져와라!"

"알겠습니다. 정 그러시다면 하는 수 없죠. 제게 호밀 한 통과 밀 한 통을 주십시오. 그럼 한번 해보겠습니다."

부츠는 왕에게 받은 호밀과 밀을 집에서 가져온 커다란 반죽 통에 넣었습니다. 그러고는 자신도 반죽 통 안에 들어갔지요. 부츠는 반죽 통을 배 삼아 손으로 노를 저어 호수를 건넜습니다.

궁의 맞은편에 도착한 부츠는 호숫가를 따라 걸으며 호밀과 밀 낟알을 전부 흩뿌리고 다녔습니다. 오리들은 낟알을 따라 반죽 통 근처까지 왔고 부츠는 오리들을 유인해 반죽 통에 태웠습니다. 그런 다음 최대한 빨리 노를 저어 호수를 건넜지요.

호수의 중간쯤 왔을 때 갑자기 트롤이 집에서 뛰쳐나오더니 눈을 부릅뜨고 외쳤습니다.

"네 이놈! 내 은 오리를 몰고 가는 놈이 너냐?"

"그렇소!"

"곧 다시 돌아올 거지?"

"물론이고말고. 곧 돌아오리다."

부츠가 일곱 마리의 오리를 데리고 가자 사람들은 전보다 훨씬 더 부츠를 좋아하게 되었습니다. 물론 왕도 부츠를 아끼게 되었지요. 하지만 부츠의 두 형은 더 큰 질투심에 사로잡혔습니다. 그들은 못된 마음을 품고 또다시 마부를 찾아가 말했습니다.

"마부님, 제 동생이 그러는데요. 자기가 마음만 먹으면 트롤의 누비 침대보를 왕에게 가져다드릴 수 있다고 하네요. 금과 은으로 만들어진 그 침대보를요!"

마부는 역시 왕에게 달려가 두 형의 거짓말을 그대로 고했습니다. 왕은 다시 부츠를 불러 명령했지요.

"네 형들이 그러는데, 금과 은으로 누빈 트롤의 침대보를 내게 가져다준다고 했다며? 어서 가져오도록 해라."

부츠는 답답한 심정을 담아 대답했습니다.

"저는 그런 말을 한 적이 없습니다. 정말입니다."

"그럴 리가 없다. 네가 한 말을 지키지 않으면 목숨을 내놓아야 할 것이다."

부츠는 아무도 자신의 말을 믿지 않는다는 사실을 깨닫고는 왕에게 대답했습니다.

"그럼 제게 사흘의 여유를 주시지요. 제게도 궁리할 시간은 있어야 하니까요."

사흘이 지나고 부츠는 다시 반죽 통을 타고 호수를 건넜습니다. 때마침 트롤의 하인들이 금과 은으로 만들어진 침대보를 널고 있었습니다. 부츠는 그 광경을 가만히 지켜보다가 사람들이 동굴로 들어가자마자 재빨리 침대보를 걷어 있는 힘껏 도망쳤습니다.

호수를 반쯤 건너자 트롤이 동굴에서 나와 고함을 질렀습니다.

"네 이놈! 네놈 저번에 내 은 오리를 가져간 놈이지?"

"그렇소!"

"이번에는 내 침대보를 가져가는 것이냐?"

"그렇소이다."

"다시 돌아올 거지?"

"물론이고말고. 꼭 돌아오리다."

은 오리에 이어 금과 은으로 누빈 침대보까지 가져오자 궁전에 있는 모든 사람이 부츠를 더 좋아하게 되었습니다. 왕은 그를 몸종으로 삼을 정도였지요. 그러나 두 형은 부츠의 성공을 보며 견딜 수 없는 초조함을 느꼈습니다. 둘은 큰 앙심을 품고 마부에게 또 거짓말을 했습니다.

"이번에 제 막냇동생이 장담하기를, 트롤의 황금 하프를 가져올 수 있다고 하더라고요? 그 하프의 소리는 아주 감미롭다고 합니다. 깊은 슬픔도 금세 잊게 만들어준다고 하지요."

이번에도 마부는 곧장 왕을 찾아가 이야기를 전했습니다. 왕은 부츠에게 말했지요.

"이번에도 네 입으로 꺼낸 말이니 어서 하프를 가져오거라. 이번 일을 성공한다면 왕국의 절반을 주겠노라. 내 딸과 결혼도 시켜주지. 다만 실패하면 목숨을 내놓아야 할 것이다."

"전 추호도 그런 말을 한 적이 없습니다. 그런 생각조차 한 적도 없고요. 그러나 다른 도리가 없는 것 같으니 한번 해보겠습니다. 혹시 엿새만 여유를 주실 수 있겠습니까? 생각할 시간이 필요합니다."

약속한 엿새가 지나자 부츠는 대못, 자작나무 핀, 몽당 양초를 주머니에 넣고 호수를 가로질러 갔습니다. 궁의 반대편에 도착한 부츠는 주위를 두리번거리더니 트롤의 동굴까지 걸어 올라갔습니다. 그때 갑자기 트롤이 동굴에서 튀어나왔습니다.

"하하, 이게 누구신가? 내 은 오리를 가져간 놈이 아닌가?"

"그렇소."

"그리고 금과 은으로 누빈 내 침대보도 훔쳐 갔겠다?"

"그렇소."

트롤은 부츠를 잡아 올리더니 바위틈으로 보이는 동굴 안으로 끌고 갔습니다. 그러더니 큰 소리로 딸을 불렀습니다.

"아가야, 나와봐라! 내 은 오리와, 금과 은으로 누빈 침대보를 훔쳐 간 놈을 잡아 왔다. 저놈을 우리에 가두었다가 살이 통통하게 오르면 죽여서 잔치를 열자."

트롤의 딸은 아버지의 말에 따라 부츠를 우리에 가두었습니다. 우리에 갇힌 부츠는 날마다 최고급 음식을 먹으며 배고플 새 없이 지냈습니다. 여드레가 지나자 트롤이 딸을 불렀습니다.

"아가야, 우리에 있는 놈의 새끼손가락을 잘라 오거라. 살이 통통하게 올랐는지 확인해야겠다."

딸은 우리로 내려가 부츠에게 소리쳤습니다.

"야! 너 새끼손가락 내밀어봐."

똑똑한 부츠는 주머니에서 대못을 꺼내 내밀었습니다. 트롤의 딸은 대못을 잘라내 아버지에게 가져갔습니다.

"아버지, 이것 좀 보세요. 그놈 손가락이 아직 강철처럼 단단해요. 잡아먹기엔 이른 것 같아요."

그로부터 여드레가 지나고 트롤의 딸은 부츠의 손가락을 자르러 내려왔습니다. 부츠는 새끼손가락 대신 자작나무 핀을 내밀었지요. 딸은 자작나무 핀을 잘라 아버지에게 갔습니다.

"아버지, 살이 조금 오르긴 했는데 아직도 나무처럼 단단해요. 씹을 수가 없겠는데요?"

또다시 여드레가 지나자 트롤은 딸에게 부츠가 살이 쪘는지 알아보고 오라고 했습니다. 딸은 우리를 찾아가 고함을 쳤지요.

"야! 새끼손가락 좀 내밀어봐!"

부츠는 주머니에서 몽당 양초를 꺼내 내밀었습니다. 트롤의 딸은 양초를 잘라 만져보더니 아버지에게 달려가 말했습니다.

"아버지, 이 정도면 먹을 만할 것 같아요."

"그러니? 그럼 나는 함께 잔치를 즐길 손님들을 불러올 테니 너는 그놈을 잡아서 반은 굽고 반은 끓여놓거라."

트롤이 밖으로 나가자 딸은 앉아서 커다란 칼을 갈기 시작했습니다. 우리 안에서 모든 것을 지켜보던 부츠가 물었지요.

"그걸로 절 죽일 건가요?"

"응. 그렇다면 어쩔래?"

"흠, 칼이 많이 무뎌 보여서요. 제가 대신 갈아드려도 될까요?

그럼 절 죽이기가 훨씬 편해지실 텐데."

트롤의 딸은 한치의 의심도 없이 부츠에게 칼을 건네주었습니다. 부츠는 숫돌에 칼을 갈기 시작했지요.

"이 정도면 될 것 같은데요. 혹시 당신의 머리카락을 조금만 잘라봐도 될까요? 칼이 잘 갈린 게 맞는지 확인해보려고요."

"음, 그래. 한번 확인해보렴."

부츠는 딸의 머리카락을 움켜쥐는 척하면서 순식간에 목을 잡아당기더니 단칼에 베어버렸습니다. 그러고는 유유히 우리에서 걸어 나와 시체의 반은 굽고 반은 끓여놓았지요. 잔치 준비를 마친 부츠는 트롤의 딸이 입고 있던 옷으로 갈아입은 뒤 구석에 앉았습니다.

한편 손님들을 데리고 온 트롤은 부츠가 딸 행세를 하는 줄은 꿈에도 모른 채 말했습니다.

"아가야, 너도 어서 먹으렴."

"아니에요, 아버지. 기분이 좋지 않아서 그런지 별로 먹고 싶은 생각이 없네요."

"너도 참. 그런 거라면 방법을 알고 있잖니. 하프를 가져와 연주하면 될 걸 가지고."

"아, 맞아요! 하프 소리를 들으면 되겠네요! 그런데 하프가 어디에 있었죠? 찾을 수가 없네요."

"너 왜 그러는 거냐? 지난번에 네가 연주해놓고는. 저기 문 위에 두지 않았었니?"

트롤의 대답이 끝나기가 무섭게 부츠는 곧장 문으로 다가가 하프를 집어 들었습니다. 그러고는 곧장 밖으로 나가 반죽 통을 타고 호수를 건넜지요. 어찌나 빠르게 노를 저었는지 물거품이 잔뜩 일었습니다.

한참이 지나도 딸이 돌아오지 않자 트롤은 어찌 된 일인지 알아보려고 밖으로 나갔습니다. 그때 트롤의 눈에 들어온 건 반죽 통을 타고 호수 저 멀리 달아나고 있는 부츠였습니다! 트롤은 쩌렁쩌렁한 목소리로 부츠를 불렀습니다.

"네 이놈! 너로구나! 내 은 오리를 가져간 놈 맞지?"

"그렇소!"

"그리고 금과 은으로 누빈 내 침대보도 훔쳐 갔지?"

"그렇소!"

"이제는 내 황금 하프까지 가져가는 게냐?"

"그렇소! 이제 필요한 걸 모두 손에 넣었지!"

"내가 분명 너를 먹어치웠는데, 이상하군."

"하하하, 미안하지만 네가 먹어치운 것은 바로 네 딸이다. 이 멍청아!"

부츠의 말을 들은 트롤은 이루 말할 수 없는 큰 슬픔에 잠겨 그 자리에서 터져버렸습니다. 부츠는 트롤이 죽은 것을 보자마자 다시 동굴을 찾아가 금은보화를 잔뜩 챙겼지요.

왕은 약속대로 황금 하프를 가져온 부츠에게 왕국의 절반을 주었습니다. 물론 공주와 결혼식도 올렸지요. 아, 형들은 어찌 되었느냐고요? 두 형이 자신을 위해 그런 거짓말을 했다고 생각한 부츠는 형들에게도 아주 극진한 대접을 해주었답니다!

11

THE GOD AND THE DEVIL

하느님과 악마

낫 놓고 기역 자도 모른다

옛날 옛적, 세상에 하느님과 악마만이 살던 시절이 있었습니다. 봄이 되자 하느님은 말에 쟁기를 씌워 밭으로 나갔습니다. 하느님은 한참 동안 밭을 간 뒤 씨앗을 뿌렸습니다. 한쪽에서 소를 몰던 악마는 덤불 속에 숨어서 하느님이 하는 일을 모두 지켜보았습니다.

"지금 장난하는 건가? 하느님이 대체 뭘 하려는 거지? 매일매일 지켜봐야겠군."

하느님의 곡식은 나날이 자라났고 악마는 그 광경을 계속 지켜보았습니다. 곡식은 뜨거운 태양 빛을 받아 잘 여물었지요. 이윽고 가을이 되자 하느님은 추수를 하러 밭으로 돌아왔습니다.

하느님이 일하는 동안 악마가 다가와 물었습니다.

"도대체 뭘 하는 거요?"

"봄에 뿌린 씨가 이렇게나 자라서 수확하고 있는 중이라네. 이제 겨울 먹거리는 걱정이 없지."

다음 해 봄이 되자 소를 모는 일이 지겨워진 악마는 하느님에게 가서 말했습니다.

"올해는 작물을 함께 심는 게 어떠오? 난 땅 위에 나오는 부분을 가져갈 테니 당신은 땅속에서 자라는 부분을 거둬 가시오."

하느님은 곰곰이 생각하더니 감자를 심었습니다. 가을이 되자 악마는 자신의 몫을 수확해 갔습니다. 아무 쓸모도 없는 감자의 푸른 줄기 부분을 말이지요. 하느님은 땅속에 자란 감자를 잔뜩 얻었습니다. 겨울 내내 악마는 시퍼런 줄기를 열심히 씹고 뱉었고 하느님은 휘파람을 불며 감자를 맛있게 먹었습니다.

이듬해 봄, 악마는 또 하나님에게 말했습니다.

"올해는 내가 작물의 아랫부분을 가져갈 테니 당신이 윗부분을 가져가시오."

이번에도 흔쾌히 동의한 하느님은 잠시 고민한 뒤 밀을 심었습니다. 다시 가을이 찾아오고 하느님과 악마는 각자 자신의 몫을 수확했습니다. 그해 겨우내 하느님은 매일 배를 두드리며 밀가루로 만든 맛있는 케이크를 먹었지만, 악마는 잔뜩 성을 내며 밀의 그루터기만 씹어 먹었답니다.

+ 제2장 +

신비로운 이야기

"이제 두 번 다시 두려워할 일 없어.
이제 자유야. 이제 뭐든 할 수 있어."

무민 연작 소설 「보이지 않는 아이」

12

THE LASSIE AND HER GODMOTHER

소녀와 대모

소 잃고 외양간 고친다

옛날 옛적, 아주 깊은 숲속에 가난한 부부가 살았습니다. 둘 사이에는 예쁜 딸이 있었지만 너무나도 가난했던 부부는 아이에게 세례를 줄 수 없었습니다. 사제에게 줄 사례금조차 없었기 때문이지요.

어느 날 아기의 아버지는 세례 사례금을 내주고 아기의 대모(영세나 견진 성사를 받을 때 신앙의 증인으로 세우는 여성 후견인—편집자)가 되어줄 사람을 찾아 나섰습니다. 하지만 하루 종일 돌아다녀도 사례금을 대신 내주겠다는 사람은 없었습니다. 아기의 아버지는 터덜터덜 집으로 돌아가다가 근사한 차림새의 귀부인을 만났습니다. 부인은 매우 착하고 친절해 보였지요.

"혹시 제 딸의 세례 사례금을 내주시고, 대모가 되어주실 수 있나요?"

귀부인이 대답했습니다.

"음, 아이가 세례를 받을 수 있게 도와줄 순 있어요. 단, 세례가 끝나면 아이를 저에게 주셔야 해요."

그 말을 들은 아기의 아버지는 아내의 동의를 구해야 한다고 대답했습니다. 그러고는 집에 돌아가 아내에게 물었지요.

"여보, 집에 돌아오는 길에 만난 한 귀부인께서 아이가 세례를 받을 수 있게 도와준다고 했소. 다만 세례를 마치면 아기를 달라고 했지. 당신 생각은 어떻소?"

"당연히 안 되지요. 어떻게 다른 사람에게 딸을 줄 수 있겠어요? 절대 안 돼요."

다음 날, 아기 아버지는 또다시 세례 사례금을 내주고 대모가 되어줄 사람을 찾아 헤맸습니다. 하지만 사례금을 내주면서까지 대모가 되겠다는 사람은 없었습니다. 아무리 애원하고 간청해도 소용없었지요. 저녁 무렵 무거운 발걸음으로 집으로 돌아가던 아기의 아버지는 전날 만났던 멋진 귀부인을 또 만났습니다. 그녀는 똑같은 제안을 건넸지요.

"저는 당신의 따님이 세례를 받을 수 있게 도와줄 수 있어요. 대모도 되어줄 수 있고요. 하지만 세례를 받고 나면 아이를 제게 주셔야 해요."

아기의 아버지는 하루 동안 겪은 일을 아내에게 말해주었습니다. 그러자 아내가 대답했습니다.

"휴, 정말 내키진 않지만 내일도 우리 아이에게 세례를 줄 사람을 찾지 못한다면 그 부인에게 대모를 부탁해야겠네요. 아이를 보내더라도 그게 나을 것 같아요."

사흘째 되는 날 역시 아기의 아버지는 도움을 주겠다는 사람을 찾아내지 못했습니다. 달리 방법을 찾지 못한 그는 저녁 무렵에 만난 친절한 부인에게 말했습니다.

"안녕하세요? 부인께서 우리 아기를 데려가도 좋으니, 아이의 세례 사례금을 내주시고 대모가 되어주세요."

다음 날 아침 귀부인은 두 남자를 데리고 부부의 집을 찾아왔습니다. 그들은 아기를 교회로 데려가 세례를 받게 해주었지요. 세례식이 끝난 뒤 부인은 아기를 자신의 집으로 데려가 몇 년 동안 키웠습니다. 귀부인은 양어머니로서 늘 친절하고 자애로웠지요. 어느덧 소녀가 사리 분별을 할 수 있을 정도로 자라자 양어머니는 여행을 떠날 채비를 했습니다.

"내가 들어가지 말라고 한 방만 제외하면 집 안 어디든 마음대로 돌아다녀도 된단다."

양어머니는 그렇게 말하고 떠났습니다. 그러나 소녀는 궁금증을 이기지 못하고 양어머니가 들어가지 말라고 한 방들 가운데 하나를 살짝 열어보았습니다. 그러자 '펑!' 하는 소리와 함께 별이 날아가버렸습니다.

한편 집에 돌아온 양어머니는 별이 없어진 것을 알고 몹시 화

'펑!' 하고 날아가버리는 달

를 냈습니다.

"내가 그 방에 들어가지 말라고 그렇게 말했거늘. 이제 나는 너와 살 수 없다. 널 이 집에서 쫓아내야겠어!"

"죄송해요, 어머니. 다신 그러지 않을게요. 쫓아내지만 말아주세요."

양어머니는 엉엉 울며 비는 소녀를 보고 마음이 약해졌습니다. 결국 소녀를 쫓아내지 못하고 얼마 뒤 또 다른 여행을 떠났지요.

"지금껏 네가 본 적 없는 두 개의 방이 있다. 그 두 곳에는 절대로 들어가면 안 된단다."

소녀는 절대 들어가지 않겠다고 약속했지만 홀로 남겨지자 호기심이 피어올랐습니다. 마침내 그녀는 부푼 호기심을 참지 못하고 문을 열고 안을 엿보았습니다. 그랬더니 '펑!' 하고 달이 날아가버렸습니다.

집에 돌아온 양어머니는 달이 없어져버린 것을 알고 몹시 낙심했습니다.

"내 말을 어기고 두 번이나 문을 열어보다니, 이제 정말 너와 살 수 없다. 당장 이 집에서 나가거라!"

"아, 어머니 정말 죄송해요. 한 번만 용서해주세요. 다신 그러지 않을게요."

소녀는 몹시 슬프게 울며 용서해달라고 진심으로 빌었습니다. 양어머니는 이번에도 그녀를 쫓아내지 못했지요. 이윽고 양어머니는 또다시 여행을 떠나게 되었습니다.

"애야, 이제 넌 거의 다 큰 것과 다름없다. 저기 보이는 세 번째 방에는 절대로 들어가면 안 된다. 이번엔 꼭 어미 말을 들어주렴."

소녀는 굳게 마음을 다잡았지만 양어머니가 떠나고 나자 문을 열어보고 싶다는 나쁜 마음이 조금씩 부풀어 올랐습니다. 나중에는 무슨 일이 생기든 말든 커지는 호기심을 참을 수가 없었지요. 결국 소녀는 세 번째 방문을 열었고 '펑!' 하는 소리와 함께 해가 달아나버리고 말았습니다.

집에 돌아와 해까지 달아난 것을 알게 된 양어머니는 몹시 상심해 말했습니다.

"이제 더 이상 참을 수가 없구나. 어서 나가렴. 이제 진짜 너를 데리고 있을 수 없다."

소녀는 눈이 빠지기 직전까지 울며 쫓아내지 말아달라고 애원했습니다.

"안 된다! 너는 벌을 받아야 마땅해! 세상에서 가장 아름다운 여인이 되는 대신 말을 할 수 없게 되거나, 말을 할 수는 있지만 세상에서 가장 못생긴 여인이 되는 것 중 하나를 고르거라. 어느 쪽을 고르든 앞으로는 나와 함께 살 수 없다."

소녀는 목이 터져라 울며 아름다운 여인이 되는 쪽을 골랐습니다. 이윽고 그녀는 놀랄 정도로 아름다운 모습으로 변했습니다. 하지만 그날 이후로 아무 말도 할 수 없었지요.

양어머니로부터 쫓겨난 소녀는 거대한 숲속을 이리저리 헤매고 다녔습니다. 하지만 가면 갈수록 숲의 출구는 더 멀어지는 것 같았습니다. 밤이 되자 소녀는 샘 위로 자라고 있던 커다란 나무에 기어올라가 잠을 청했습니다.

한편 숲 근처에는 성이 하나 있었는데, 매일 이른 아침이면 하녀 한 명이 샘물을 길러 왔습니다. 어느 날 하녀가 물을 뜨려고 샘을 내려다보았는데 수면에 비친 소녀의 아름다운 얼굴을 자신의 얼굴로 착각했습니다. 그녀는 주전자를 던져버리더니 성으로 달려가 머리를 꼿꼿이 쳐들고 말했습니다.

"이렇게 예쁜데 하찮게 물이나 길러 다닐 수는 없지!"

다음 날, 또 다른 하녀가 물을 길으러 갔습니다. 그런데 그녀 역시 샘에 비친 소녀의 모습을 보고 자신의 얼굴인 양 착각했습니다. 그녀도 곧장 성으로 돌아가 말했습니다.

"왕의 물이나 길러 다니기에는 아름다운 내 얼굴이 아까워!"

왕은 물을 길러 간 하녀마다 되돌아오는 것을 보고 어찌 된 영문인지 알아봐야겠다고 생각했습니다. 왕은 직접 샘을 찾아가 물에 비친 아름다운 얼굴을 보았습니다. 즉시 위를 올려다본 왕은 나무 위에 앉아 있는 사랑스러운 소녀를 발견했습니다.

"어찌 그 위에 있는 것이냐, 이리 내려와 나와 함께 성으로 가자꾸나."

소녀는 나무에서 내려와 왕과 함께 성으로 갔습니다. 소녀의 아름다운 얼굴에 푹 빠진 왕은 그녀를 왕비로 맞아들이기로 했

샘에 비친 아름다운 얼굴을 바라보는 왕

습니다. 하지만 왕의 어머니는 그의 생각에 반대했습니다.

"그 아이는 말을 할 수 없잖니. 어쩌면 사악한 마녀일지도 모른다."

하지만 왕은 뜻을 굽히려 하지 않았고, 결국 소녀와 결혼식을 올렸습니다. 두 사람이 함께 살기 시작한 지 얼마 지나지 않아 소녀는 아기를 가지게 되었습니다. 아기가 태어날 때가 되자 왕은 그녀 주변을 단단히 지키게 했습니다. 하지만 아기가 태어나자마자 왕비를 지키던 모든 사람이 깊은 잠에 빠져들었습니다.

그때 왕비가 된 소녀의 양어머니가 나타나 어린 아기의 새끼 손가락을 살짝 베었습니다. 그러고는 아기의 피를 왕비의 입에 묻히고 말했습니다.

"이제 너는 내가 별을 잃었을 때 느꼈던 슬픔을 알게 될 것이다."

양어머니는 그 말만 남기고 아기를 데려갔습니다. 소녀의 주변을 지키던 사람들은 잠에서 깨어나자마자 그녀가 아기를 먹어치웠다고 생각했습니다. 왕의 어머니는 왕비를 불태워 죽이려고 했습니다. 하지만 아내를 너무나 아꼈던 왕은 그녀가 처벌받지 않도록 갖은 애를 썼습니다. 다행히도 왕비는 무사히 풀려났지요.

이윽고 왕비는 둘째 아기를 갖게 되었습니다. 왕은 처음보다 경비를 두 배나 강화해 왕비를 지키게 했습니다. 하지만 이번에도 양어머니가 찾아와 왕비의 입에 둘째 아기의 피를 묻히더니

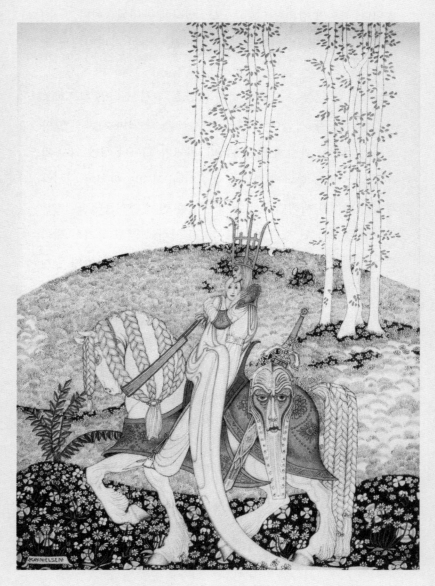

소녀를 성으로 데려가는 왕

말했습니다.

"이제 너는 내가 달을 잃었을 때 느꼈던 슬픔을 알게 될 것이다."

왕비는 아기를 데려가지 말라고 울고불고 매달렸습니다. 하지만 아무런 말이 나오지 않아 소용이 없었지요. 이번에도 왕의 어머니는 왕비를 불태워 죽여야 한다고 말했습니다. 하지만 왕은 간신히 그녀에게 내려질 처벌을 막아주었습니다.

시간이 지나 왕비는 셋째 아이를 가졌고, 왕은 경비를 세 배나 강화했습니다. 하지만 모든 경비원이 잠들어 있는 동안 양어머니가 또 나타났습니다. 그녀는 아기의 새끼손가락을 베어 떨어지는 피를 왕비의 입에 묻혔습니다.

"이제 너는 내가 해를 잃었을 때 느꼈던 슬픔을 알게 될 것이다."

왕은 더 이상 왕비를 구해줄 수 없었습니다. 왕비는 꼼짝없이 화형당할 운명에 처했지요. 왕비가 막 화형대로 끌려가려던 순간, 양어머니가 왕비의 아기 세 명을 데리고 나타났습니다. 그녀는 한 아기를 팔에 안고 두 아이의 손을 잡은 채 왕비에게로 다가가 말했습니다.

"여기 네 아이들이 있다. 이제 네게 모두 돌려주마. 사실 난 성모 마리아란다. 내가 별, 달, 해를 잃었을 때 겪은 슬픔을 너도 충분히 겪었겠지. 지금까지 네가 저지른 행동에 대한 벌을 달게 받았으니 이제부턴 말을 할 수 있게 해주마."

왕비에게 아이들을 돌려주는 성모 마리아

그 말을 들은 왕과 왕비는 이루 말할 수 없이 기뻤습니다. 그 이후로 두 사람은 세 아이와 함께 늘 행복했지요. 그리고 왕의 어머니도 며느리를 매우 좋아하게 되었답니다!

THE BRIDE IN THE WOODS

숲속의 신부

물이 깊어야 고기가 모인다

옛날에 세 아들을 둔 농부가 살았습니다. 어느 날 아버지는 장성한 아들들을 모두 불러놓고 말했습니다.

"얘들아. 너희들도 이제 결혼할 나이가 되었구나. 내일부터 각자의 신붓감을 찾아 떠나도록 해라."

아버지의 말을 들은 장남이 물었습니다.

"하지만, 아버지. 어디로 가야 하나요?"

"내가 그것까지 다 생각해두었다. 각자 나무를 하나씩 베어 나무가 쓰러지는 방향으로 가도록 해라. 나무가 가리키는 방향으로 가다 보면 너희들에게 잘 어울리는 신붓감을 찾을 수 있을 게다."

다음 날 세 아들은 나무를 한 그루씩 베었습니다. 장남의 나무는 북쪽을 가리켰습니다. 북쪽에 아주 예쁜 처녀가 살고 있는 농장이 있다는 것을 알고 있던 장남은 잘됐다고 생각했습니다. 둘째 아들이 쓰러뜨린 나무는 남쪽을 가리켰습니다. 그는 남쪽에 있는 농장에 사는 아가씨와 춤을 춘 적이 있었기 때문에 잘된 일이라고 생각했습니다. 마지막으로 막내아들 베이코가 쓰러뜨린 나무는 숲을 가리켰습니다. 그러자 형들은 모두 그를 놀려댔습니다.

"하하! 베이코는 이제 늑대 소녀나 여우 소녀에게 장가들게 생겼구나!"

베이코는 씩씩하게 말했습니다.

"숲속에서라도 꼭 신붓감을 찾아오겠습니다."

즐거운 마음으로 떠난 두 형은 각자 생각해둔 농부를 찾아가 딸을 달라고 부탁했습니다. 베이코 역시 용감하게 떠났지요. 하지만 얼마 지나지 않아 점점 기운이 빠졌습니다.

"사람이라고는 그림자도 안 보이는 이곳에서 어떻게 신붓감을 구한단 말이야?"

그때 베이코의 눈에 작은 오두막이 보였습니다. 그는 오두막의 문을 열고 안으로 들어갔습니다. 그러나 그곳에는 아무도 없었습니다. 식탁에 앉아 우아하게 수염을 빗는 작은 쥐 한 마리만 있을 뿐이었지요. 베이코는 큰 소리로 탄식했습니다.

"아, 역시 아무도 없구나!"

그러자 작은 쥐는 몸단장을 멈추고 베이코를 향해 비난하듯 말했습니다.

"왜요, 베이코? 제가 있는데요!"

"하지만 네가 있는 게 무슨 소용이니? 너는 그저 한 마리 쥐일 뿐인데."

"아니에요, 전 분명히 쓸모 있어요. 제게 말해보세요. 무엇을 찾고 있는데요?"

작은 쥐가 몇 번 채근하자 베이코는 하는 수 없이 지금까지의 일을 들려주었습니다.

"두 형이야 쉽게 신붓감을 구하겠지만 난 어쩌면 좋을까. 이런 첩첩산중에서 어떻게 신붓감을 구하지? 빈손으로 집에 돌아가 신붓감을 못 구했다고 하자니 너무 부끄러운 일이고…."

"흠. 그렇다면, 베이코. 저를 당신의 신붓감으로 데려가는 건 어때요?"

베이코는 코웃음을 쳤습니다.

"무슨 소릴 하는 거니? 세상에 쥐하고 결혼했다는 남자 이야기 들어봤어?"

쥐는 점잖게 고개를 저었습니다.

"그렇지만 제 말을 들어보세요. 저를 아내를 맞는 일보다 더 나쁜 일이 생길 수도 있잖아요. 제가 비록 쥐에 불과하지만 저는 당신을 사랑해요. 당신을 누구보다 진실하게 대할 수 있다고요."

베이코는 쥐를 자세히 들여다보았습니다. 쥐는 아주 귀엽고 우아했습니다. 그녀는 앙증맞은 발을 턱에 괸 채 반짝반짝 빛나는 눈으로 베이코를 올려다보았지요. 베이코는 점점 쥐가 좋아졌습니다.

이윽고 쥐는 베이코에게 노래를 불러주었습니다. 쥐의 고운 목소리에 기분이 좋아진 베이코는 신붓감을 구하지 못한 데서 온 좌절감을 잊고 쥐에게 말했습니다.

"그래, 좋아! 작은 쥐야, 너를 내 신붓감으로 삼을게!"

쥐는 환호성을 지르며 말했습니다.

"와! 좋아요. 앞으로 무슨 일이 있어도 당신을 진실하게 대할게요. 아무리 오래 걸리더라도 당신을 기다릴게요."

한편 집에 돌아온 두 형은 큰 소리로 신붓감 자랑을 늘어놓았습니다. 먼저 큰형이 말했습니다.

"내 신부는 볼이 장미꽃처럼 발그레한 게 아주 예뻐."

그러자 작은형도 질세라 끼어들었습니다.

"내 색시는 긴 금발을 가졌다고!"

베이코는 할 말이 없었습니다. 형들이 베이코를 비웃으며 물었습니다.

"베이코. 넌 왜 가만히 있냐? 네 신붓감은 귀가 뾰족하고 예쁜데다 이는 날카롭고 하얗지 않냐?"

형들은 여전히 베이코의 신붓감을 여우와 늑대에 빗대며 놀렸습니다. 그러자 베이코가 대꾸했습니다.

"형들, 그만 놀려. 나도 신붓감을 찾았어. 그녀는 벨벳 가운을 걸친 작고 우아한 여인이라고."

큰형이 인상을 찌푸리며 말했습니다.

"벨벳을 걸쳤다고?"

큰형의 말이 끝나기 무섭게 작은형은 베이코를 비웃었습니다.

"공주처럼 말이지?"

베이코는 차분하게 대답했습니다.

"그래, 맞아. 공주처럼 벨벳을 걸쳤어. 게다가 그녀가 가만히 앉아 내게 노래를 불러줄 때 나는 그야말로 완벽한 행복감을 느꼈어."

두 형은 심기가 불편한 듯 꿍얼거렸습니다. 며칠이 지나고 아버지는 아들 셋을 모아 말했습니다.

"음, 이제 너희가 구한 신붓감이 훌륭한 주부의 자질을 갖추고 있는지 알아봐야겠다. 각자의 신붓감에게 빵을 한 덩어리씩 구워 오라고 해라. 구운 빵은 곧장 내게 가져오고."

장남은 자신 있는 목소리로 대답했습니다.

"제 색시는 분명히 빵을 잘 구울 거예요. 확신해요!"

차남이 질세라 큰형의 말을 따라했습니다.

"제 색시도 마찬가지예요!"

그러나 베이코는 꿀 먹은 벙어리처럼 가만히 있었습니다. 두 형은 그런 베이코를 또 놀렸지요.

"그래, 네 벨벳 공주님은 어떠냐? 공주님도 빵을 구울 수 있던가? 하하하!"

베이코는 솔직하게 대답했습니다.

"나도 잘 모르겠어. 직접 물어봐야지."

숲속의 오두막에 도착할 무렵, 베이코는 서글퍼졌습니다. 작은 쥐가 빵을 굽지 못할 거라고 생각했기 때문이지요. 오두막의 문을 열고 들어가자 작은 쥐는 전처럼 식탁 위에 앉아 우아하게 수염을 빗고 있었습니다. 쥐는 베이코를 보자마자 기뻐서 춤을 추었지요.

"당신을 다시 만나 매우 기뻐요. 당신이 다시 돌아올 줄 알았어요!"

작은 쥐는 이내 베이코가 시무룩한 것을 알아채고 물었습니다.

"그런데 당신 얼굴이 왜 그래요? 무슨 일 있어요?"

베이코는 사실대로 대답했습니다.

"사실, 아버지께서 각자 신붓감더러 빵을 구워 오라고 하셨어. 빵을 구워 가지 못하면 나는 형들의 놀림감이 되고 말겠지."

"당신도 참, 걱정 말아요. 빈손으로 돌려보내지 않을게요. 내가 금방 빵을 구워 올게요."

베이코는 깜짝 놀라 대답했습니다.

"이제껏 쥐가 빵을 구울 수 있다는 말은 못 들었는데!"

"하지만 전 할 수 있어요."

작은 쥐는 자신 있는 표정을 지어 보이며 작은 은색 종을 땡그랑땡그랑 울렸습니다. 그러자 분주하게 움직이는 발소리가 들려오더니 곧 수백 마리의 쥐가 오두막으로 모여들었습니다.

"부르셨습니까, 공주님!"

사실 작은 쥐는 수많은 쥐를 거느린 공주였습니다. 공주 쥐는 꼿꼿하고 위엄 있는 자세를 취한 뒤 몰려온 쥐들에게 명령했습니다.

"지금 나는 밀이 필요하니, 너희들 모두 가장 고운 밀을 구해 오거라."

공주의 명령이 떨어지기 무섭게 쥐들은 급히 달려 나갔습니다. 그러더니 곧 차례로 가장 좋은 밀의 낟알을 하나씩 가져왔습니다. 공주 쥐는 쥐들이 가져온 좋은 밀로 근사한 밀 빵을 구웠습니다.

다음 날 삼 형제는 각자 신붓감이 구워준 빵을 아버지 앞에 내놓았습니다. 장남이 가져온 것은 호밀로 구운 빵이었습니다. 아버지는 장남의 빵을 보고 말했습니다.

"아주 좋구나. 우리처럼 일을 많이 하는 사람들에게는 호밀 빵이 좋지."

차남이 가져온 빵은 보리로 만든 빵이었습니다. 아버지는 차남을 바라보며 말했습니다.

"보리 빵도 좋지."

베이코는 밀로 만든 맛있는 빵을 내놓았습니다. 밀 빵을 본 아버지는 소리를 질렀지요.

"아니, 이건 흰 밀 빵 아니냐! 베이코의 신붓감은 정말 부자인 모양이구나!"

옆에 있던 큰형이 거들었습니다.

"그야 물론이죠. 베이코의 신붓감은 공주라잖아요. 야, 베이코! 공주는 희고 고운 밀가루를 어떻게 얻었대?"

베이코는 짧게 대답했습니다.

"그냥 공주가 작은 은색 종을 울리니까 하인들이 들어오더라고요. 공주는 하인들에게 제일 좋은 밀알을 가져오라고 했고요."

이 말을 들은 두 형은 질투심이 폭발했습니다. 아버지가 두 아들을 꾸짖을 정도였지요.

"그만, 그만하거라! 동생의 행운을 시기하지 말거라. 너희 신붓감 모두 빵을 잘 구웠으니 훌륭한 아내의 자질은 갖춘 셈이다. 하지만 하나 더 시험해보고 싶구나. 너희들의 신붓감이 집안일을 잘하는지 확인해야겠어. 이번에는 각자 신붓감에게 천을 짜오라고 하거라."

두 형은 자신의 신붓감이 천을 잘 짠다는 것을 알고 있었습니다. 이번에도 그들은 자신 있게 말했지요.

"어디, 이번에도 베이코의 신붓감이 잘 해내는지 두고 보자."

한편 베이코는 걱정이 이만저만이 아니었습니다. 그는 숲속 오두막의 문을 열며 혼자 중얼거렸습니다.

"쥐가 베틀로 천을 짤 수 있을까? 그런 건 본 적도 들은 적도 없는데…"

베이코를 본 작은 쥐는 활짝 웃으며 찍찍거렸습니다.

"아, 당신 또 오셨군요."

작은 쥐는 환영의 표시로 앞발을 번쩍 쳐들더니 식탁에서 춤을 추기 시작했습니다.

"그래, 내가 그렇게 반갑니?"

"그야 물론이죠. 전 당신의 신붓감이잖아요. 매일매일 당신이 돌아오시기만을 손꼽아 기다렸어요. 혹시 이번에도 아버지께서 뭘 시키셨나요?"

"응, 그런덴 이번엔 네가 절대 할 수 없을 것 같아 두려워."

"아마 할 수 있을 거예요. 어떤 일인지 어서 말해보세요."

"아버지께서 천을 짜서 가져오래. 물론 네가 천을 짤 수 있을 거라고는 생각하지 않아. 쥐가 천을 짠다는 건 들어본 적이 없거든."

"참나, 그게 무슨 소리예요? 저는 천을 짤 수 있어요. 베이코의 신붓감이 천을 짤 수 없다는 게 더 이상하네요!"

작은 쥐는 이번에도 은색 종을 땡그랑땡그랑 울렸습니다. 그러자 수백 마리의 쥐가 사방에서 몰려왔지요. 쥐들은 엉덩이를 바닥에 붙이고 앉아 공주의 명령을 기다렸습니다.

"어서 가서 가장 좋은 아마를 구해 오너라. 무조건 제일 좋은 것이어야 해."

쥐들은 황급히 달려 나갔고 잠시 후 차례로 아마를 물고 나타났습니다. 쥐들이 실을 뽑아 깨끗하게 만들자 공주 쥐는 아주 섬세하고 아름다운 아마 천을 짰습니다. 천이 어찌나 얇고 하늘하늘하던지, 빈 호두 껍데기 속에 넣을 수 있을 정도였습니다. 공주 쥐는 베이코에게 천을 건네며 말했습니다.

"자, 여기 작은 호두 안에 제가 짠 천이 들어 있어요. 당신 아버지 마음에 들길 바라요."

베이코는 아름다운 천을 보고 깜짝 놀랐습니다. 이번에도 형들의 코를 납작하게 할 수 있을 거라고 생각했지요.

삼 형제는 다시 아버지 앞에 모였습니다. 먼저 장남이 천을 내밀었습니다. 아버지는 말했지요.

"올이 굵은 면으로 짰구나. 썩 좋지는 않지만 뭐, 그 정도면 쓸 만하겠구나."

다음으로는 차남이 천을 내놓았습니다. 면과 아마를 섞어 짠 천이었지요. 아버지는 고개를 끄덕이며 말했습니다.

"음, 네 형 것보다는 좀 낫구나. 베이코, 네 신붓감이 짠 천을 가져오거라."

배이코는 아버지 앞에 호두를 내놓았습니다. 형들은 웃음을 터뜨렸지요.

"하하하! 베이코의 색시는 천이 아니라 호두를 주었구나!"

그러나 아버지가 호두를 열어 거미줄처럼 섬세한 아마 천을 펼치자 형들의 웃음소리는 잦아들었습니다. 아버지는 깜짝 놀라 물었지요.

"아니, 베이코! 네 신붓감은 이런 고운 실을 어디서 얻은 게냐!"

베이코는 겸손하게 대답했습니다.

"네, 제 신붓감은 작은 은색 종을 울려 하인들을 불러 모은 뒤 제일 고운 아마를 가져오라고 시켰어요. 하인들이 아마를 가져와 실을 뽑고 깨끗하게 만들자 제 신붓감이 아름다운 천을 짰고요."

아버지는 놀라움을 감추지 못하며 칭찬했습니다.

"정말 대단하구나! 내 평생 이렇게 훌륭한 천은 처음 보았다. 다른 신붓감들은 기껏해야 농부의 아내가 될 팔자겠지만 베이코의 신붓감은 정말 공주인 모양이구나! 좋다, 이제 너희들의 신붓감을 집에 데려올 때가 되었다. 내 눈으로 직접 보고 싶구나. 세 사람 모두 내일 신붓감을 집으로 데려오거라."

베이코는 숲으로 향하며 혼자 생각했습니다.

'내 신붓감이 작은 쥐긴 하지만 난 그녀가 좋아. 형들은 그녀가 쥐라는 걸 알면 분명 날 놀릴 테지만 형들이 뭐래도 상관없어. 그녀는 나에게 둘도 없이 소중한 존재니까 절대 부끄러워하지 말아야지.'

오두막에 도착한 베이코는 아버지가 그녀를 보고 싶어 한다고 말했습니다. 작은 쥐는 펄쩍 뛰며 좋아했지요.

"아, 너무 좋아요! 아버님을 뵙기 전에 제대로 된 격식을 갖춰야겠네요."

공주 쥐는 작은 은색 종을 울려 마차 한 대와 말 다섯 필을 준비하라고 명령했습니다. 마차와 말이 준비되고 출발할 시간이 되자 마차는 빈 땅콩 껍데기로, 말은 검은 생쥐로 변했습니다.

공주 쥐는 땅콩 껍데기로 변한 마차에 탔고 마부 쥐는 자신의 앞에 앉혔습니다. 시중을 들어야 할 쥐는 자신의 뒤에 앉게 했지요. 베이코는 속으로 생각했습니다.

'형들이 이 광경을 보면 비웃고 난리 나겠지.'

하지만 베이코는 절대 웃지 않았습니다. 그는 땅콩 마차 옆에서 천천히 걸으며 말했습니다.

"내가 당신을 잘 돌볼 테니 걱정 말아요. 나의 아버지는 마음이 너그러우니 당신을 친절하게 맞이할 거예요."

베이코와 작은 쥐 일행은 숲을 벗어나 다리가 놓인 강에 이르렀습니다. 그들이 다리의 중간쯤 왔을 때 반대편에서 건너오던 한 남자가 소리쳤습니다.

"아니, 맙소사! 저게 뭐야? 괴상한 마차가 있잖아!"

남자는 몸을 숙여 자세히 들여다보더니 큰 소리로 웃으며 마차를 차버렸습니다. 작은 공주 쥐는 물론 하인들과 검은 생쥐 다섯 마리 모두 물속으로 가라앉고 말았지요.

베이코는 화난 얼굴로 소리를 질렀습니다.

"아니, 당신 지금 무슨 짓을 한 겁니까! 내 신붓감을 물에 빠뜨려 죽이다니요!"

베이코가 미쳤다고 생각한 남자는 급하게 도망쳤습니다. 베이코는 그 자리에 주저앉아 한탄했지요.

"아, 가엾은 나의 작은 쥐! 당신이 빠져 죽다니! 헌신적이고 사랑스러운 나의 연인이여, 당신이 가고 나서야 내가 당신을 얼마나 사랑했는지 알게 되었네."

베이코가 한참을 울부짖는데 저 멀리서 다섯 필의 윤기 나는 말이 아름다운 황금 마차를 끌고 오고 있었습니다. 황금 레이스로 장식된 제복을 입은 마부는 황금 고삐를 들고 있었고, 뒤에서 따라오는 시종은 뾰족한 모자를 쓴 채 꼿꼿이 걷고 있었습니다. 마차 안에는 세상에서 가장 아름다운 처녀가 앉아 있었는데, 그녀의 뺨은 딸기처럼 발그레했고 살결은 눈처럼 흰 데다 긴 금발의 머리는 보석처럼 반짝였습니다. 진주색 벨벳으로 만든 옷을 입은 처녀는 베이코에게 손짓을 하더니 말했습니다.

"자, 어서 올라와 제 옆에 앉으세요."

"네? 저 말입니까?"

너무 놀란 베이코는 아무 생각도 할 수 없었습니다.

"당신은 제가 쥐의 모습일 때 저를 신붓감으로 삼는 것을 부끄러워하지 않았잖아요. 혹시 제가 지금 공주라고 해서 저를 버리진 않으실 테죠?"

"뭐, 뭐라고요? 쥐라고요? 그, 그럼 당신이 바로 그 작은 쥐라는 말인가요?"

공주는 고개를 끄덕였습니다.

"네, 맞아요. 저는 사악한 마법에 걸려 작은 쥐로 변했던 거랍니다. 당신이 저를 신붓감으로 받아들였고, 아까 그 남자가 저를 물에 빠뜨린 덕분에 마법에서 풀려날 수 있었어요. 이제 완전히 마법에서 깨어났으니 어서 이리 오세요. 저와 함께 당신 아버지께 가서 축복을 받은 다음 결혼식을 올려요."

두 사람은 빠르게 베이코의 집을 향해 갔습니다. 아버지와 형들은 공주의 마차가 다가오는 것을 보고 헐레벌떡 달려 나왔지요. 그들은 마차에 대고 절을 하며 말했습니다.

"아니, 신분 높은 분께서 어찌 이곳까지 오셨습니까?"

베이코는 활기찬 목소리로 대답했습니다.

"아버지! 저예요. 저 몰라보시겠어요?"

베이코의 목소리를 들은 아버지는 하던 절을 멈추고 한참 동안 베이코를 올려다보았습니다.

"아니, 세상에! 너 베이코 아니냐?"

"네, 아버지. 저 베이코예요. 이분은 저와 결혼할 공주님이고요. 인사하세요."

"뭐라고? 너 지금 공주님이라고 했느냐? 세상에, 맙소사! 내 아들이 어떻게 신붓감으로 공주를 구했지?"

"그야, 나무가 가리킨 대로 숲속에 가서 찾았지요."

"그래그래, 잘했다. 나무가 가리킨 곳에서 찾아냈단 말이지! 맞다, 그렇게 하면 좋은 신붓감을 구할 수 있다는 말을 항상 들어왔단다."

형들은 우울한 목소리로 고개를 흔들며 중얼거렸습니다.

"에이, 우리 신세는 이게 뭐람! 나무가 숲을 가리켰다면 우리도 평범한 시골 처녀 대신 공주를 신붓감으로 맞이할 수 있었을 텐데!"

그러나 그건 잘못된 생각이었습니다. 베이코가 공주를 얻을
수 있었던 것은 나무가 숲을 가리켰기 때문이 아니었지요. 베이
코가 아주 순박하고 선량해 작은 쥐에게까지 친절을 베푼 덕분
이었습니다.

이후 베이코와 공주는 아버지의 축복을 받은 뒤 공주의 왕국
으로 향했습니다. 두 사람은 그곳에서 결혼식을 올린 뒤 오래도
록 행복하게 살았답니다!

14

THE CAT ON THE DOVREFELL

도브레펠의 고양이

도끼 가진 놈이 바늘 가진 놈을 못 이긴다

옛날 옛적, 노르웨이 핀마르크에 커다란 백곰을 잡은 한 남자가 살았습니다. 그는 백곰을 덴마크 왕에게 데리고 갈 작정이었지요. 크리스마스 전날 밤, 노르웨이의 도브레펠에 도착한 그는 한 오두막에 들어가 물었습니다.

"혹시 제 곰과 함께 하룻밤을 묵어갈 수 있을까요?"

그곳에 살고 있던 할보르라는 남자가 다급한 목소리로 대답했습니다.

"지금 당장은 누구에게도 숙소를 내줄 수가 없습니다. 크리스마스 전날 밤만 되면 트롤 패거리가 습격해 오기 때문이지요. 누구에게 빌려주는 건 물론이고 저조차 집에 있을 수 없답니다!"

"아, 그래요? 그런 이유라면 제게 집을 빌려주실 수 있겠네요. 제 곰은 저기 난롯가에 재우고 저는 골방에서 자면 되니까요."

"안 된다니까요. 트롤이 찾아와 위험합니다."

"괜찮습니다. 하룻밤만 집을 빌려주세요. 부탁드립니다."

결국 할보르는 남자에게 집을 빌려주기로 했습니다. 그의 고집을 꺾을 도리가 없었기 때문이지요. 할보르는 죽, 구운 생선, 소시지로 저녁을 차렸습니다. 그는 트롤의 성대한 잔치를 위한 만반의 준비를 마치고 바로 집을 떠났지요.

할보르가 떠나고 얼마 지나지 않아 트롤 무리가 나타났습니다. 체구가 큰 녀석도 있고 작은 녀석도 있었습니다. 꼬리가 긴 놈이 있는가 하면 꼬리가 아예 없는 놈도 있었지요. 각양각색의 생김새를 가진 트롤은 할보르가 준비해놓은 만찬을 신나게 즐겼습니다.

한편 어린 트롤 한 마리가 난롯가에 누워 있던 백곰을 보았습니다. 트롤은 소시지 한 조각을 집더니 곰에게 다가가 소리쳤습니다.

"야옹아 안녕. 소시지 좀 먹어볼래?"

그 소리에 벌떡 일어난 백곰은 으르렁거리기 시작했습니다. 그러더니 트롤 패거리를 문밖으로 쫓아내버렸지요. 겁에 질린 트롤들은 부리나케 도망갔습니다.

다음 해에도 역시 할보르는 크리스마스를 준비하기 위해 숲에서 나무를 베고 있었습니다. 한창 일에 열중해 있는데 갑자기 멀리서 트롤의 목소리가 들려왔습니다.

"할보르! 할보르!"

트롤의 모습은 보이지 않았습니다. 할보르는 침착하게 대답했지요.

"나 여기 있소."

"아직도 그 큰 고양이를 가지고 있소?"

할보르는 천연덕스러운 목소리로 말했습니다.

"그야 물론이지. 집 안 난롯가에 누워 있소. 얼마 전에 새끼 일곱 마리를 낳았는데 전부 어미보다 크고 사납다오."

"아, 그렇다면 다신 자네를 찾아올 수 없겠군!"

그 이후로 트롤 무리는 할보르네 집에 얼씬도 하지 않았습니다. 고양이가 너무 무서웠기 때문이지요. 사실은 백곰이었지만요!

15

THE FLINT BUCKET

부시통

호박이 넝쿨째로 굴러떨어졌다

등에 배낭을 메고 옆구리에 칼을 찬 병사가 큰길을 걷고 있었습니다. 그는 전쟁터에서 집으로 돌아오는 길이었지요. 한참 길을 가는데 소름 끼치게 생긴 늙은 마녀가 갑자기 병사의 앞을 가로막았습니다. 마녀의 아랫입술은 가슴까지 흉측하게 늘어나 있었지요. 마녀는 병사에게 말을 붙였습니다.

"안녕하시오, 군인 양반. 멋진 칼과 큰 배낭을 메고 있는 걸 보니 진짜 군인이구먼! 나는 자네가 원하는 만큼의 돈을 갖게 해주겠네."

"네, 고맙습니다. 마녀 할머니."

마녀는 근처에 서 있는 나무를 가리키며 말했습니다.

"저기 큰 나무 보이지? 저 나무는 속이 텅 비어 있다네. 나무 꼭대기로 올라가면 구멍이 하나 보일 게야. 그 구멍 속으로 깊이 내려가보게. 자네가 몸에 밧줄을 감고 내려가다가 날 부르면 내가 끌어 올려주지."

"저 안에 들어가서 무얼 하나요?"

"돈을 꺼내 와야지! 나무 밑바닥으로 내려가면 넓은 복도가 나온다네. 그곳에는 수많은 등불이 켜져 있어 아주 환할 거야. 복도에는 문이 세 개 있는데 자물쇠에 열쇠가 꽂혀 있어 쉽게 열 수 있을 거네. 첫 번째 방으로 들어가면 방바닥 한가운데에 큰 상자가 놓여 있을 거야. 상자 위에는 개 한 마리가 찻잔 만한 눈을 부릅뜨고 앉아 있지. 하지만 무서워할 필요는 없어. 푸른 바둑무늬가 있는 앞치마를 줄 테니까 앞치마를 바닥에 펴고 개를 붙잡아 앉히게. 그러면 상자를 열 수 있을 거고 원하는 만큼의 돈을 꺼내 올 수 있을 게야. 하지만 그 돈은 모두 구리로 된 동전이야. 은화를 갖고 싶다면 두 번째 방으로 가야 하네. 두 번째 방에도 개 한 마리가 앉아 있는데, 풍차 바퀴 만한 눈을 부릅뜨고 있을 거네. 하지만 무서워할 거 없어. 앞치마 위에 개를 앉히고 돈을 꺼내 오면 되니까. 만약 자네가 금화를 갖고 싶다면 세 번째 방으로 가게나. 그곳에는 금화로 가득 찬 상자가 있고 역시 개가 한 마리 있을 거네. 탑 만한 큰 눈을 부릅뜨고 있겠지만 무서워하지 않아도 되네. 앞치마 위에 앉혀놓으면 절대로 자넬 해치지 못할 테니까. 자네는 가서 원하는 만큼의 금화만 꺼내 오면 되네."

"귀가 솔깃하군요. 하지만 그 대가로 바라시는 게 있을 거 같은데요? 무엇을 원하시나요?"

"난 돈은 한 푼도 필요 없네. 그저 낡은 부시통(부시, 부싯깃, 부싯돌 따위를 넣어두는 작은 통―편집자) 하나만 가져다주면 돼. 옛날에 우리 할머니가 깜박 잊어버리고 두고 온 거지."

"흠, 좋아요. 그럼 제 몸에 밧줄을 감아주세요."

"자, 다 감았네. 그리고 이건 푸른 바둑무늬 앞치마야."

병사는 밧줄을 감자마자 나무 위로 올라가 구멍 아래로 내려갔습니다. 나무 밑바닥에는 마녀의 말대로 수많은 등불이 켜져 있는 넓은 복도가 있었습니다. 병사는 첫 번째 문을 열었습니다. 그곳에는 과연 찻잔 만한 눈을 가진 개가 병사를 노려보고 있었습니다.

"자, 착하지."

병사는 개를 어르면서 마녀의 앞치마 위에 앉히고 두 호주머니 가득 동전을 채웠습니다. 그러고는 상자를 닫고 개를 다시 앉힌 뒤, 다음 방으로 들어갔습니다. 이번에는 풍차 바퀴 만한 눈을 부릅뜬 개가 있었습니다.

"그렇게 노려보지 않는 게 좋을걸. 눈에서 눈물이 나올 테니까 말이야."

병사는 개를 마녀의 앞치마 위에 앉히고 상자 뚜껑을 열었습니다. 상자 안에는 은화가 가득 들어 있었습니다. 병사는 너무 좋아서 호주머니에 들어 있던 구리 동전을 모두 꺼내 던져버렸습니다. 그러고는 호주머니와 배낭에 은화를 가득 채웠지요. 이윽고 세 번째 방으로 들어갔더니 탑 만한 눈을 부릅뜬 개가 앉아 있었습니다. 개는 두 눈을 수레바퀴처럼 빙빙 돌렸습니다.

"안녕?"

병사는 자기도 모르게 모자에 손을 얹고 경례를 했습니다. 지금까지 그렇게 큰 개는 본 적이 없었기 때문이지요. 병사는 앞치마를 펼쳐 그 위에 개를 앉히고 상자를 열었습니다. 상자 안에는 이 세상에 있는 사탕, 장난감 병정, 채찍, 흔들 목마를 다 사고도 남을 정도로 많은 금화가 있었습니다. 어쩌면 도시 전체를 사고도 남을 정도였지요.

병사는 호주머니와 배낭에 있던 은화를 다 버리고 금화를 담았습니다. 호주머니와 배낭뿐만 아니라 모자와 부츠까지 금화로 꽉 채워 걸을 수 없을 지경이었지요. 부자가 된 병사는 개를 상자 위에 올려놓고 방에서 나와 위를 향해 소리쳤습니다.

"마녀 할머니, 끌어 올려주세요!"

병사가 밖으로 나오자 마녀가 물었습니다.

"부시통은 찾았나?"

"참, 그걸 잊었군요."

병사는 다시 나무 속으로 들어가 부시통을 가지고 나왔습니다. 호주머니, 배낭, 모자, 장화에 금화를 가득 채운 채로 말이지요. 병사가 마녀에게 물었습니다.

"마녀 할머니, 이 부시통은 어디에 쓰려고요?"

"그건 알 거 없네. 자넨 돈을 가졌으니 이제 그 부시통을 주게나."

마녀가 부시통을 달라고 재촉하자 병사는 마녀를 협박했습니다.

"경고하는데, 이걸로 뭘 할 건지 말하지 않으면 칼로 당신의 머리를 베어버리겠어요."

"안 돼! 자네가 알 거 없다니까!"

마녀의 말이 끝나기도 전에 병사는 칼을 꺼내 마녀의 머리를 베었습니다. 마녀는 힘없이 쓰러졌지요. 병사는 마녀의 앞치마에 금화를 싸서 보따리처럼 등에 맸습니다. 그다음 부시통을 주머니에 넣고 곧장 도시로 나섰습니다.

도시는 입이 떡 벌어질 정도로 거대하고 화려했습니다. 병사는 제일 좋은 여관으로 들어가 좋아하는 음식을 시켰습니다. 다음 날에는 새 부츠와 멋진 옷을 샀지요. 병사는 이제 어엿한 신사같이 보였습니다. 사람들은 그를 찾아와 도시의 온갖 신기한 일을 들려주었지요.

그러던 어느 날, 병사는 아름다운 공주 이야기를 듣게 되었습니다. 이야기를 들은 병사는 궁금증이 생겼지요.

"공주를 보려면 어디로 가야 하나요?"

"공주님은 아무도 볼 수 없답니다. 공주님은 구리로 만들어진 거대한 성에 살고 있거든요. 성은 사방이 벽과 탑으로 둘러싸여 있어 왕 말고는 아무도 드나들 수 없어요. 왕은 공주님이 평범한 군인과 결혼할 거라는 예언을 듣고 공주를 성에 가둬버렸어요. 왕은 공주님이 그런 사람과 결혼한다는 걸 상상도 하기 싫어하시거든요."

병사는 공주님을 꼭 한번 보고 싶었지만 성에 들어갈 수가 없었습니다. 이후 그는 극장도 가보고 왕의 정원도 거닐며 즐겁게 지냈습니다. 가난한 사람들을 돕기도 하고 친구도 많이 사귀었지요. 사람들은 그를 매우 훌륭한 신사라고 칭찬했고 병사는 그런 말을 들을 때마다 행복했습니다.

하지만 얼마 지나지 않아 병사는 겨우 2실링만 남기고 돈을 다 써버렸습니다. 하는 수 없이 병사는 좋은 여관에서 나와 비좁은 다락방으로 거처를 옮겼습니다. 그는 이제 장화도 직접 닦았고 다 떨어진 옷은 기워 입기도 했습니다. 병사의 다락방은 많은 계단을 올라야 했기 때문에 찾아오는 친구도 줄었습니다. 병사는 초 한 자루 살 돈도 없어 밤이면 그저 어둠 속에서 지내야 했습니다.

그러던 어느 날 밤, 컴컴한 방 안에 앉아 있던 병사는 문득 오래된 나무 구멍 속에서 가져온 부시통 속의 초 토막이 생각났습니다. 병사는 부시통을 꺼내 부싯돌을 쇠에 문질렀습니다. 그러자 불꽃이 피어오르며 문이 벌컥 열리더니 눈 앞에 개가 나타나는 게 아닙니까! 나무 밑동 아래에서 보았던 눈이 찻잔 만한 개가 머리를 조아리며 말했습니다.

"분부를 내리십시오, 주인님."

병사는 속으로 생각했습니다.

'야, 이거 참 신기한 부시통이네. 원하는 걸 뭐든지 가져다주는 모양이로군.'

그러고는 개에게 말했습니다.

"돈을 가져오거라."

명령을 들은 개는 휙 사라지더니 금세 동전 한 보따리를 물고 돌아왔습니다. 그제야 병사는 부시통의 값어치를 알게 되었습니다. 부싯돌을 한 번 치면 동전 상자 위에 앉아 있었던 개가, 두 번 치면 은화 상자 위에 앉아 있었던 개가, 세 번 치면 금화 상자 위에 앉아 있었던 개가 나타났습니다.

병사는 다시 부자가 되었습니다. 그는 좋은 옷을 입고 좋은 방에서 지냈지요. 병사의 친구들은 금세 태도를 바꿔 예전처럼 그를 떠받들기 시작했습니다. 한편 병사는 아무도 공주를 볼 수 없다는 것이 의아했습니다.

'모두가 공주를 무척 예쁘다고 하는데, 높은 탑 속에만 갇혀 지내면 예쁜 얼굴이 다 무슨 소용이람? 공주를 볼 수 있는 방법이 없을까?'

생각에 잠겨 있던 병사는 갑자기 큰 소리로 말했습니다.

"가만! 부시통이 있지! 부시통이 어디 있더라?"

병사는 부시통에서 부싯돌을 꺼내 한 번 쳤습니다. 그러자 찻잔 만한 눈을 가진 개가 나타났습니다. 병사는 개에게 말했습니다.

"한밤중이긴 하지만 잠깐이라도 공주를 보고 싶구나."

그러자 개는 휙 사라지더니 눈 깜짝할 사이에 공주를 데리고 나타났습니다. 개의 등 위에 곤히 잠들어 있는 공주는 정말 눈부시게 아름다웠습니다. 병사는 자신도 모르게 공주에게 입을 맞춰버렸지요. 이윽고 개는 공주를 데리고 다시 사라졌습니다.

다음 날 아침, 식사를 하던 공주는 어젯밤에 꾼 기이한 꿈을 부모님께 들려주었습니다.

"제가 개 등을 타고 어디론가 갔는데, 그곳에 있던 병사가 저에게 입을 맞췄어요."

왕비는 감탄하며 말했습니다.

"참으로 희한한 꿈이로구나!"

그날 밤 왕비는 늙은 시녀에게 공주의 침대 맡을 지키게 했습니다. 공주의 꿈이 정말 꿈인지 아닌지를 알아보기 위해서였지요.

밤이 되자 아름다운 공주가 다시 보고 싶어진 병사는 부싯돌을 쳐 개에게 공주를 데려오라고 명령했습니다. 개는 또다시 공주를 업고 힘껏 달렸지요. 공주의 침대 맡을 지키던 늙은 시녀도 장화를 신고 잽싸게 뒤쫓아 왔습니다.

시녀는 개가 공주를 데리고 커다란 집으로 들어가는 것을 보았습니다. 그녀는 그 집의 대문에 크게 십자가 표시를 한 뒤 아무도 눈치채지 못하게 궁전으로 되돌아왔습니다.

얼마 후, 병사의 집에서 공주를 데리고 나온 개는 대문에 그려진 십자가를 발견했습니다. 개는 시녀가 병사의 집을 찾지 못하도록 도시에 있는 모든 집 대문에 분필로 십자가를 그려놓았습니다.

아침이 되자 왕과 왕비는 늙은 시녀와 관리를 앞세워 개가 공주를 데려갔다는 집을 찾아 나섰습니다. 십자가가 그려진 첫 번째 대문을 본 왕이 말했습니다.

"저 집이군!"

그러자 십자가가 그려진 두 번째 대문을 본 왕비가 말했습니다.

"아니에요. 저 집이에요!"

이윽고 시녀와 관리가 웅성댔습니다. 대문마다 온통 십자가가 그려져 있었기 때문이지요.

"아니, 십자가가 여기도 있고 저기도 있네!"

십자가가 그려진 대문을 찾는 건 더 이상 의미가 없었습니다. 그때 매우 영리한 왕비가 금으로 된 커다란 가위를 꺼내 비단 헝겊을 네모 모양으로 자른 뒤 작고 귀여운 주머니를 만들었습니다. 그녀는 주머니에 메밀가루를 가득 채운 뒤 입구를 잘 묶어 공주의 목에 매달아주었습니다. 공주가 지나가는 길마다 가루가 떨어지도록 주머니에 작은 구멍도 뚫었습니다.

그날 밤도 병사는 공주가 보고 싶어 견딜 수가 없었습니다. 공주에게 푹 빠져버린 병사는 자신이 공주와 결혼할 수 있는 신분이 아니라는 사실에 슬퍼했지요. 그는 또다시 개를 불러 공주를 데려오게 했습니다. 공주를 등에 업은 개는 앞만 보고 달리느라 메밀가루가 떨어지는지 몰랐습니다. 성에서 병사의 집으로 가는 길은 온통 메밀가루 범벅이 되었지요.

다음 날 아침, 밤마다 공주가 다녀온 곳을 알게 된 왕과 왕비는 병사를 잡아 어둡고 더러운 감옥에 가둬버렸습니다. 사람들은 병사를 비웃었지요.

"넌 내일 목이 매달려 죽을 거야."

병사는 너무 두려워 온몸에 소름이 끼쳤습니다. 부싯돌마저 여관에 놓고 오는 바람에 어찌할 도리가 없었지요.

다음 날이 되자 사람들이 떼를 지어 몰려왔습니다. 병사의 죽음을 구경하려고 몰려든 것이었지요. 북소리와 함께 행진하는 군인들도 보였습니다. 사람들은 서로 좋은 자리를 차지하려고 야단법석이었습니다.

그중에는 가죽 앞치마를 두르고 슬리퍼를 신은 구둣방 견습공 소년도 있었습니다. 소년은 슬리퍼 한 짝이 벗겨진 줄도 모르고 급히 뛰어갔습니다. 슬리퍼는 병사가 갇혀 있던 곳의 쇠창살 앞에 떨어졌지요. 병사는 소년에게 소리쳤습니다.

"이봐, 구두 견습공! 그렇게 서두를 필요 없어. 내가 나가기 전까진 볼 게 없거든. 혹시 내 부탁 하나만 들어줄래? 내가 지내던 여관에 가서 내 부시통 좀 가져다줘. 그럼 내가 4실링을 주지. 하지만 최대한 빨리 다녀와야 해!"

4실링에 혹한 소년은 곧바로 청년에게 부시통을 가져다주었습니다.

이윽고 성문 밖에는 높은 교수대가 세워졌고 그 주위로 수많은 군인과 군중이 빙 둘러섰습니다. 왕과 왕비는 판사와 고문관 맞은편에 있는 화려한 옥좌에 앉아 있었습니다.

병사가 교수대에 세워지고 사람들이 달려들어 그의 목에 밧줄을 묶으려 했습니다. 그때 병사가 불쌍한 죄수의 마지막 청을 들어달라며 애원했습니다.

"폐하, 제게 자비를 베풀어주십시오. 불쌍한 죄수의 마지막 청을 들어주십시오. 이 세상을 떠나기 전, 마지막으로 담배 하나만 피우고 싶습니다."

왕은 차마 마지막 청을 거절할 수 없었습니다.

허락을 받은 병사는 곧바로 부싯돌을 꺼내 한 번, 두 번, 세 번 쳤습니다. 그러자 순식간에 찻잔 만한 눈을 가진 개, 풍차 바퀴 만한 눈을 가진 개, 둥근 탑처럼 큰 눈을 가진 개가 나타났습니다. 병사는 세 마리 개에게 소리쳤습니다.

"내가 교수형을 당하지 않도록 도와다오!"

개들은 판사와 고문관에게 덤벼들었습니다. 그들의 다리를 물고 코를 뜯어 멀리 내동댕이쳐버렸지요. 그 광경을 본 왕이 큰 소리로 말했습니다.

"나에게는 손대지 말라!"

왕의 목소리를 들은 가장 큰 개는 무섭게 으르렁거리더니 왕과 왕비에게 달려들어 두 사람을 던져버렸습니다. 수많은 군인과 군중은 겁에 질려 외쳤습니다.

"병사님, 우리의 왕이 되어주십시오. 아름다운 공주님과 결혼해주십시오."

그들은 병사를 왕의 마차에 태웠습니다. 세 마리 개가 마차 앞을 달리며 만세를 외쳤지요. 아이들은 손가락으로 휘파람을 불었고 군인들은 총을 받들어 존경의 뜻을 나타냈습니다.

이윽고 공주는 성에서 나와 왕비가 되었습니다. 공주로서는 참으로 기쁜 일이었지요. 결혼식 뒤풀이는 일주일 내내 진행되었습니다. 물론 세 마리 개도 식탁에 앉아 큰 눈으로 함께 즐겼답니다!

THE WIDOW'S SON

과부의 아들

뛰는 놈 위에 나는 놈 있다

옛날 옛적, 아주 찢어지게 가난한 과부가 살았습니다. 그녀에게 피붙이라고는 아들 하나가 유일했지요. 하루하루 근근이 살아가던 과부는 어느 정도 자란 아들을 불러 말했습니다.

"이제 더 이상 너를 먹여 살릴 수 없으니, 세상에 나가 스스로 밥벌이를 하거라."

이윽고 세상으로 나간 청년은 하루 정도 걸어 다니다가 낯선 남자를 만났습니다. 남자는 청년에게 말을 걸었습니다.

"어딜 가는 중인가?"

"세상에 나가 지낼 만한 곳을 찾는 중입니다."

"혹시 우리 집에 살면서 나의 시중을 들지 않겠나?"

"좋습니다. 저야 감사하죠."

"그래, 나와 함께 가면 편히 지낼 수 있을 거네. 그저 나와 함께 있기만 하면 되니까. 다른 일은 전혀 할 필요가 없네."

낯선 남자를 따라나선 청년은 끊임없이 고기와 술을 마시며 풍요롭게 살았습니다. 딱히 할 일도 없어 매일매일 빈둥대기만 했지요. 딱 한 가지 의아했던 점은 남자의 집에서는 사람의 그림자를 전혀 찾아볼 수 없다는 것이었습니다.

그러던 어느 날, 남자가 청년에게 말했습니다.

"나는 이제 여드레 동안 어딘가에 다녀올 생각이네. 그동안은 아마 자네 혼자 지내게 되겠지. 어디든 자유롭게 드나들어도 되지만 여기 네 개의 방에는 절대로 들어가선 안 된다네. 만일 그랬다가는 목숨이 성치 못할 테니 꼭 지켜주게나."

청년은 절대 그러지 않겠다고 약속했습니다. 하지만 남자가 떠난 지 사나흘쯤 지나자 청년은 궁금증을 참지 못하고 첫 번째 방문을 열고 말았습니다. 방 안으로 들어간 청년은 이곳저곳을 둘러보았지만 문 위 선반에 놓인 가문비나무 회초리 말고는 아무것도 없었습니다. 청년은 혼자 중얼거렸지요.

"흥, 뭐 대단한 거라고 이걸 못 보게 한 거야?"

여드레가 지나 집에 돌아온 남자는 청년을 보자마자 물었습니다.

"내가 말한 방들에는 들어가지 않았겠지?"

"그야 물론이죠. 안 들어갔어요."

청년에게 밥벌이를 제안하는 낯선 남자

"흠, 두고 보면 알겠지."

남자는 곧장 청년이 들어갔던 방으로 가보았습니다.

"아니, 자네는 이곳에 들어왔었군. 약속을 어기다니 목숨을 내놓을 준비는 되었겠지?"

청년은 목숨만은 살려달라며 울고불고 매달렸습니다. 남자는 청년을 죽이는 대신 흠씬 두들겨 팼지요. 이후 둘은 전처럼 가깝게 지냈습니다.

얼마 지나지 않아 남자는 또다시 집을 비우게 되었습니다. 이번에는 2주 동안 나가 있을 예정이라고 했지요. 그는 떠나기 전에 청년을 불러 단단히 일렀습니다.

"전에 말했던 방에는 절대 들어가지 말게나. 이미 들어가본 방은 괜찮지만, 나머지 세 개의 방엔 절대로 들어가면 안 돼."

청년은 알겠다고 대답했지만 여드레를 겨우 버티고는 또 금지된 방에 들어갔습니다. 방문 위에는 선반이 하나 있었는데 커다란 돌 하나와 물이 든 병이 올려져 있었습니다. 청년은 이번에도 별것도 아닌 것을 괜히 못 보게 했다고 생각했습니다. 2주가 지나 집에 돌아온 남자는 청년에게 금지된 방에 들어갔었느냐고 물었습니다. 청년은 들어간 적 없다고 딱 잡아뗐지요.

"두고 보면 알겠지."

남자는 청년이 방에 들어갔었다는 사실을 알아채고는 말했습니다.

"이제 더 이상은 용서하지 않겠다. 살려두지 않겠어."

청년은 또다시 목숨만은 살려달라며 간절히 매달렸습니다.
남자는 채찍으로 청년의 살가죽이 벗겨질 때까지 두들겨 팼습니다. 청년이 죽지 않고 몸이 나아지자 다시 편안한 삶이 지속되었습니다. 두 사람의 관계도 회복되었지요.

곧 남자는 세 번째 여행을 떠나게 되었습니다. 이번에는 3주에 걸친 여행이었지요. 그는 다시 청년에게 주의를 주었습니다.

"이번엔 약속을 지키겠지. 내가 금지한 방에는 절대 들어가지 말게. 들어갔다가는 당장에 목숨을 잃을지도 모르니."

청년은 의기양양하게 그러겠다고 대답했습니다. 하지만 2주가 지나자 몸이 근질근질해 더 이상 참을 수가 없었습니다. 결국 그는 또 금지된 방에 들어갔지요. 방에는 아래로 내려가는 뚜껑 문 말고는 아무것도 없었습니다. 청년은 뚜껑 문을 들어 올려 아래를 내려다보았습니다. 그곳에는 커다란 구리 솥이 부글거리며 끓고 있었지요. 청년은 그 솥이 궁금했습니다.

"흠, 불이 안 보이는데 어떻게 끓는 거지? 솥이 뜨거운지 한번 알아봐야겠어."

청년은 솥 안에 담긴 죽에 손가락을 넣었다가 뺐습니다. 그런데 이게 웬일입니까? 손가락에 온통 금박이 씌워진 것이 아니겠습니까? 청년은 손가락을 문질러도 보고 벗겨내보려고도 했지만 금박은 떨어지지 않았습니다. 그는 하는 수없이 헝겊으로 손가락을 싸맸지요.

얼마 뒤 집으로 돌아온 남자는 손가락이 왜 그러느냐고 물었습니다. 청년은 칼에 베어 이리 되었다고 둘러댔지요. 하지만 헝겊을 벗겨본 남자는 어찌 된 일인지 바로 알아챘습니다. 그는 당장 청년을 죽이려고 했지만 청년은 엉엉 울며 용서를 구했습니다. 남자는 도리깨를 들고 와 사흘 정도는 일어나지 못하도록 청년을 흠씬 두들겨 팼습니다. 그러더니 벽에서 약병을 가져와 연고를 발라주었습니다. 이윽고 청년은 건강을 되찾았지요.

얼마 후 남자는 다시 집을 비우게 되었는데 이번엔 무려 한 달이나 떠나 있을 예정이라고 했습니다. 남자는 청년에게 네 번째 방을 들어가면 이제 목숨을 부지할 희망은 포기해야 할 것이라고 엄포를 놓았습니다.

청년은 3주차까지 그럭저럭 잘 버텼습니다. 하지만 결국 또 네 번째 방에 발을 들여놓고 말았습니다. 놀랍게도 방 안에는 마구간이 있었고 마구간 안에는 커다란 검은색 말이 홀로 서 있었습니다. 그런데 이상하게도 말의 머리 쪽에는 이글거리는 숯으로 만든 여물통이 있었고, 꼬리 쪽에는 건초 다발이 있었습니다. 청년은 둘의 위치가 잘못되었다고 생각해 건초 더미를 말의 머리 쪽에 놓아주었습니다. 그러자 말이 말했습니다.

"먹이를 먹을 수 있게 해주다니, 당신은 마음이 참 선량하군요. 제가 당신을 자유의 몸으로 만들어드릴게요. 트롤이 돌아와 당신이 여기에 있는 모습을 본다면 틀림없이 당신을 죽이려 들 거예요. 그러니 저 위에 있는 방으로 가서 그곳에 걸린 갑옷을 입으세요. 무슨 일이 있어도 반짝반짝 빛나는 게 아니라 가장 녹슨 갑옷으로 골라야 해요. 칼과 안장도 마찬가지고요."

청년은 말이 시키는 대로 가장 녹슨 것들을 골랐습니다. 그것들을 한꺼번에 가지고 가려니 상당히 무거웠지요.

청년이 다시 말이 있던 방으로 돌아가자 말은 청년에게 옷을 전부 벗고 다른 방에 걸려 있던 솥에 들어가 목욕을 하라고 했습니다. 청년은 끓는 솥에 들어가기가 두려웠지만 말이 시키는 대로 했습니다. 신기하게도 목욕을 마친 청년은 뽀얀 우윳빛 살결과 발그레한 혈색을 가진 멋지고 말쑥한 모습으로 변해 있었습니다. 전보다 힘도 훨씬 세졌지요. 말이 청년에게 물었습니다.

"무언가 바뀐 기분이 드나요?"

"응, 그런 것 같아."

"그럼 어디 저를 한번 들어 올려보세요."

청년은 말을 번쩍 들어 올리는 것은 물론 칼도 깃털처럼 휘두를 수 있게 되었습니다.

"자, 이제 제 등에 올라타세요. 갑옷을 걸치고 가문비나무 회초리, 돌, 물병, 연고 통을 모두 챙기세요. 최대한 빨리 떠나야 하니까 서두르세요."

청년이 모든 준비물을 다 챙겨 말 위에 올라타자 말은 아주 맹렬한 속도로 달리기 시작했습니다. 어느 정도 달린 후 말이 물었습니다.

"무슨 소리가 들리는 것 같은데, 주위를 둘러보세요. 혹시 보이는 게 있나요?"

"응. 누군가 쫓아오고 있어. 적어도 20명쯤은 되는 것 같아."

"그럴 줄 알았어요. 트롤이 오고 있는 거예요. 아마 무리를 이 끌고 우리를 뒤쫓고 있을 거예요."

얼마 지나지 않아 뒤쫓던 자들이 바싹 다가왔습니다.

"가지고 온 가문비나무 회초리를 등 뒤로 던지세요. 제 등 위 에 떨어지지 않게 멀리 던지셔야 해요!"

청년은 말이 시키는 대로 회초리를 던졌습니다. 그러자 갑자 기 울창한 가문비나무 숲이 생겼습니다. 트롤 무리는 숲에 길을 낼 도구를 가지러 집으로 돌아갔지요. 그사이 청년과 말은 멀리 달아날 수 있었습니다. 하지만 곧 말이 다시 물었습니다.

"뒤를 보세요. 뭐가 보이나요?"

"응. 엄청 많아. 커다란 교회를 가득 채우고도 남을 정도로 많 은 자가 따라오고 있어."

"그럴 줄 알았어요. 트롤과 그 패거리들이에요. 녀석이 양을 늘렸군요. 아까 가져온 돌을 던지세요. 저에게 닿지 않게 멀리 던져야 해요."

청년이 돌을 던지자 커다랗고 검은 바위산이 솟아났습니다. 트롤들은 산을 뚫고 길을 내기 위한 도구를 가지러 다시 집으로 돌아갔지요. 그사이 청년은 말과 함께 더 멀리 달아났습니다. 얼 마 후 말은 청년에게 또다시 뒤를 돌아보라고 했습니다. 청년이 뒤를 돌아보니 군대처럼 많은 무리가 그들을 쫓고 있었습니다.

"그럴 줄 알았어요. 트롤이 제 무리를 모두 이끌고 쫓아왔군

트롤에게서 도망치는 청년과 말

요. 이번에는 물병을 던지세요. 제 등에는 물 한 방울도 떨어져선 안 돼요. 조심히 멀리 던지세요."

청년은 물병을 최대한 멀리 던졌습니다. 물병은 곧 바닥에 떨어져 거대하고 깊은 호수가 되었지요. 하지만 청년의 실수로 말의 등에 물 한 방울이 떨어지는 바람에 말도 호수 한가운데에 빠지고 말았습니다. 다행히도 말은 헤엄을 잘 쳤습니다. 덕분에 청년을 등에 업고 무사히 뭍으로 올라올 수 있었지요.

한편 호수에 이른 트롤 무리는 호수를 말려버릴 생각으로 물을 들이마시기 시작했습니다. 물을 벌컥벌컥 마시던 그들은 결국 몸이 터져버리고 말았지요. 트롤이 죽는 것을 본 말은 안도의 한숨을 내쉬며 말했습니다.

"이제야 저들을 해치웠네요."

청년과 말은 한참을 더 달려갔습니다. 이윽고 둘은 숲의 푸른 공터에 이르렀지요. 말은 청년에게 일렀습니다.

"자, 이제 갑옷을 전부 벗고 누더기만 걸치세요. 제 안장도 풀어주세요. 당신의 무기와 제 마구를 저기 속이 빈 라임 나무 안에 넣어두세요. 그리고 전나무 이끼 가발을 만들어 쓰고 여기서 가까운 왕의 궁전을 찾아가 일자리를 달라고 하세요. 혹시라도 제가 필요해지면 언제든지 이곳에 와서 고삐를 흔드세요. 그럼 바로 달려올 테니까요."

"그래, 알았단다."

청년은 말이 일러준 대로 갑옷을 벗고 누더기를 걸쳤습니다.

그러고는 말의 안장과 자신의 무기를 라임 나무 안에 넣었지요. 마지막으로 이끼 가발까지 뒤집어쓰자 몹시 흉측하고 불쌍한 모습이 되었습니다. 아무도 그를 못 알아볼 정도였지요. 청년은 왕의 궁전을 찾아가 부엌의 일자리를 얻었습니다. 그가 요리에 쓸 물과 장작을 나르고 있는데 한 하녀가 그에게 물었습니다.

"그 흉측한 이끼는 왜 걸치고 있는 거지? 당장 벗어버려. 그렇게 끔찍한 몰골로는 이곳에서 일할 수 없어!"

"죄송하지만 그럴 수는 없어요. 머리가 너무 보기 흉하거든요."

"그렇다면 저기 마부에게로 꺼져. 마구간에서 청소나 하는 게 너한텐 제격이겠다. 여기는 음식을 준비하는 곳이야. 너같이 더러운 아이를 데리고 있을 수는 없어."

청년은 하는 수 없이 마부에게로 갔습니다. 마부는 청년을 보자마자 물었습니다.

"그 이끼는 왜 걸치고 있는 건가? 여기서 일을 하고 싶다면 당장 벗게나."

"그럴 수는 없어요. 제 머리가 너무 흉해서요."

"그렇다면 넌 저기 정원사에게 가는 게 좋겠다. 그곳을 돌아다니며 삽질이나 하는 게 좋겠어."

다행히도 정원사는 청년을 받아주었습니다. 덕분에 청년은 정원사와 함께 지낼 수 있게 되었지요. 하지만 다른 하인들은 아무도 청년과 함께 자려고 하지 않았습니다. 청년은 정자 계단 아래에서 혼자 잘 수밖에 없었지요. 정자는 커다란 들보 위에 세워

져 있었고 그곳에는 높다란 계단이 있었습니다. 그 아래에 잔디
가 조금 나 있었는데 청년은 그것을 침대 삼아 몸을 뉘었습니다.

그렇게 한참을 성에서 지내던 청년은 어느 날 아침 가발을 벗
고 몸을 깨끗이 씻었습니다. 그는 보기만 해도 웃음이 날 정도로
잘생긴 모습이었지요. 우연히 창문으로 정원사의 멋진 일꾼을
보게 된 공주는 이제껏 그토록 잘생긴 남자는 본 적이 없다고 생
각했습니다. 그녀는 곧바로 정원사를 찾아가 그 잘생긴 청년이
계단 아래에서 자는 이유를 물었지요.

"왜 그토록 아름다운 사내가 홀로 계단 아래에서 자는 거지?"

"아, 그게 다른 하인들이 아무도 그와 자려고 하지 않아서요.
그래서 그런 거랍니다."

"오늘 밤 그를 내 침실 안쪽 문에서 자게 해요. 그럼 더 이상
사람들이 그를 거부하지 않겠죠."

정원사는 청년에게 공주의 말을 전했습니다.

"공주께서 그리 명령했으니 자네는 오늘부터 그쪽으로 가서
잠을 자도록 하게나."

"제가 그럴 수 있을 거라고 생각하세요? 그랬다가는 저와 공
주님 사이에 무슨 일이 있다고 다들 수군거릴 게 분명해요."

"그렇지. 충분히 그런 일이 있을 수 있지. 그래도 이건 공주님
의 뜻이네. 들어야만 해."

"알겠습니다. 공주님의 뜻이니 일단 오늘 밤엔 그곳으로 가보
겠습니다."

저녁이 되자 청년은 쿵쿵 발소리를 울리며 궁전 계단을 올라 갔습니다. 주변 사람들은 왕이 눈치채면 큰일이라며 제발 좀 살살 걸으라고 말했지요. 마침내 공주의 침실에 들어간 청년은 바닥에 누워 바로 코를 골기 시작했습니다. 그러자 공주가 하녀에게 말했습니다.

"저 청년에게 살살 다가가서 가발을 벗기렴."

하녀는 공주가 시킨 대로 조용히 잠든 청년에게 다가갔습니다. 하지만 그녀가 가발을 막 벗기려는 찰나 청년은 두 손으로 머리를 감싸더니 벗기지 말라고 했습니다. 그러고는 다시 누워 코를 골기 시작했지요. 시간이 조금 지나고 공주의 신호를 받은 하녀는 다시 청년에게 다가갔습니다. 이번에는 가발을 벗기는 데 성공했지요. 가발을 벗은 청년은 공주가 아침에 보았던 모습과 똑같았습니다. 하얀 피부와 발그레한 혈색을 지닌 아주 근사한 얼굴이었지요.

그날 이후로 청년은 매일매일 공주의 침실에서 잠을 잤습니다. 그러나 얼마 지나지 않아 청년이 매일 밤 공주의 침실에서 잔다는 사실이 왕의 귀에 들어갔습니다. 몹시 격노한 왕은 당장 청년을 죽이려다가 탑에 있는 감옥에 처넣었습니다. 그리고 공주는 그녀의 방에 가둬 하루 종일 바깥으로 나오지 못하게 했습니다. 공주가 울고불고 애원하며 매달렸지만 아무 소용 없었습니다. 왕의 화를 더욱 돋우기만 할 뿐이었지요.

그로부터 얼마 후 전쟁이 온 나라를 휩쓸었습니다. 왕은 각종

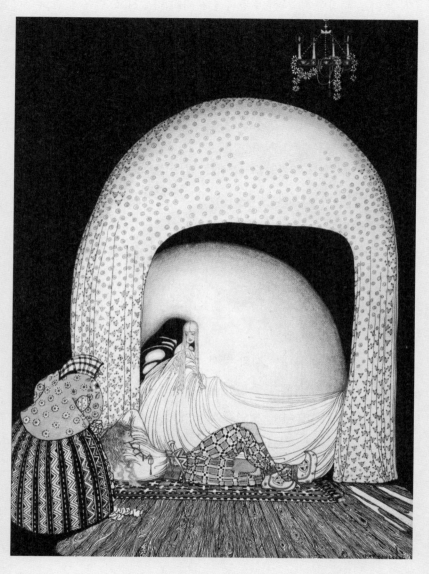

가발을 벗은 청년과 그를 바라보는 공주

무기로 무장한 채 자신의 왕국을 지키러 나섰지요. 감옥에 갇혀 있던 청년은 그 소식을 듣자마자 교도관에게 부탁했습니다.

"저도 전쟁터에 나가고 싶습니다. 왕에게 제 뜻을 대신 전해주세요. 부탁드립니다."

교도관이 청년의 말을 전하자 사람들은 모두 비웃으며 말했습니다.

"주제도 모르고 까불기는. 폐하, 그냥 오래되어 다 해진 군복이나 하나 내주는 게 어떻겠습니까? 전쟁터에서 그 꼬락서니를 보면 재미있을 것 같은데요."

"그렇게 하는 게 좋겠구나. 그에게 오래된 군복과 형편없는 말 한 마리를 내어주거라."

교도관은 다 떨어진 군복과 절뚝거리는 늙은 말 한 마리를 구해 청년에게 주었습니다.

이윽고 왕과 군대는 적과 맞서 싸우러 나갔습니다. 얼마 가지 않아 그들은 노쇠한 말과 함께 늪에 빠져 오도 가도 못하고 있는 청년을 발견했습니다. 청년은 그곳에서 꼼짝도 못하고 주저앉아 말에게 "이랴! 이랴!" 하고 외치기만 했습니다. 그 광경을 본 사람들은 배꼽을 잡고 웃으며 청년을 실컷 조롱했습니다.

군대가 모두 지나가자 청년은 말에서 내려 라임 나무로 달려가더니 갑옷을 걸치고 고삐를 흔들었습니다. 그러자 눈 깜짝할 사이에 검은색 말이 나타나 말했습니다.

"최선을 다하세요. 저도 최선을 다할 테니."

전쟁터에 나가 싸우는 청년

청년이 막 전쟁터에 도착하니 전투는 이미 시작된 상황이었습니다. 왕은 수세에 몰리고 있었지요. 청년은 적군의 빽빽한 틈을 뚫고 달려들더니 적군을 모조리 무찔렀습니다. 그들은 부리나케 도망쳐버렸지요. 왕과 부하들은 자신들을 도와준 사람이 누구인지 몹시 궁금했습니다. 하지만 그는 전투가 끝나기 무섭게 자취를 감추었습니다.

한편 왕과 군대가 돌아오다 보니 청년은 여전히 늪지에서 빠져나오지 못한 채 절뚝거리는 말에게 박차를 가하고 있었습니다. 그 모습을 본 사람들은 또다시 그를 비웃었지요.

"아니, 저 꼬락서니하고는. 저 멍청이는 여태 허우적거리고 있네."

다음 날, 다시 전쟁터에 나가던 군인들은 청년이 여전히 그 자리에서 허덕이는 것을 보고 놀려댔습니다. 이번에도 역시 청년은 군대가 모두 지나가자마자 라임 나무로 달려가 무장을 마쳤습니다. 그러고는 전날과 같이 적군을 물리쳤지요. 많은 사람이 자신들을 도와준 낯선 용사를 궁금해했지만 아무도 그의 정체를 알아내지 못했습니다. 용사가 우스꽝스러운 이끼 청년일 거라고는 짐작도 하지 못했지요.

밤이 되자 궁전으로 돌아가던 왕 일행은 늪에서 벗어나지 못한 청년을 발견하고는 다시 조롱했습니다. 그 가운데 한 사람은 청년에게 화살을 쏘아 다리에 명중시켰습니다. 화살을 맞은 청년은 비명을 지르며 울부짖었습니다. 그 모습이 너무나도 구슬퍼 지켜보던 사람들이 측은하게 여길 정도였지요. 왕은 자신의 손수건을 던져주며 상처를 싸매라고 했습니다.

사흘 째 되던 날도 왕과 부하들은 전쟁터에 나갔습니다. 청년은 여전히 그곳을 벗어나지 못하고 있었지요. 왕의 부하 중 한 사람이 말했습니다.

"쯧쯧, 굶어 죽을 때까지 저러고 있겠군."

전날, 전전날과 마찬가지로 군인들이 모두 지나가자 청년은 라임 나무로 달려가 갑옷을 입고 무기를 챙겨 전쟁터로 향했습니다. 마침 아주 위급한 순간에 나타나 적군의 왕을 해치운 덕분에 전쟁을 바로 끝낼 수 있었지요.

전투가 끝나자 청년은 또다시 부리나케 달려갔습니다. 그때 왕은 낯선 용사의 다리에 둘러져 있던 자신의 손수건을 보았습니다. 그는 단박에 그 용사가 이끼 청년이라는 것을 알아챘지요.

"며칠 동안 늪지에서 허우적거리던 청년이 바로 우릴 도와준 위대한 용사다. 그를 궁전으로 데려오거라."

왕의 말에 놀란 병사들은 모두 환호성을 터뜨렸습니다. 그들은 곧바로 청년을 데리고 궁전으로 돌아왔지요. 창문 틈으로 청년을 본 공주는 이루 말할 수 없이 기뻤습니다.

"아, 저기 나의 진정한 사랑이 오고 있네."

청년은 궁전에 도착하자마자 연고 통을 꺼내 다리에 연고를 발랐습니다. 전쟁터에서 입은 상처에 연고를 바르자 순식간에 온몸이 싹 나았지요.

이윽고 청년은 공주를 아내로 맞아들이게 되었습니다. 왕국의 절반을 얻으면서 젊은 왕의 자리에 올랐지요. 결혼식을 마친 왕은 마구간으로 내려갔습니다. 그런데 검은색 말이 활기를 잃고 두 귀를 축 늘어뜨린 채 아무것도 먹지 않고 있었습니다. 왕은 무슨 일로 그리 괴로워하느냐고 물었습니다.

"네가 아니었다면 이런 영광은 누릴 수 없었을 것이다. 왜 그리 괴로워하느냐? 무슨 일이 있는 것이냐?"

"지금까지 당신을 열심히 도왔어요. 이젠 그만 살고 싶어요. 그러니 칼로 제 머리를 내리쳐주세요."

"아니, 아니 말도 안 된다. 그런 일은 할 수 없어. 네가 원하는 것을 모두 들어주고 평생 쉬게 해준다면 모를까."

"제가 시키는 대로 하지 않으면 당신이 위험해요. 제가 당신의 생명을 앗아갈지도 몰라요."

왕은 하는 수 없이 말의 머리를 내리쳤습니다. 그는 칼을 휘두르면서도 차마 말의 머리가 떨어지는 모습은 볼 수 없어 고개를 돌려버렸습니다. 하지만 말의 머리가 떨어지기 무섭게 말이 서 있던 자리에 너무나도 멋진 모습의 왕자가 나타났습니다. 왕은 깜짝 놀라 왕자에게 물었습니다.

"아니, 대체 어디서 갑자기 나타난 겁니까?"

"사실 말이 바로 나였소. 나는 당신이 어제 목을 벤 왕의 나라의 원래 왕이었소. 그 자가 나를 말로 변신시켜 트롤에게 팔아버렸던 거지. 하지만 그자가 죽어 나는 본래 모습을 되찾을 수 있었소. 이제 나와 당신은 이웃 사이가 될 거요. 우리 서로 영원히 전쟁은 하지 맙시다."

"좋소. 나도 굳게 약속하지."

두 왕은 죽을 때까지 약속을 지키며 친한 친구 사이로 지냈답니다!

THE YOUNG LADY LENA

레나 아가씨

짚신도 제 짝이 있다

옛날에 세 아들을 둔 농부가 살고 있었습니다. 장남은 피터, 차남은 폴, 막내는 에스벤이었지요. 피터와 폴은 튼튼하고 빈틈없는 젊은이였지만 막내 에스벤은 아무짝에도 쓸모가 없었습니다. 사리 판단이 분명하고 활달해 농사일을 잘 돕는 두 형과는 다르게 에스벤은 하루 종일 한마디도 하지 않고 꿈꾸는 사람처럼 멍하니 있거나 난롯가에 앉아 재나 긁어대곤 했습니다. 사람들은 그를 '재 긁는 에스벤'이라고도 불렀지요.

그들의 농장은 아주 비옥하고 푸른 초원 위에 있었습니다. 농장 한가운데에 돌멩이가 많고 잡초로 우거진 황무지도 있었는데, 에스벤은 그곳에 누워 잠을 자거나 하늘을 쳐다보는 것을 좋아했습니다. 한편 피터와 폴은 쓸모없는 황무지를 그냥 두고 볼 수 없었습니다. 아버지는 두 아들에게 원하는 대로 땅을 처리하라고 했지요.

옛날 옛적 황무지에 요정이 살았다는 전설이 내려오긴 했지만 피터와 폴은 웃어넘겼습니다. 두 사람은 열심히 땅을 일구어 씨를 뿌렸습니다. 황무지를 일구어 만든 땅은 몹시 비옥했습니다. 겨울을 잘 지내고 봄이 되면 밀을 풍성하게 수확할 수 있을 것으로 보였지요. 그러나 성 요한 축일 전날 밤에 그들은 크게 좌절했습니다. 비옥했던 땅이 쑥대밭이 되어 있었기 때문이지요. 밀 잎은 몽땅 망가지고 쓰러져 도저히 다시 살릴 수 없는 지경이 되어 있었습니다. 왜 이런 일이 일어났는지 알 도리가 없어 피터와 폴은 다시 밭을 갈아엎고 새싹이 자라길 기다렸습니다.

다음 해 봄이 되자 황무지였던 땅에서 밀이 무럭무럭 자라났습니다. 하지만 이번에도 똑같은 일이 발생하고 말았습니다. 성 요한 축일 전날 밤이 되자 누군가가 도리깨로 마구 두들긴 것처럼 풀이 모두 짓밟혀 있었지요. 피터와 폴은 하는 수 없이 밭을 갈아엎고 겨울을 지나 봄에 아마를 심었습니다. 아마는 아주 잘 자라 여름에 꽃을 활짝 피웠습니다. 피터와 폴은 아름다운 광경을 보며 기뻐했지요. 두 사람은 지난 두 해 동안 일어난 일이 반복되지 않도록 성 요한 축일 전날 밤에 밭을 지키기로 했습니다. 먼저 장남 피터가 방망이로 무장한 뒤 돌담 위에 앉아 밭을 지켰습니다.

날씨는 온화했고 밤은 아주 고요했습니다. 피터는 자지 않고 밭을 지키려 애썼지만 자신도 모르게 곯아떨어지고 말았습니다. 이윽고 한밤중이 되자 갑자기 땅이 흔들렸습니다. 머리 위에서는 무시무시한 소리가 들려왔지요. 피터가 어찌 된 일인지 알아보려고 주위를 둘러보니 하늘이 칠흑같이 어두워졌습니다. 어둠을 뚫고 나온 무언가가 용이 내뿜는 불처럼 빨갛게 빛나더니 밭이 온통 요동치기 시작했습니다. 울부짖는 소리가 너무나도 시끄러워 정신이 나간 피터는 뒤도 돌아보지 않고 집으로 도망쳤습니다.

다음 날 아침 밭으로 다시 돌아가서 보니 밭은 널빤지처럼 납작하고 반반하게 뭉개져 있었습니다. 기운이 빠진 피터와 폴은 밭을 일구는 일을 포기했습니다. 더 이상 아무런 노력도 기울이지 않았지요. 다음 해 봄이 되자 황무지 밭은 온통 잡초와 야생화로 뒤덮였습니다. 하얀 냉이, 푸른 들국화, 진홍색 양귀비가 피어났고 돌멩이와 꽃 사이로 잡초가 올라왔습니다.

에스벤은 다시 그곳을 찾아가 편히 누워 높다랗고 푸른 하늘을 올려다보았습니다. 그는 무척 행복했지요. 성 요한 축일 전날, 실컷 낮잠을 잔 에스벤은 오후 늦게 집을 나섰습니다. 사실은 에스벤도 해마다 그 밭에 다녀가는 존재가 무엇인지 궁금했습니다. 밭을 망쳐놓는 짓을 정말로 요정이 한 건지, 사람이 한 건지 알아보고 싶었지요. 에스벤은 밭에서 밤을 새우며 확인해 보기로 했습니다.

에스벤은 몇백 년 된 물푸레나무 위로 올라가 가만히 앉아 있었습니다. 그런데 한밤중이 되자 갑자기 공기를 가르는 듯한 우렛소리와 함께 무엇인가 내달리는 소리가 들려왔습니다. 하늘은 검은색 천이 드리워지듯 점점 어두워지더니 빨갛게 빛나는 것이 다가왔습니다. 빨간빛의 정체는 바로 머리가 셋 달린 용이었습니다. 용이 땅과 가까워지자 바람은 더 심하게 불었습니다. 회오리바람이 밭 여기저기를 들쑤시며 모든 식물의 잎사귀와 줄기를 짓밟고 쓰러뜨렸지요. 나무에 매달려 있던 에스벤은 바람에 날아가지 않도록 나무를 꼭 잡고 있어야만 했습니다.

얼마 지나지 않아 갑자기 모든 소리와 바람이 멈추더니 하늘이 맑아졌습니다. 머리가 셋 달린 용도 사라졌지요. 그리고 저 멀리서 커다란 백조처럼 보이는 세 마리의 새가 나타났습니다. 가까이서 보니 그것은 백조가 아닌 백조로 변장한 세 처녀였습니다. 하얗고 기다란 날개를 달고 하늘거리는 베일을 걸친 처녀는 에스벤이 있는 물푸레나무 아래로 사뿐히 내려왔습니다. 처녀들은 날개와 하얀 베일을 벗더니 셋이 손을 잡고 들판을 빙빙 돌며 노래에 맞춰 춤을 추었습니다.

처녀들은 모두 흰 드레스를 입고 있었고 머리에는 금관이 올려져 있었습니다. 에스벤은 매혹적인 노래와 아름다운 모습에 넋이 나가버렸지요. 그는 조심스럽게 나무에서 내려와 처녀의 하얀 베일을 주워 조용히 나무로 올라갔습니다. 백조 공주들은 아무것도 눈치채지 못하고 세 시간이 넘도록 춤을 추었지요. 신나게 춤을 추고 나무 아래로 돌아온 세 처녀는 베일을 걸치려 했습니다. 하지만 베일이 보이지 않았습니다. 처녀들은 이리저리 돌아다니며 베일을 찾다가 나무 위에 앉아 있는 에스벤을 발견했습니다. 그녀들은 에스벤이 베일을 가지고 있는 것이 분명하다고 말했지요. 에스벤은 순순히 그렇다고 대답했습니다.

"네, 맞아요. 제가 당신들의 베일을 가지고 있어요."

처녀들은 베일을 돌려달라고 울며 간청했습니다.

"베일이 없으면 저희는 죽을지도 몰라요. 제발 돌려주세요. 베일만 돌려주신다면 세상 어느 왕도 부럽지 않을 정도로 많은 돈을 드릴게요. 약속해요."

에스벤은 가만히 앉아 처녀들을 뚫어져라 쳐다보다가 말을 이었습니다.

"흠, 세 사람 중 한 분이 나의 아내가 되겠다고 약속해주세요. 그럼 베일을 드리죠."

첫 번째 처녀는 단호하게 대답했습니다.

"안 돼요. 그럴 수는 없어요."

두 번째 처녀도 거절했습니다.

"저도 그럴 수 없어요."

하는 수 없이 막내 처녀가 나섰습니다.

"좋아요, 제가 하겠어요. 베일만 돌려주신다면요."

에스벤은 두 처녀에게 베일을 돌려준 뒤 마지막 처녀에게 말했습니다.

"제 손을 잡고 키스한 뒤 손가락에 반지를 끼워줘요. 다음 해성 요한 축일 전날 돌아와 저와 결혼하겠다고 약속하기 전까진 베일을 돌려주지 않을 겁니다."

막내 처녀는 차분하게 대답했습니다.

"알겠어요. 약속해요. 하지만 당신이 알아야 할 게 있어요. 사실 우리는 모두 한 자매로, 예전에 바로 이곳에 있던 성에서 자랐어요. 그런데 아주 오래전 사악한 요정이 우리를 수만 킬로미터 떨어진 먼 곳으로 데려가 가둬버렸어요. 오직 성 요한 축일에만 우리의 고향인 이곳에 올 수 있게 허락해주었지요. 우리가 결혼식을 올리려면 성이 있어야 해요. 당신이 이곳에 왕자의 수준에 맞는 성을 지으세요. 아, 그리고 당신이 원하는 모든 손님을 초대해도 되지만 이 나라의 왕은 절대 안 됩니다. 혹시 돈이 걱정이라면 이렇게 하세요. 당신이 앉아 있던 물푸레나무의 가지를 꺾어 나무뿌리에 있는 가장 큰 돌을 내리치며 '레나 아가씨를 위하여'라고 말하면 돼요. 그러면 돌이 굴러가고 보물 창고로 가는 입구가 나타날 거예요. 그 안에 필요한 모든 것이 있을 테고요. 보물 창고를 닫을 때도 똑같이 하시면 됩니다. 그럼, 그때까지 안녕히 계세요."

말을 마친 처녀는 언니들처럼 베일을 머리에 감고 하얀 날개를 펼쳤습니다. 이윽고 세 처녀는 모두 날아가버렸습니다.

세 사람은 세 마리의 백조처럼 보이다가 점점 하얀색의 작은 반점이 되어 사라졌습니다. 그 순간 동쪽 하늘에 떠오른 한 줄기의 햇빛이 에스벤이 서 있는 들판을 비췄습니다. 에스벤은 자신이 보고 들은 것이 믿기지 않아 한참 동안 처녀가 사라진 곳을 바라보며 멍하니 서 있었지요. 마침내 정신을 차린 에스벤은 처녀가 말한 대로 나뭇가지를 꺾어 "레나 아가씨를 위하여"라고 말하며 돌을 쳤습니다.

그러자 돌이 옆으로 밀려나더니 그 아래로 왕의 보물 창고로 통하는 입구가 나타났습니다. 창고 안에는 금은보화와 진귀한 보석, 술잔과 식기, 장식이 달린 커다란 촛대, 아주 정교한 형태의 진기한 물건으로 가득 차 있었습니다.

에스벤은 금화와 은화를 잔뜩 꺼낸 뒤 돌을 치며 같은 주문을 외웠습니다. 그러고는 곧장 집으로 돌아갔지요. 아버지와 두 형은 에스벤을 알아보지 못했습니다. 그도 그럴 것이 에스벤은 평상시와는 다르게 생기가 넘쳤기 때문입니다. 머리카락을 깔끔하게 뒤로 넘겼고 눈도 반짝반짝 빛났지요. 에스벤은 머리를 똑바로 쳐들고 말했습니다.

"형, 아버지. 지난 3년 동안 우리 밭을 짓뭉개놓은 자를 알아냈습니다. 이제 그 밭은 농사지을 필요가 없어요. 대신 다음 해 성 요한 축일 전날까지 그곳에 성을 지어야 합니다."

에스벤의 말을 들은 아버지와 형들은 에스벤이 미쳤다고 생각했습니다. 하지만 그가 들고 온 금화와 은화를 보고 마음을 바꿨지요.

에스벤과 그의 가족은 분주히 성을 지었습니다. 도끼, 톱, 망치, 대패, 밧줄 등 모든 장비를 동원해 부지런히 작업했지요. 그 결과 다음 해 성 요한 축일 무렵, 탑과 작은 첨탑과 지붕이 온통 금으로 번쩍이는 근사한 성이 완성되었습니다.

성 요한 축일이 되기 며칠 전, 에스벤의 부모님은 많은 사람을 초대했습니다. 한편 전국을 여행하던 중 소문을 듣고 일부러 그곳을 지나던 왕이 에스벤의 부모님을 만났습니다. 에스벤의 아버지가 황급히 모자를 벗어 인사하자 왕도 모자를 벗어 답례했지요.

"막내 아드님의 결혼식을 아주 성대하게 준비하고 계신다고요. 저도 신랑과 신부를 만나보고 싶군요."

왕을 초대하면 안 된다는 사실을 몰랐던 부모님은 흔쾌히 수락했습니다.

"저희야 영광이지요. 꼭 오셔서 자리를 빛내주십시오."

"고마워요. 매우 즐거운 결혼식이 되겠군요."

드디어 결혼식 날이 되었고 많은 하객이 몰려왔습니다. 물론 왕도 참석했지요. 곧 에스벤도 모습을 드러냈지만 신부는 한참이 지나도 나타나지 않았습니다. 사람들은 뭔가 잘못된 것이 아니냐며 수근대기 시작했습니다.

해가 질 무렵 에스벤은 성 앞에 나와 하늘을 올려다보았습니다. 그의 모습을 본 사람들은 더 크게 수근거렸지요.

"아, 신부가 하늘에서 뚝 떨어지려는 모양이지? 이제 보니, 신부는 에스벤의 꿈에서 나온 것이었구먼!"

하지만 에스벤은 사람들의 빈정거림에도 전혀 아랑곳하지 않았습니다. 하늘 저 높은 곳에서 날아오는 백조가 보였기 때문이지요. 곧 여섯 필의 말이 이끄는 화려한 황금 마차가 성문 앞에 도착했습니다. 에스벤이 마차로 달려가니 눈부시게 아름다운 신부가 앉아 있었습니다. 그녀는 에스벤을 보자마자 물었습니다.

"왕도 왔나요?"

"음, 오기는 했지만 우리가 부른 게 아니에요. 멋대로 온 것뿐이죠."

"어떻게 왔는지는 별로 중요하지 않아요. 제가 오늘 결혼식을 올린다면 신랑은 당신이 아니라 왕이 될 거예요. 당신은 죽임을 당할 테고요. 저는 당신 아닌 다른 사람과 결혼하는 걸 원치 않아요. 오늘은 그냥 돌아가야겠어요. 1년 안에 저를 찾아오세요. 1년이 지나면 아무 의미가 없을 거예요. 저는 여기서 수만 킬로미터 떨어진 곳에 살고 있어요. 대지 한가운데, 태양의 남쪽에, 달의 서쪽에 있는 성이에요."

처녀는 말을 마치자마자 무서운 속도로 말을 몰아 떠났습니다. 에스벤의 눈에는 허공으로 날아올라 저 멀리 구름 사이로 사라져가는 백조 떼만 보일 뿐이었지요.

에스벤은 모든 것을 저버린 채 지팡이 하나만 달랑 들고 신부를 찾아 떠났습니다. 넓은 세상으로 나아가는 여정은 몹시 험했습니다. 남쪽을 향해 곧장 출발한 에스벤은 몇 날 며칠을 걸었습니다. 몇 주 동안 이곳저곳을 쉬지 않고 돌아다니며 만나는 사람마다 처녀가 살고 있는 성을 아느냐고 물어보았습니다. 하지만 그런 이름의 성을 들어본 사람은 아무도 없었습니다.

그러던 어느 날, 에스벤이 숲에 들어갔는데 두 난쟁이가 무자비하게 싸우고 있었습니다. 에스벤은 걸음을 멈춰 무슨 일로 그리 격하게 다투느냐고 물었습니다.

"왜 그렇게 격렬히 싸우고 계십니까?"

"이 모자는 아버지가 돌아가시면서 물려준 것입니다. 하나뿐인 모자를 갖기 위해 이렇게 싸우고 있지요."

"별것 아닌 일로 그렇게 험하게 싸우시는군요."

"이 모자는 보통 모자가 아니에요! 누구든지 이 모자를 쓰면 투명인간이 된답니다. 아무에게도 보이지 않게 되죠!"

두 사람은 다시 엉겨 붙어 구르기 시작했습니다. 에스벤은 그 모자를 확 집어 머리에 쓰더니 자리를 떠나며 외쳤습니다.

"좋아요. 둘이 더 친해질 때까지 열심히 싸우세요!"

에스벤이 조금 더 걸어가니 또 다른 두 난쟁이가 머리가 터져라 싸우고 있었습니다. 그들 역시 아버지의 유일한 유산인 신발을 두고 다투는 중이었지요. 그 신발은 한 걸음에 160킬로미터를 갈 수 있는 신기한 신발이었습니다. 에스벤은 싸움에 끼어들어 말했습니다.

"공평하게 달리기 시합으로 정하는 게 어떻겠습니까? 제가 돌을 던질 테니 달려가서 집어 오세요. 돌을 먼저 가져오는 사람이 신발을 차지하는 겁니다."

두 난쟁이가 동의하자 에스벤은 돌을 던졌습니다. 난쟁이가 돌을 쫓아 달려간 사이에 에스벤은 신기한 신발을 신고 한 번에 160킬로미터를 걸어 멀리 사라졌지요.

잠시 후 에스벤은 다른 난쟁이 두 명을 또 만났는데, 그들 역시 아버지의 유일한 유산을 놓고 싸우는 중이었습니다. 유산은 아주 오래되어 녹이 슨 주머니칼이었는데 그 칼로 가리킨 사람은 즉시 죽지만 칼을 칼집에 넣고 죽은 사람을 다시 건드리면 곧바로 살아나는 마법의 칼이었습니다. 에스벤은 두 난쟁이에게 말했습니다.

"제게 그 칼을 보여주세요. 전 이미 두 번이나 이런 싸움을 중재해보았으니 좋은 수가 있을 겁니다."

칼을 받은 에스벤은 곧바로 두 난쟁이를 가리켰습니다. 난쟁이들은 그 자리에서 바로 죽어버렸지요. 이번에는 칼을 칼집에 넣고 건드리자 난쟁이들이 곧바로 살아났습니다.

에스벤은 칼을 호주머니에 넣고 신비한 모자를 쓴 뒤 마법의 신발을 신고 수백 킬로미터를 성큼 나아갔습니다.

저녁 무렵 에스벤은 울창한 숲 한가운데 있는 작은 집에 도착했습니다. 집에는 아주 늙은 할머니가 살고 있었는데 어찌나 늙었는지 머리가 온통 하얀색이었습니다.

에스벤은 먼저 정중하게 인사를 건넸습니다.

"안녕하세요, 할머니. 혹시 대지 한가운데에, 태양의 남쪽에, 달의 서쪽에 있는 성을 알고 계신가요?"

"그런 성은 처음 들어보네. 가만 보자, 나는 들판에 사는 모든 들짐승을 다스리고 있네. 그들 중에 누군가 아는 짐승이 있을지도 모르지. 기다려보게나."

할머니가 피리를 불자 사방에서 짐승들이 모여들었습니다. 여우를 제외한 모든 짐승이 급히 달려왔지요. 마침 거위를 잡으려 했던 여우는 피리 소리 때문에 거위를 놓쳐 기분이 상했습니다. 그래서 맨 마지막으로 살금살금 걸어 들어왔지요. 그러나 여우를 비롯한 짐승 모두 성에 대해 아는 것이 없었습니다.

"음, 그럼 하는 수 없구나. 하늘의 날짐승을 다스리는 내 동생에게 가보거라. 만일 내 동생마저 도움이 못 된다면 방법이 없을 것이다. 내 동생은 여기서 남쪽으로 500킬로미터 정도 떨어진 높은 산에 살고 있단다. 쉽게 찾을 수 있을 게다."

곧 새들의 산에 도착한 에스벤은 그곳의 할머니에게 물었습니다.

"할머니, 안녕하세요? 혹시 대지 한가운데에, 태양의 남쪽에, 달의 서쪽에 있는 성을 아시나요?"

"그런 성은 처음 들어보네. 내가 새들에게 물어볼 테니 잠시만 기다리게."

할머니가 피리를 불자 세상의 모든 새가 날아들었습니다. 할머니는 새들에게 에스벤이 말하는 성을 알고 있느냐고 물었지만, 새들은 그렇게 멀리까지 날아가본 적이 없다고 대답했습니다. 대답을 들은 할머니는 말했습니다.

"그러고 보니 늙은 독수리가 빠졌네."

할머니는 피리를 다시 불었고, 피리 소리를 들은 늙은 독수리는 무거운 날갯짓을 하며 나무 꼭대기에 앉았습니다.

"너는 어디서 오는 길인데 이리 늦었느냐? 늦게 온 죄로 네 목숨을 내놓아야 할 게다."

"저는 대지 한가운데에, 태양의 남쪽에, 달의 서쪽에 있는 성에서 오느라 늦었어요. 그곳에 둥지를 틀어 어린 새끼들을 키우고 있거든요. 새끼들을 보살피느라 늦었습니다."

"흠, 네가 이 청년을 그 성으로 데려다주거라. 그렇게 하면 목숨을 살려주지."

"오늘 하룻밤만 쉬게 해주세요. 그럼 시키는 대로 모두 하겠습니다."

다음 날 아침 일찍 일어난 에스벤은 독수리 등에 업혀 멀리 날아갔습니다. 하늘 높이 날았다가 폭풍이 부는 바다를 건너 멀리 날아갔지요. 한참을 날아가던 독수리가 물었습니다.

"혹시 저 아래 뭐 보이는 거 있어요?"

"높고 검은 벽 같은 게 가까이 보여요."

"아, 그건 대지예요. 우리는 그곳을 통과해야 해요. 꽉 잡아요. 당신이 죽으면 나도 죗값으로 목숨을 내놓아야 하니까."

에스벤을 태운 독수리는 동굴처럼 어두컴컴한 곳으로 곧장 날아들었습니다. 에스벤은 독수리를 단단히 잡았고 잠시 후 다시 밝은 빛이 있는 곳으로 나왔습니다. 조금 더 날아가니 독수리가 또 물었습니다.

"뭐 또 보이는 게 있나요?"

"커다란 유리 산처럼 생긴 게 보여요."

"그건 물이에요. 우리는 거기도 지나가야 해요. 꼭 잡아요. 당
신이 죽으면 내 목숨도 끝이에요."

독수리는 물속으로 뛰어들어 안전하게 그곳을 지났습니다.
공중에서 한참을 더 날자 독수리가 다시 물었습니다.

"또 보이는 게 있나요?"

"이번엔 불꽃밖에 안 보이는데요."

"우리는 거기도 지나가야 해요. 내 날개 위로 바짝 엎드려요.
꼭 잡아요. 당신이 죽으면 나도 살아남지 못할 테니."

독수리는 불꽃 속으로 뛰어들어 무사히 빠져나왔습니다. 이
윽고 독수리는 점차 내려가더니 땅 위에 앉아 숨을 헐떡이며 말
했습니다.

"아, 이제 좀 쉬어야겠어요. 아직 800킬로미터는 더 가야 하거
든요."

"아, 이제 제가 당신을 데려갈게요."

에스벤은 독수리를 등에 업고 마법의 신발을 신었습니다. 그
러고는 다섯 걸음 만에 독수리가 말한 장소에 도착했지요. 독수
리가 에스벤에게 말했습니다.

"에고, 조금 지나쳤어요. 16킬로미터 정도 뒤로 갈 수 있어요?"

"그렇게는 안 되는데요."

"그럼 내가 다시 날아가죠, 뭐."

독수리는 에스벤을 태우고 16킬로미터 뒤로 갔습니다. 마침내 에스벤은 대지의 한가운데에, 태양의 남쪽에, 달의 서쪽에 있는 성에 도착했지요. 그 성은 세상 어디에서도 찾아볼 수 없는 모습이었습니다. 지붕 끝부터 바닥 끝까지 온통 순금으로 번쩍였지요.

성문 앞으로 간 에스벤은 앉아서 기다리다가 성으로 들어가는 하녀를 붙잡고 부탁했습니다.

"혹시 레나 공주님을 만나거든 피곤에 지친 나그네가 포도주 한 잔만 부탁한다고 전해주시겠소?"

하녀는 공주에게 에스벤의 말을 전했습니다. 레나 공주는 자신의 금잔에 포도주를 가득 채워 하녀에게 주었지요. 포도주를 다 마신 에스벤은 빈 잔에 레나 공주가 자신에게 주었던 반지를 넣어 하녀에게 되돌려주었습니다. 반지를 알아본 레나 공주는 그 길로 달려나와 에스벤을 끌어안았습니다. 그러고는 그를 성으로 데리고 들어가며 말했습니다.

"이제야 당신을 만났지만 곧바로 돌려보내지 않을 수 없군요. 제 백조 옷을 입고, 왔던 길로 다시 돌아가세요. 만약 우리에게 마법을 걸었던 마녀가 당신을 보면 당장 돌로 만들 거예요."

"제게 다 방법이 있어요. 저를 그 마녀에게 데려다줘요."

에스벤은 신비한 모자를 쓰고 늙은 마녀를 보러 올라갔습니다. 그는 마법의 칼을 빼 마녀를 가리켰고 마녀는 그 자리에서 쓰러져 죽었습니다. 에스벤은 마녀를 땅속 아주 깊은 곳에 파묻은 뒤 레나 공주와 결혼식을 올리고 지금까지 행복하게 잘 살고 있답니다!

THE KING OF THIEF

도둑의 왕

바보는 약으로도 못 고친다

옛날에 세 아들을 둔 농부가 살았습니다. 농부는 몹시 가난해 세 아들에게 물려줄 재산이 하나도 없었습니다. 그는 자신의 신세를 한탄하며 오랫동안 고민하더니 아들들을 불러 말했습니다.

"얘들아, 너희들도 알다시피 이 아버지는 몹시 가난하단다. 너희에게 대줄 사업 자금도 없고 죽으면서 물려줄 자산도 없어. 그러니 이 집에서 마음에 드는 것 하나를 골라 너희가 가고 싶은 곳으로 떠나거라. 내가 어느 정도까지는 함께 가주마."

얼마 지나지 않아 세 아들은 아버지와 함께 길을 떠났습니다. 네 사람은 곧 세 갈래 길에 닿았고 아들들은 각자 길을 골라 떠났습니다. 아버지는 세 아들과 작별 인사를 나눈 뒤 집으로 돌아갔지요. 첫째와 둘째는 어떻게 되었는지 잘 모르겠습니다. 이제 부터는 먼 길을 떠난 막내아들의 이야기를 들려드리지요!

어느 날 밤, 막내아들이 커다란 숲을 지나고 있었습니다. 그런데 갑자기 날씨가 매우 험상궂게 변했습니다. 매서운 바람이 몰아치고 진눈깨비까지 내려 눈을 제대로 뜰 수가 없었지요. 당황한 막내아들은 순식간에 길을 잃고 말았습니다. 길을 몰라 계속 앞으로만 걸어가던 막내아들은 저 멀리서 새어 나오는 희미한 불빛을 발견했습니다. 불빛을 향해 쭉 걸어가니 커다란 집이 한 채 나왔습니다. 집 안으로 들어가니 노부인 하나가 바쁘게 움직이며 집안일을 하고 있었습니다. 그는 노부인에게 인사를 건넸습니다.

"안녕하세요, 부인?"

"어서 오게나, 젊은이."

"밖은 너무 추워요. 날씨가 정말 끔찍하네요."

"음, 그렇구먼."

"혹시 오늘 하룻밤만 여기서 묵어가도 될까요?"

"그러지 않는 것이 좋을 듯하네. 만약 자네가 여기 있는 걸 집주인이 보기라도 한다면 우리 둘을 모두 죽일 테니까."

"네? 이 집의 주인이 대체 누구길래 그렇습니까?"

"이곳의 주인은 강도들이라네. 그들은 젊었던 나를 납치해 지금까지 집안일을 시키고 있지."

"아무리 그래도 오늘 밤은 여기서 자고 싶어요. 제게 무슨 일이 닥치더라도 이렇게 끔찍하게 추운 날 밖에서 서성대고 싶지는 않아요."

"자네의 뜻이 그렇다면 할 수 없지만 여기에 있다가는 더 끔찍한 일을 당할 텐데, 괜찮겠나?"

막내아들은 괜찮다고 대답하며 이불 속으로 들어갔습니다. 하지만 편히 잘 엄두는 내지 못했지요. 잠시 후 강도들이 집으로 돌아오자 노부인은 솔직하게 털어놓았습니다.

"저기, 아까 한 낯선 젊은이가 찾아왔는데 차마 다시 나가라고 할 수가 없어 안으로 들였어요."

강도는 불량스러운 표정을 지으며 노부인에게 물었습니다.

"그 젊은이에게 돈이 있던가?"

"에구, 그런 떠돌이에게 무슨 돈이 있겠어요? 고작해야 등에 진 봇짐에 옷이나 들었으면 다행이지요."

강도들은 젊은이를 그 자리에서 당장 죽여버릴지, 다른 일을 시킬지 의논하기 시작했습니다. 모든 대화를 엿들은 막내아들은 자리에서 일어나 강도들에게 말을 걸었습니다.

"저, 혹시 하인이 필요하지 않으십니까? 제가 여러분의 시중을 들겠습니다."

그러자 강도들이 대답했습니다.

"그래? 네가 만약 우리가 하는 일을 따라 할 마음이 있다면 좋은 일거리를 주겠다."

"무슨 일이든 다 따라 하겠습니다. 제가 집을 떠날 때 아버지께서는 무슨 일이든 해도 좋다고 말씀하셨거든요."

"흠, 그래. 도둑질이라도 할 수 있겠느냐?"

막내아들은 그 정도 일쯤이야 금방 배울 수 있을 거라고 생각했습니다.

"그럼요."

한편 강도의 집에서 조금 떨어진 곳에는 황소 세 마리를 키우는 남자가 살고 있었습니다. 남자는 황소 중 한 마리를 시장에 내다 팔 계획이었지요. 그의 계획을 알고 있던 강도들은 막내아들에게 말했습니다.

"네가 만약 황소 주인이 눈치채지 못하게 소를 훔쳐 온다면 너를 하인으로 받아주겠다. 단, 누구에게도 해를 끼쳐선 안 된다."

한참을 고민하던 막내아들은 집 근처에 있던 은 장식이 달린 근사한 구두를 가지고 나갔습니다. 그러고는 소의 주인이 지나가는 길 위에 구두 한 짝을 놓고 숲속 덤불 사이에 몸을 숨겼습니다. 잠시 후 그 길을 지나가던 소의 주인은 구두를 보고 말했습니다.

"이야, 이 구두 멋진데? 나머지 한 짝도 있다면 집에 가져갈 텐데. 분명 집사람이 기분 좋아할 거야."

사실 소의 주인에게는 나이 든 아내가 있었는데 어찌나 신경질적이고 성질을 잘 내는지 곧잘 남편의 뺨을 갈기곤 했습니다. 남자는 그런 아내를 위해 구두를 가져가고 싶었지만 아무리 근사한 구두라도 한 짝만 있으면 쓸모가 없을 것 같아 구두를 내버려두고 다시 가던 길을 갔습니다.

그 광경을 본 막내아들은 순식간에 구두를 집어 들더니 숲 사이에 난 지름길로 한달음에 달려가 소의 주인을 앞질렀습니다. 그러고는 그가 지나갈 길 위에 다시 구두를 올려두었지요.

길을 걷다가 은 구두를 발견한 소의 주인은 아까 본 구두 한 짝을 두고 온 것을 무척 후회했습니다. 그는 소를 울타리에 묶으며 중얼거렸습니다.

"얼른 되돌아가서 한 짝을 집어 와야겠다. 멋진 구두 한 켤레를 집사람에게 가져다주면 분명 잘했다고 칭찬해주겠지."

소 주인은 서둘러 구두를 발견했던 곳을 찾아갔습니다. 하지만 끝내 나머지 한 짝을 찾지 못하고 구두 한 짝만 챙겨 다시 돌아왔습니다. 그사이에 막내아들은 울타리에 묶여 있던 소를 훔쳐 사라져버렸고 소 주인은 흐느껴 울기 시작했습니다.

"아이고, 소가 없어져버렸네. 아내가 알면 날 죽이려 들 텐데, 이걸 어쩌나."

한참을 울던 남자는 갑자기 좋은 생각이 떠올랐습니다. 아내 몰라 다른 소를 가져다 팔면 되겠다는 생각이 들었지요.

남자는 다시 집으로 돌아가 아내 몰래 소를 끌고 나왔습니다. 그러고는 소를 몰고 읍내로 출발했지요. 하지만 강도들은 남자의 일거수일투족을 모두 지켜보고 있었습니다. 그들은 막내아들을 불러 다시 말했지요.

"저번처럼 아무에게도 해를 끼치지 않고 두 번째 소를 훔쳐 온다면 자네를 우리 동료로 삼도록 하겠네."

"그렇게 어려운 일은 아닌 것 같네요. 두 번째 소를 훔쳐 오겠습니다."

막내아들은 끈을 하나 준비했습니다. 그러고는 소의 주인이 지나가는 길에 있는 나무에 자신의 몸을 묶어 매달려 있었습니다. 소를 데리고 길을 지나던 남자는 막내아들의 모습을 보고 이상하다고 생각했습니다.

"흠, 당신이 무슨 생각으로 그렇게 매달려 있는지는 모르겠지만 내가 당신을 도와줄 수는 없으니 어쩔 수 없지. 당신이 매달려 있든 말든 나와는 상관이 없소!"

남자는 소를 끌고 다시 가던 길을 갔습니다. 막내아들은 잽싸게 나무에서 내려와 숲속 지름길을 따라 달려 소의 주인을 앞질렀습니다. 그러고는 다시 나무 위에 매달렸지요.

소의 주인은 한참을 걷다가 나무에 매달린 막내아들을 발견하곤 외쳤습니다.

"이럴수가, 아까 본 사람이 또 매달려 있네! 어찌 된 일이지? 내가 귀신에 홀린 건가? 에이, 됐네 됐어. 당신이 나무에 매달려 있든 말든 나랑은 상관없지. 유령이든 뭐든 내 알 바도 아니고."

남자는 소를 데리고 그냥 지나쳐 갔습니다. 막내아들은 다시 나무에서 내려와 숲속을 지나 소의 주인을 앞지른 뒤 나무에 매달렸습니다. 나무에 매달려 있는 막내아들을 세 번씩이나 본 소의 주인은 외쳤습니다.

"아니, 이게 도대체 어찌 된 일이지? 저 세 사람은 뭐가 그렇게 괴로워 몸을 매달았지? 아니지, 아니야. 내가 뭔가에 홀린 게 틀림없어. 다시 돌아가서 앞의 두 사람이 아직도 나무에 매달려 있는지 확인해봐야겠어."

소의 주인은 소를 나무에 묶어놓고 왔던 길을 되돌아갔습니다. 그는 나무를 하나하나 살피며 걸어갔지요. 막내아들은 그 틈을 타 소를 훔쳤습니다. 한편 원래 있던 자리로 돌아온 남자는 소를 잃어버렸다는 것을 깨닫고 통곡하기 시작했습니다. 하지만 이번에도 다른 방법을 찾아냈습니다.

"할 수 없지. 아내 몰래 마지막 남은 소를 끌고 나와 읍내에 내다 팔자. 흥정만 잘하면 큰돈을 벌 수 있을 거야."

남자는 집으로 돌아가 아내 몰래 소를 끌고 나왔습니다. 그의 고약한 아내는 눈곱만큼도 눈치채지 못했지요. 이번에도 역시 모든 사실을 알고 있던 강도는 막내아들에게 제안했습니다.

"만약 저번에 본 남자의 마지막 소를 훔쳐 온다면 자네를 우리의 우두머리로 삼겠네."

"알겠어요. 그거야 뭐, 식은 죽 먹기죠."

막내아들은 숲속 덤불에 숨어 있다가 저 멀리서 소를 끌고 오는 남자를 발견하고는 커다랗게 소 울음소리를 냈습니다. 소의 울음소리를 들은 남자는 전에 자신이 잃어버린 소가 나타난 줄 알고 몹시 기뻐했습니다. 그는 소를 나무에 묶어놓고 숲속으로 들어가 잃어버린 소를 찾아 헤맸습니다. 그사이에 막내아들은 남은 소까지 끌고 가버렸습니다.

한편 마지막 남은 소를 묶어두었던 자리로 돌아온 남자는 가슴을 치며 울부짖었습니다. 아내의 손에 죽을지도 모른다는 두려움에 집으로 돌아갈 엄두가 나지 않았지요.

한편 막내아들이 모든 일을 잘 해냈음에도 불구하고 강도들은 기분이 썩 좋지 않았습니다. 앞으로 막내아들을 자신들의 우두머리로 인정해야 했기 때문이지요.

그러던 어느 날 강도들은 훌쩍 떠나버렸습니다. 막내아들이 해내지 못할 일을 찾아 오겠다며 전부 떠나버렸지요. 혼자 남은 막내아들은 소의 주인이 볼 수 있도록 소 세 마리를 길에 풀어놓았습니다. 소를 되찾은 남자가 얼마나 기뻐했을지는 상상이 가시지요?

그런 다음 막내아들은 강도들의 말을 모두 끌어냈습니다. 강도들의 금은보화와 옷을 말 등에 잔뜩 싣고는 노부인에게 말했지요.

"부인, 저는 이만 떠나보겠습니다. 강도들이 돌아오면 감사 인사를 대신 전해주세요. 아주 멀리 떠날 예정이라 다신 못 볼 것 같다고도 꼭 전해주시고요."

강도의 집을 벗어난 막내아들은 집으로 향했습니다. 한참을 달려가니 저 멀리 아버지의 오두막이 보였지요. 아들은 잠시 멈춰 서더니 강도의 집에서 가져온 멋진 옷으로 갈아입었습니다. 그러고는 지체 높은 사람처럼 행세하며 아버지의 집으로 달려갔습니다. 막내아들은 집 안으로 들어가 아버지에게 물었습니다.

"오늘 하룻밤만 묵어가도 될까요?"

그러나 아버지가 허락할 리 없었습니다.

"당신처럼 고귀한 신사분께서 이리 누추한 곳에서 묵다니요. 있는 거라곤 저기 허름한 침대와 누더기뿐인데요."

"아버지는 늘 인색한 구두쇠더니 하나도 변하지 않으셨군요. 자신의 아들도 재워주려 하지 않으니 말이에요."

"네? 당신이 제 아들이라고요?"

"저를 못 알아보시겠어요?"

아버지는 천천히 막내아들의 얼굴을 살펴보더니 소리쳤습니다.

"아니, 넌 셋째 아니냐? 도대체 무슨 일에 손을 댔길래 이렇게 빨리 부자가 되었느냐?"

"제가 다 말씀드리지요. 아버지께서 무슨 일이든 해도 된다고 하셨지요? 그래서 저는 강도들의 제자가 되었습니다. 제게 주어진 임무를 잘 마쳐 이제는 그들의 우두머리가 되었고요."

한편 아버지의 오두막 근처에는 커다란 저택이 하나 있었습니다. 그곳에는 대지주가 돈을 산더미처럼 쌓아놓고 살고 있었지요. 그에게는 딸이 하나 있었는데 그녀는 아주 재치 있고 예뻤습니다. 도둑의 왕이 된 막내아들은 지주의 딸을 아내로 삼아야겠다고 생각했습니다. 그는 아버지에게 말했습니다.

"아버지, 대지주를 찾아가 그의 딸을 제게 달라고 말해주세요. 만약 그분께서 제 직업을 물으면 도둑의 왕이라고 말하시고요."

"너 지금 제정신인 게냐? 멀쩡한 정신으로는 그런 생각을 할 수 없을 텐데 말이다."

"저는 아주 멀쩡해요. 어서 가서 대지주에게 말하세요."

"아니, 아니 그럴 수 없다. 감히 지주에게 가서 네 대변인 노릇을 하라고? 그 사람이 얼마나 부자인 줄은 알고 하는 소리냐?"

"어서 다녀오시라니까요, 아버지? 아버지가 원하시든 원하지 않으시든 무조건 가야만 해요. 좋게 말씀드릴 때 가지 않으시면 힘을 써서라도 가게 만들 겁니다."

아버지가 계속 가지 않겠다고 버티자 아들은 아버지를 집 밖으로 몰아냈습니다. 그러고는 단단한 자작나무 막대로 아버지의 온몸을 두들겨 팼습니다. 아버지는 흐느껴 울며 지주의 집 대문을 열고 들어갔습니다. 아버지를 본 지주가 깜짝 놀라 물었습니다.

"아니, 도대체 어찌 된 일이오?"

아버지는 지주에게 자초지종을 들려주었습니다.

"제가 하도 가난해 세 아들을 떠나보냈습니다. 각자 가고 싶은 곳에서 어떤 일이든 해도 좋다고 했죠. 그런데 막내 녀석이 돌아오더니 지주님의 딸을 자기 아내로 삼겠다며 저더러 지주님께 이야기하고 오라고 시키는 거 아닙니까. 게다가 덧붙이기를, 자기가 도둑의 왕이라나요."

말을 마친 아버지는 다시 엉엉 울기 시작했습니다. 지주는 아버지를 달래며 말했습니다.

"이보게, 걱정 말게. 집으로 돌아가 아들에게 전하게나. 내가 먼저 자네 아들의 솜씨를 시험해보고 싶다고 말이네. 만일 자네 아들이 일요일에 우리 집 부엌에서 쇠꼬챙이에 꽂혀 있는 고기를 몰래 훔쳐낸다면 내 딸을 주겠다고 전하게. 물론 우리 식구가 모두 지키고 있을 거네."

집으로 돌아온 아버지는 아들에게 지주의 말을 전했습니다. 아들은 그 정도야 식은 죽 먹기라고 생각했습니다. 그는 곧장 밖으로 나가 토끼 세 마리를 산 채로 잡아 가방에 넣었습니다. 그러고는 다 낡아빠져 지저분한 누더기로 갈아입었습니다.

일요일 오전이 되자 막내아들은 거지꼴을 하고서는 지주의 저택 뒷문으로 살금살금 들어갔습니다. 그는 앞마당에 들어서자마자 토끼 한 마리를 풀어 이리저리 뛰어다니게 했습니다. 한편 지주와 모든 식구는 부엌에서 고기를 지키고 있었습니다. 그때 한 하인이 앞마당에서 뛰어다니는 토끼를 발견하고는 외쳤습니다.

"어머, 저 토끼 좀 봐!"

하인의 말을 들은 사람이 우르르 뛰쳐나가 토끼를 잡으려 했습니다. 하지만 지주는 뛰어다니는 토끼를 무슨 수로 잡겠느냐며 그냥 내버려두라고 했습니다.

잠시 후 도둑의 왕은 토끼 한 마리를 더 풀어놓았습니다. 부엌에 있던 사람들은 아까 본 토끼가 다시 나타났다며 나가서 잡으려 했습니다. 그러나 이번에도 지주는 허락하지 않았습니다.

도둑의 왕은 남은 토끼 한 마리까지 내보냈습니다. 사람들은 앞마당에서 깡총거리는 토끼를 잡고 싶어 안달이 났지요. 이번에는 지주도 그들을 말릴 수 없었습니다.

"그래, 좋다. 토끼 녀석 참 근사하게도 생겼구나. 나가서 잡을 수 있는지 어디 볼까?"

지주가 마당으로 나가자 나머지 사람도 모두 따라 나갔습니다. 이리저리 뛰어다니는 토끼와 그 뒤를 쫓는 사람들의 모습은 아주 재미난 구경거리였습니다. 도둑의 왕은 그 틈을 타 고기를 훔쳐 달아나버렸습니다. 지주와 부엌에 있던 사람들은 토끼를 잡기는커녕 고기도 제대로 지키지 못했지요.

그로부터 시간이 조금 흘러 우연히 한 신부가 지주의 집을 찾아왔습니다. 지주는 신부와 함께 식사하며 도둑의 왕에 대한 이야기를 들려주었지요. 그러자 신부는 지주를 놀리기 시작했습니다.

"하하하, 저라면 절대 그런 녀석에게 속아 넘어가지 않았을 텐데 말이죠."

"당신도 조심하시오. 언제 도둑의 왕이 당신을 찾아갈지 모르니까."

신부는 자신이 도둑의 왕에게 속을 리가 없다며 끝까지 지주를 놀려댔습니다.

그날 오후 늦은 시간, 도둑의 왕은 지주를 찾아가 약속한 대로 딸을 달라고 했습니다. 하지만 지주는 한 가지 조건을 또 내걸었습니다.

"흠, 내 말을 한번 들어보게나. 사실 자네가 보여준 게 그다지 대단한 건 아니었다네. 자네 솜씨를 좀 더 보여주게나. 저기 앉아 있는 신부가 보이지? 자네 같은 도둑에게 속아 넘어갔다고 나를 계속 놀리는 중이네. 이번에는 저 신부에게 따끔한 맛을 보여주게."

"그거라면 뭐, 별로 어렵지도 않지요."

도둑의 왕은 곧 준비를 시작했습니다. 그는 먼저 새처럼 분장을 했습니다. 그러고는 몸 전체를 흰 천으로 감싸고 거위의 날개를 떼 자신의 등에 달았습니다. 그런 다음 신부의 집 정원에 있는 커다란 단풍나무 위로 올라갔습니다. 이윽고 저녁이 되어 신부가 집으로 돌아오자 도둑의 왕은 큰 소리로 외쳤습니다.

"로렌스 신부, 로렌스 신부!"

"거기 누구요?"

"나는 하느님이 보낸 천사요. 당신에게 살아 있는 채로 천국에 가는 방법을 알려주러 왔소. 월요일까지 여행을 떠날 준비를 마치시오. 그럼 내가 당신을 자루에 넣어 천국으로 데려갈 테니. 당신이 가진 금은보화와 값나가는 물건은 식당에 쌓아놓으시오."

로렌스 신부는 천사 앞에 무릎을 꿇고 감사를 드렸습니다. 바로 다음 날, 그는 신도들을 교회로 모아 작별 인사를 나누었습니다.

"어제 나의 정원에 있는 단풍나무 위로 천사가 내려왔다네. 나를 살아 있는 채로 천국에 데려가겠다고 했지. 나는 이제 하느님의 곁으로 가볼 테니 잘들 있게나."

신부의 감동적인 설교를 들은 사람들은 남녀노소 가리지 않고 눈물을 흘렸습니다.

드디어 월요일 밤이 되자 천사로 분장한 도둑의 왕이 나타났습니다. 신부는 자루 속으로 들어가기 전에 천사 앞에 무릎을 꿇고 감사 기도를 드렸습니다. 도둑의 왕은 신부를 자루에 넣은 뒤 나무 그루터기와 돌멩이가 가득한 곳으로 끌고 갔습니다. 신부는 자루 안에서 외쳤습니다.

"아이고, 천사님. 지금 어디로 가시는 겁니까?"

"우리는 지금 천국으로 향하는 좁은 길을 지나고 있소."

도둑의 왕은 쉬지 않고 돌멩이 밭 위로 자루를 끌고 다녔습니다. 신부의 뼈가 으스러질 정도였지요. 얼마 지나지 않아 그는 신부가 든 자루를 지주의 거위 우리에 던져버렸습니다. 거위들은 일제히 달려들어 자루를 쪼아대기 시작했지요. 신부는 거의 죽을 지경이 되었습니다. 도둑의 왕은 낮은 목소리로 말했습니다.

"지금 당신은 연옥(죽은 사람의 영혼이 천국에 들어가기 전에 남은 죄를 씻기 위해 단련받는 곳—편집자)의 불로 단련을 받는 것이오. 영생을 얻으려면 정화의 시간이 꼭 필요하기 때문이지."

말을 마친 도둑의 왕은 신부가 식당에 쌓아둔 보물을 모두 챙겨 떠나버렸습니다.

다음 날 아침, 거위를 풀어놓으려 우리에 온 거위 치기 소녀가 신부의 울음소리를 들었습니다.

"어머나, 세상에! 거기 누구세요? 왜 그러고 계세요?"

"아! 당신이 진짜 하늘에서 온 천사라면 저를 다시 지상으로 보내주세요. 이곳은 지옥보다 더 끔찍하네요. 작은 마귀들이 자꾸 저를 쪼아댄답니다."

소녀는 신부가 자루에서 나오도록 거들어주며 말했습니다.

"맙소사! 저는 천사가 아니에요. 지주님의 거위를 돌보는 거위 치기일뿐이죠. 거위들이 신부님을 그렇게 쪼아댔다니, 작은 마귀 소리를 들을 만도 하네요."

"아, 이럴 수가! 이게 전부 도둑의 왕, 그자의 소행이었구나. 아, 내 금은보화와 옷을 몽땅 잃어버렸구나!"

신부는 가슴을 치며 울더니 곧 다리를 절뚝거리며 집으로 돌아갔습니다. 소녀는 신부의 정신이 이상해졌다고 생각했지요.

한편 신부가 도둑의 왕에게 당했다는 이야기를 들은 지주는 옆구리가 터질 정도로 웃어댔습니다. 그러나 도둑의 왕이 나타나 약속대로 딸을 달라고 하자 또 약속을 미뤘습니다.

"자네가 해야 할 일이 하나 더 남았다네. 내 마구간에는 말 12필이 있네. 내가 12명의 마부를 구해 말 위에 한 명씩 올라타 있도록 하겠네. 만약 자네가 마부들에게서 말 12필을 모두 훔쳐

낸다면 이번엔 정말 마땅한 보상을 하겠네."

"좋습니다. 그 정도는 껌입니다. 이번에 성공하면 틀림없이 따님을 제게 주시는 겁니까?"

"그럼. 자네가 이 일마저 해낸다면 나도 약속을 지키도록 최선을 다하겠네."

대화가 끝난 뒤, 도둑의 왕은 가게로 가서 호주머니에 들어갈 정도의 작은 술 두 병을 샀습니다. 그중 한 병에는 수면제를 넣었지요. 그런 다음 사람 11명을 구해 돈을 주고 오늘 밤에 지주의 마구간 뒤에서 기다리고 있으라고 했습니다. 마지막으로 지나가던 노파에게서 상당한 돈을 주고 누더기와 다 해진 외투를 빌렸습니다.

날이 점점 저물자 도둑의 왕은 누더기를 걸치고 손에는 지팡이를 들고 등에는 봇짐을 멘 뒤 절름거리며 지주의 마구간으로 걸어갔습니다. 도둑의 왕이 마구간에 막 도착했을 때 마부들은 말에게 물을 먹이느라 정신없었지요. 마부 중 한 사람이 노파로 변장한 도둑의 왕을 보고 외쳤습니다.

"여긴 뭐하러 왔소?"

"에취! 에구, 날씨가 너무 춥구려."

노파는 얼굴을 찡그리며 몹시 떨었습니다.

"에취! 에고, 추워라. 이런 날 나 같은 늙은이는 얼어 죽기 십상이지."

마부는 인상을 찌푸리며 대답했습니다.

"어서 썩 꺼지지 못해요? 지주가 할멈을 보기라도 하면 바로 우리를 닦달해댈 거요."

그러자 다른 마부가 노파를 동정하며 말했습니다.

"에이, 뼈만 앙상한 할머니잖소. 저런 할머니가 무슨 해를 끼친다고. 할머니, 이리 들어오세요!"

마부들은 노파를 들여도 된다는 사람들과 들이면 안 된다는 사람들로 나뉘어 의견이 분분했습니다. 마부들이 말을 돌보며 다투는 동안 노파는 조금씩 마구간 안으로 기어들더니 어느덧 문 뒤까지 들어와 앉았습니다. 노파가 자리를 잡자 더 이상 아무도 그녀를 신경 쓰지 않았습니다.

밤이 점점 깊어지자 마부들은 추위에 떨기 시작했습니다. 마부 중 한 사람이 팔을 비비며 말했습니다.

"에취! 젠장, 날씨 한번 되게 춥네."

다른 사람이 맞장구를 쳤습니다.

"그러게 말이야. 너무 추워 이가 다 딱딱거리네."

"누구 껌 가진 사람 없어?"

"껌이 있긴 한데 딱 하나뿐일세."

마부들은 껌 하나를 공평하게 나누어 씹기 시작했습니다. 처음에는 조금 덜 추운 것 같더니 금세 도로 추워졌습니다.

마부들은 재채기를 하며 와들와들 떨었습니다. 구석에 있던 노파도 이를 딱딱 부딪히며 덜덜 떨었지요. 노파는 떨리는 손으로 술병을 꺼냈습니다. 그러고는 술을 한 모금 마셨지요. 술은 노파의 목을 타고 꼴깍 넘어갔습니다. '꼴깍' 소리를 들은 마부가 물었습니다.

"이봐요, 할머니. 그 병에 든 게 뭐요?"

"술이라네."

술이라는 소리를 듣자마자 마부들은 마구잡이로 외쳤습니다.

"술이라고요? 나도 한 모금만 줘요!"

노파는 안타까워하는 표정으로 대답했습니다.

"에구, 그런데 양이 얼마 안 되는데. 겨우 입술도 축이지 못할 거야."

마부들은 그거라도 좋다며 서로 마시겠다고 야단을 부렸습니다. 도둑의 왕은 수면제가 든 술병을 꺼내 첫 번째 마부에게 주었습니다. 마부는 한 모금을 들이키더니 다음 사람에게 술병을 건넸습니다. 마부 12명이 차례대로 술을 마셨지요. 마지막 마부가 술병에서 입을 떼자 제일 먼저 술을 마셨던 마부가 코를 골기 시작했습니다. 머지 않아 나머지 마부들도 모두 깊은 잠에 빠졌지요.

도둑의 왕은 누더기를 벗어 던지고 마부들을 조심스럽게 말에서 내려 마구간 사이의 대들보 위에 차례로 걸쳐놓았습니다. 그러고는 밖에서 기다리고 있던 사람 11명을 불러 말 12필을 끌고 도망쳤습니다.

다음 날 아침, 지주는 눈을 뜨자마자 마구간으로 달려갔습니다. 그곳에서는 진풍경이 펼쳐지고 있었지요. 몇 사람은 대들보가 말이라도 되는 양 열심히 박차를 가하고 있었고, 몇 사람은 바닥으로 떨어졌고, 나머지 사람들은 여전히 대들보에 매달려 멍청한 표정을 짓고 있었습니다. 지주는 몹시 화가 나 고래고래 소리를 질렀습니다.

"아하, 이런! 누가 다녀갔는지 알 만하군. 이 멍청한 놈들아! 너희들은 머저리같이 가만히 앉아만 있었던 게냐? 도둑의 왕이 너희들 다리 사이로 말을 훔쳐 가는 동안 무엇을 했냔 말이다!"

마부들은 가죽 채찍으로 흠씬 두들겨 맞았습니다. 말을 잘 지키지 못했다는 죄로 말이지요.

얼마 뒤 도둑의 왕이 다시 지주를 찾아왔습니다.

"지주님께서 시키신 모든 일을 다 처리했습니다. 이제 약속하신 대로 딸을 제게 주시지요."

그러나 지주는 도둑의 왕의 손에 100달러를 쥐어주며 아직 할 일이 더 남아 있다고 했습니다.

"흠, 지금까지 자네가 성공한 일에 대한 보상으로 100달러를 주지. 그런데 말이야. 혹시 내가 타고 있는 말도 훔칠 수 있나?

"그야 물론이죠. 따님만 주신다면 못 할 게 없죠."

"알겠네. 이번엔 꼭 약속을 지키지."

지주는 도둑의 왕에게 말을 타고 갈 장소와 날짜를 알려주었습니다. 도둑의 왕은 늙고 말라비틀어진 노새 한 마리를 구해 일을 시작했습니다. 먼저 실버들로 새끼를 엮어 노새에 맬 끈을 만들었습니다. 그러고는 다 낡아 금방이라도 쓰러질 듯한 마차와 커다란 통 하나를 샀지요. 그런 다음 거지 노파에게 10달러를 주며 말했습니다.

"저기, 할아버지. 10달러를 드릴 테니 제 부탁 하나만 들어주세요. 이 통 안에 들어가서 마개 쪽으로 입을 벌리고 계시면 됩니다. 할아버지께는 아무런 해도 없을 거예요. 제가 손가락을 통에 넣었다 뺄 때마다 10달러씩 더 드릴게요."

노파가 그러겠다고 답하자 도둑의 왕은 다시 누더기를 걸치고 가발을 쓰고 턱에 염소의 수염을 붙였습니다. 변장을 마친 그는 지주가 있는 공터로 향했습니다. 아무도 그를 알아보지 못했지요.

공터에 도착한 도둑의 왕은 굼벵이처럼 아주 느리게 걸어갔습니다. 마치 제자리에서 맴도는 것처럼 보였지요. 지주는 그가 도둑의 왕이라고는 전혀 생각하지 못했습니다.

마침내 지주가 말을 달려 변장한 도둑의 왕 앞에 멈춰서더니 물었습니다.

"혹시 근처 숲속에 누가 숨어 있는 걸 못 봤소?"

"네, 개미 새끼 한 마리도 못 봤습니다."

"지금 내가 하는 말을 잘 듣게나. 자네가 만일 숲속 어딘가에 숨어 있는 사람을 찾아내면 지금 내가 타고 있는 이 말을 주겠네. 아, 고마움의 표시로 1실링을 더 주지."

"글쎄, 제가 할 수 있을지 모르겠습니다. 저는 지금 이 통을 결혼식에 가져가야 하거든요. 이 안에는 벌꿀 술이 들었는데요. 제가 읍내에서 오다가 그만 마개를 잃어버리는 바람에 이렇게 손가락으로 입구를 막고 가는 중이었답니다."

"아, 그거라면 걱정 말고 다녀오게. 내가 자네의 노새와 술통을 지키고 있을 테니."

"그렇게만 해주신다면 제가 기꺼이 다녀오겠습니다. 제가 손가락을 뺄 테니 바로 손가락을 넣으세요. 제가 돌아올 때까지 절대로 손가락을 빼시면 안 됩니다."

지주는 말에서 내려 통의 입구에 손가락을 끼운 채 한참을 제자리에 서 있었습니다. 그는 점점 지쳐가더니 결국 손가락을 빼고 말았습니다.

그때 통 안에 있던 노파가 입구에 입을 대고 외쳤습니다.

"히히, 10달러 더 벌었다!"

노파의 말소리는 통 안에서 크게 울려 마치 천둥소리같이 들렸습니다. 무시무시한 소리를 듣고 겁에 질린 지주는 부리나케 도망가버렸습니다. 물론 말은 그대로 내버려두고 말이지요.

"땅이 무너지는 소리다! 아이고 무서워!"

지주는 얼마 못 가 새 말을 데려온 하인들을 만났습니다. 도둑의 왕이 이미 지주의 집에 들러 새 말을 데려가라고 시켰기 때문이지요. 다음 날, 도둑의 왕은 지주가 버리고 간 말을 끌고 지주의 집을 찾아가 말했습니다.

"이번에도 지주님께서 시키신 일을 잘 해냈습니다. 이제 약속대로 따님을 제게 주시지요."

"아이, 그러지 말고 딱 한 번만 더 실력을 발휘해보는 게 어떻겠나? 저번 일에 대한 대가로는 200달러를 주겠네. 어떤가?"

"무슨 일이든 말씀만 하십시오. 전 어떤 일이든 해낼 자신이 있습니다."

"좋아. 그럼 나의 침대 시트와 나의 아내가 밤에 걸치고 자는 잠옷 가운을 훔칠 수 있겠나? 이 일까지 성공한다면 정말로 내 딸을 주겠네."

"따님만 주신다면 못할 일이 없습니다."

밤이 이슥해지자 도둑의 왕은 교수형을 당한 도둑의 시체를 어깨에 걸머지더니 지주의 집으로 걸어갔습니다. 그러고는 지주의 침실 창밖에 긴 사다리를 세우더니 그 위로 기어올라가 도둑 시체를 창 위로 올렸다 내렸다 했습니다. 마치 사람이 집을 몰래 엿보는 것처럼 말이지요. 창밖의 움직임을 눈치챈 지주는 아내의 옆구리를 쿡쿡 찌르며 속삭였습니다.

"저런, 도둑의 왕! 여보, 드디어 그놈이 왔소. 내 이번 기회에 아예 저놈을 없애버려야지"

지주는 침대 맡에 둔 총을 집어 들었습니다. 그러자 아내가 말했습니다.

"아니, 여보! 그러지 마세요. 그냥 안으로 들어오라고 해요. 말로 타이르면 되죠."

"말도 안 되는 소리! 난 저놈을 쏴버리고 말 거요."

지주는 창밖을 노려보며 총을 겨누었고 시체의 머리에 '탕!'

하고 총을 쏘았습니다. 총을 맞은 도둑의 시체는 '쿵!' 하며 땅으로 떨어졌고 도둑의 왕은 잽싸게 사다리를 타고 내려왔습니다.

도둑의 시체가 바닥에 떨어지는 소리를 들은 지주는 신이 나서 말했습니다.

"하하하, 역시 난 이 지방의 멋진 치안관이야. 흠, 만약 시체를 구경하려는 사람들이 몰려온다면 골치 아프겠지? 아무래도 내가 직접 시체를 묻어야겠어."

그러자 아내가 대답했습니다.

"당신 좋을 대로 하세요."

지주는 곧바로 아래층으로 내려가 밖으로 나갔습니다. 한편 지주가 시체를 처리하러 나간 사이에 도둑의 왕은 지주의 집 안으로 몰래 들어가 그의 아내가 있는 방으로 갔습니다. 도둑의 왕을 남편으로 착각한 아내가 소리쳤습니다.

"아니, 여보! 벌써 돌아왔어요?"

도둑의 왕이 천연덕스럽게 대답했습니다.

"응. 지금 막 구덩이를 파 시체를 묻고 대충 흙을 덮어놓고 오는 길이야. 밤이라 깜깜해서 그 정도만 해놔도 눈에 띄지 않을 거야. 나중에 손을 더 보지 뭐. 여보, 나 손을 좀 씻어야겠어. 시체의 피가 손에 흥건하게 묻었네. 피 좀 닦아내게 침대 시트 좀 주구려."

지주의 아내는 침대 시트를 주었습니다. 그러자 도둑의 왕은 또다시 말했습니다.

"여보, 이걸로는 부족해. 미안하지만 당신 잠옷 가운도 좀 벗어주게나."

지주의 아내는 걸치고 있던 잠옷 가운도 벗어주었습니다. 도둑의 왕은 침대 시트와 잠옷 가운을 챙긴 뒤 말했습니다.

"아, 여보. 내가 문을 잠그지 않고 올라왔소. 아래층에 다시 다녀오겠소."

도둑의 왕은 그대로 도망쳤고 얼마 지나지 않아 진짜 지주가 방 안으로 들어왔습니다. 아내는 지주에게 물었습니다.

"아니, 당신. 문 잠그고 오는 게 왜 그리 오래 걸려요? 침대 시트와 제 잠옷 가운은 어쨌고요?"

지주는 황당한 표정으로 물었습니다.

"당신, 무슨 말을 하는 거야?"

"당신도 참! 아까 손에 묻은 피를 닦는다고 침대 시트와 제 잠옷을 가져갔잖아요."

"이런, 망할 놈 같으니라고! 도둑의 왕이 또 왔다 갔군! 이번에도 날 감쪽같이 속였잖아!"

다음 날, 도둑의 왕은 지주를 찾아와 딸을 달라고 말했습니다. 더 이상 할 말이 없었던 지주는 딸을 내주는 수밖에 없었습니다. 덤으로 돈까지 듬뿍 얹어서 말이지요. 사실 지주는 도둑의 왕이 자신의 눈을 뽑아 갈까 봐, 사람들이 약속을 지키지 않았다고 욕할까 봐 무척 겁이 났답니다.

이후 도둑의 왕은 행복하게 잘 살았습니다. 그가 계속 도둑질을 하며 살았는지는 알 수 없지만, 아마 그렇게 살았다 하더라도 재미 삼아 했을 게 분명합니다!

19

THE THREE PRINCESS IN THE BLUE MOUNTAIN

푸른 산의 세 공주

제 복은 귀신도 못 물어간다

옛날 옛적, 어느 나라에 왕과 왕비가 살았습니다. 두 사람에겐 오랫동안 자식이 없었습니다. 왕과 왕비는 아이가 없다는 사실에 늘 속상해 단 한순간도 행복하지 않았습니다.

어느 날 왕이 궁전 테라스에 서서 온통 자신의 것인 광대한 초원을 내려다보았습니다. 하지만 아무런 기쁨도 느끼지 못했습니다. 자신이 죽고 나면 땅이 어찌 될지 알 수 없었기 때문이지요. 깊은 생각에 잠긴 채 가만히 서 있는데 한 거지 노파가 나타났습니다.

"안녕하세요? 혹시 한 푼만 좀 주실 수 있을까요? 흠, 그런데 폐하의 얼굴이 몹시 슬퍼 보입니다. 무슨 일로 그리 상심해 계십니까?"

"나를 도울 수 있는 방법이 전혀 없는데 말해봐야 무엇하겠느냐? 됐다."

"꼭 그렇지는 않을 거예요. 행운만 따라준다면 아쉬울 것이 없답니다. 보아 하니 왕께서는 왕관과 왕국을 물려줄 상속자가 없어 고민하시는 것 같은데요. 그 문제라면 슬퍼하지 않으셔도 된답니다. 왕비께서 곧 딸을 낳으실 테니까요. 단, 공주님이 모두 15살이 될 때까지는 절대 궁궐 밖으로 내보내지 마세요. 절대로 못 나가게 해야 합니다. 그러지 않으면 눈보라가 나타나 공주님들을 데려갈 테니까요."

이윽고 왕비는 정말로 예쁜 딸을 낳았습니다. 한 해가 지나자 둘째 공주가 태어났고 바로 다음 해에 막내딸을 얻었습니다. 왕과 왕비의 기쁨은 이루 헤아릴 수가 없었습니다. 두 사람은 공주들이 궁궐 밖으로 나가지 못하도록 보초를 세워 왕궁의 문을 단단히 지켰지요.

공주들은 아주 아름답고 멋지게 성장했습니다. 어느 하나 부족한 것 없이 잘 자랐지요. 그들의 유일한 슬픔이라고는 밖으로 나가 다른 아이들과 놀 수 없다는 것이었습니다. 부모님께 아무리 조르고 애원해도, 보초에게 애절하게 간청해도 전혀 소용이 없었습니다. 세 공주 모두 15살이 되기 전까지는 밖으로 나갈 수 없다는 말만 되돌아왔지요.

그러던 어느 날 막내 공주의 15번째 생일을 며칠 남겨두고 왕과 왕비가 잠시 왕궁을 비웠습니다. 공주들은 창가에 앉아 밖을 내다보고 있었지요. 태양이 빛나자 밖에 있는 모든 것이 너무나도 싱그러운 초록빛으로 물들었습니다. 공주들에겐 바깥세상의 모든 것이 아름다워 보였지요. 그때 세 공주가 갑자기 일어나더니 보초를 찾아갔습니다. 그러고는 자신들을 정원으로 내보내달라고 졸랐지요. 무슨 일이 생기더라도 무조건 밖으로 나가야겠다며 계속 매달렸습니다.

"밖이 얼마나 따뜻하고 상쾌한지 직접 보세요! 이렇게 좋은 날 눈보라가 몰아칠 리 없잖아요!"

보초가 보기에도 눈이 내릴 날씨는 아니었기 때문에 하는 수 없이 공주들의 외출을 허락해주었습니다.

"그렇게 나가고 싶다면 저와 함께 아주 잠시만 다녀와요. 제가 공주님들을 지킬게요."

정원으로 들어간 공주들은 이리저리 달리며 아름다운 꽃과 푸른 잎을 잔뜩 따서 품에 한가득 채웠습니다. 얼마 지나지 않아 다시 왕궁으로 걸음을 옮기던 공주들은 정원 반대편 끝에 있는 탐스러운 장미 한 송이를 발견했습니다. 장미는 지금까지 주워 모은 꽃보다 몇 배는 더 예뻤지요. 공주들은 장미를 꺾으려고 조심스레 다가가 몸을 구부렸습니다. 그런데 그 순간 갑자기 커다란 눈보라가 나타나더니 공주들을 낚아채 사라져버렸습니다.

세 공주를 잃은 나라는 깊은 슬픔에 잠겼습니다. 왕은 누구든지 공주들을 구하는 자에게는 왕국의 절반과 왕관을 물려주고

장미 쪽으로 몸을 구부리는 세 공주

원하는 공주와 결혼시켜주겠다고 선포했습니다. 이윽고 신분과 상관없이 방방곡곡에서 많은 사람이 몰려왔습니다. 왕국의 절반에다 공주까지 덤으로 준다는데 마다할 사람이 있을 리 없었지요. 하지만 안타깝게도 공주를 찾았다거나 그들로부터 어떤 소식을 가져온 사람은 아무도 없었습니다. 나라의 높은 벼슬을 차지하고 있는 사람마저 모두 허탕을 쳤지요.

그러던 어느 날 한 장교와 부관이 왕궁을 찾아와 자신들의 행운을 시험해보겠다고 했습니다. 왕은 두 사람에게 금과 은을 내주며 여정이 성공으로 끝나길 기원했습니다.

한편 궁전에서 조금 떨어진 곳에 놓인 작은 오두막에는 어머니와 함께 사는 한 병사가 있었습니다. 어느 날 병사는 공주들을 찾으려고 애쓰는 꿈을 꾸었는데 잠에서 깨어난 후에도 그 장면이 아주 생생했습니다. 그는 어머니에게 꿈 이야기를 들려주었습니다. 어머니는 곧바로 대답했지요.

"아무래도 네가 마법에 걸린 모양이구나. 혹시라도 사흘 밤 내내 같은 꿈을 꾼다면 마법이 아닐 테니 일단 기다려보는 게 좋겠다."

청년은 다음 날도, 그다음 날도 똑같은 꿈을 꾸었습니다. 그는 세 공주를 구하러 가야겠다는 생각이 들었습니다. 청년은 몸을 깨끗하게 씻은 뒤 군복을 걸치고 궁전의 부엌으로 들어갔습니다. 하지만 하필 그날은 장교와 부관이 공주를 구하러 출발한 날이었습니다. 왕은 병사에게 말했습니다.

"집으로 돌아가는 게 좋겠다. 감히 말하는데 공주들은 네가 찾지 못할 곳에 있다. 게다가 오늘은 장비에 돈을 많이 써버려 남은 것이 하나도 없구나. 다른 날에 오거라."

"오늘 가야만 합니다. 돈은 바라지 않습니다. 그저 물을 가득 채운 물병과, 고기와 베이컨을 가득 채운 봇짐 하나면 됩니다."

"원하는 것이 그것뿐이라면 줄 수 있다. 봇짐과 물병을 내줄 테니 공주들을 꼭 좀 구해다오."

봇짐과 물병을 건네받은 병사는 곧장 출발했습니다. 그는 출발한 지 얼마 되지 않아 장교와 부관을 따라잡았습니다. 장교는 군복을 걸친 병사를 보고 물었습니다.

"어딜 가는 건가?"

"공주님들을 찾으러 가는 중입니다."

"우리도 세 공주를 찾으러 가는 길이라네. 자네와 우리의 볼일이 같으니 함께 가는 게 어떻겠나? 우리가 공주를 찾지 못한다면 자네 역시 찾지 못할 거 같으니까."

"네, 그렇게 하지요."

두 사람과 한참을 걷던 병사는 갑자기 큰길을 벗어나 숲속으로 들어갔습니다. 그러자 장교가 물었습니다.

"어디로 가려는 건가? 큰길을 따라가는 게 좋을 텐데."

"네, 그럴지도 모르지요. 하지만 저는 이 길로 가겠습니다."

병사가 계속 숲속으로 들어가자 장교와 부관도 발걸음을 돌려 그를 따라갔습니다. 그들은 황무지를 가로지르고 좁은 골짜기를 지나 멀리멀리 나아갔지요.

드디어 주위가 점점 밝아지더니 세 사람은 숲에서 완전히 벗어났습니다. 이윽고 기다란 다리에 다다랐는데 그곳에는 커다란 곰이 떡 버티고 서 있었습니다. 곰은 몸을 일으키더니 마치 세 사람을 잡아먹기라도 할 것처럼 그들을 향해 걸어왔습니다. 겁에 질린 장교가 말했습니다.

"이제 어쩌면 좋지?"

병사는 아무렇지도 않은 표정으로 대답했습니다.

"사람들 말로는 곰이 고기를 무척 좋아한다고 하더군요."

병사는 봇짐에서 고기를 꺼내 네 조각으로 잘랐습니다. 그리고 한 조각을 곰에게 던져 주었지요. 덕분에 세 사람은 무사히 다리를 건널 수 있었습니다. 하지만 다리의 맞은편 끝에 이르자 사자 한 마리가 턱을 쫙 벌린 채 다가오고 있었습니다. 장교는 또다시 겁에 질려 말했습니다.

"산 채로는 사자를 지나칠 수 없을 테니 이쯤에서 돌아가는 게 좋겠어."

병사는 여유로운 태도로 대답했습니다.

"제 생각에는 그렇게 위험할 거 같진 않습니다. 사자가 베이컨을 무척 좋아한다고 하더라고요. 제 봇짐 안에는 돼지고기가 많아서 괜찮습니다."

병사가 고깃덩어리를 던지자 사자는 빠르게 달려들어 뜯어 먹기 시작했습니다. 세 사람은 무사히 사자의 곁을 통과할 수 있었지요.

저녁이 되자 병사와 장교와 부관은 멋진 저택에 도착했습니다. 호사스러운 방이 끝없이 이어져 있었고 어디를 가나 모든 것이 휘황찬란하게 번쩍거렸습니다.

장교와 부관은 허기를 달래기 위해 가진 돈으로 먹을 것을 사려 했습니다. 하지만 저택 안에는 사람은커녕 개미 새끼 한 마리도 찾아볼 수 없었습니다. 결국 병사가 봇짐을 풀어 음식을 내놓았지요. 장교와 부관은 청년이 내준 음식을 허겁지겁 먹어치웠습니다. 자존심을 내세우며 체면을 차릴 상황이 아니었지요.

다음 날 장교와 병사는 밖으로 나가 요깃거리를 사냥해 오겠다고 했습니다. 부관은 집에 남아 병사의 봇짐에 있던 나머지 재료로 음식을 만들기 시작했지요. 얼마 지나지 않아, 장교와 병사는 토끼와 새를 잔뜩 잡아 저택으로 돌아왔습니다. 그런데 문간에 도착하고 보니 부관이 문을 열지도 못할 정도로 끔찍한 상태가 되어 바닥에 쓰러져 있었습니다. 장교는 어찌 된 영문인지 물었습니다.

"아니, 자네 이게 어떻게 된 일인가?"

"장교님, 두 분께서 사냥을 하러 나가자마자 수염이 길고 키가 작은 남자가 목발을 짚고 나타났습니다. 한 푼만 달라며 애처롭게 굴길래 제가 동전을 건네주었지요. 그런데 갑자기 그 남자가 동전을 바닥에 떨어뜨리더니 자신은 몸이 뻣뻣하게 굳어 집을 수 없다고 말하는 게 아닙니까."

부관은 계속 말을 이어갔습니다.

"노인을 가엾이 여겨 동전을 주워주려고 몸을 구부렸더니 갑자기 노인이 변했습니다. 그의 몸은 뻣뻣하게 굳어 더 이상 쓰지 못하는 상태가 아니었지요. 그가 목발을 집어 들더니 저를 두들겨 패기 시작했습니다. 제가 일어날 수 없을 정도로 사정없이 팼지요."

"부끄러운 줄 알아라! 왕의 사령관이라는 자가 늙은 절름발이에게 흠씬 두들겨 맞고는 그걸 사람들에게 떠벌리다니! 흥, 내일은 내가 집에 남아 있겠다. 그 노인네를 내가 한번 봐야겠어."

다음 날 아침이 되자 부관과 병사는 사냥을 하러 나갔습니다. 장교는 집에 남아 요리와 집안일을 했지요. 잠시 후 한 노인이 장교에게 구걸하며 다가왔습니다. 장교가 동전을 주자 노인은 그것을 떨어뜨렸고 장교에게 동전을 찾을 수 있게 도와달라고 했습니다. 장교가 동전을 주우려고 몸을 구부리자마자 절름발이 노인은 목발을 들어 장교를 마구 팼습니다. 그는 장교가 일어나려고 할 때마다 세게 후려쳐 다시 무릎을 꿇게 했지요. 장교나 부관이나 별다를 게 없었습니다. 저녁이 되어 돌아온 부관과 병사는 인사불성이 되어 쓰러져 있는 장교를 발견했습니다.

사흘 째 되던 날, 장교와 부관이 사냥을 나가고 병사가 집에 남기로 했습니다. 장교는 병사에게 몸조심하라고 일렀습니다.

"이보게, 정말 조심해야 하네. 그 늙은 자가 자네를 해치우려 할 거야."

"걱정 마세요. 그런 늙은 절름발이에게 내줄 만큼 목숨이 많지 않으니까요."

장교와 부관이 사냥을 하러 떠나기 무섭게 전날의 노인이 나타나 한 푼만 달라고 했습니다.

"젊은이, 나에게 한 푼만 좀 주게나. 부탁이네."

"나는 돈이 한 푼도 없소. 다만 준비되는 대로 먹을 것을 좀 주겠소. 하지만 음식을 하려면 먼저 숲에 가서 나무를 해 와야 하오. 같이 갑시다."

"이 늙은이는 그런 건 할 줄 모릅니다."

"할 줄 모른다면 배워야지. 내가 가르쳐주겠소. 나를 따라오시오. 저기 장작이 있는 헛간으로 갑시다."

헛간에 이른 청년은 무거운 통나무를 꺼내 와 나무에 틈을 냈습니다. 그러고는 틈이 깊어질 때까지 쐐기(물건의 틈에 박아서 사이를 벌리는 데 쓰는 기구—편집자)를 박아 넣었지요.

"자, 이제 누워서 나무의 틈을 잘 지켜보시오. 그러면 나무를 어떻게 쪼개는지 금방 알게 될 테니. 그동안 도끼 사용법을 가르쳐주겠소."

노인은 그다지 영리한 편이 아니었습니다. 그는 청년이 말한 대로 가만히 누워 착실하게 통나무를 지켜보았지요. 가만히 기다리다가 나무 틈 사이로 노인의 수염이 들어간 것을 본 병사는 곧바로 쐐기를 내리쳤습니다. 틈새가 쐐기로 채워지면서 노인의 수염이 꽉 박히고 말았지요. 병사는 도끼 자루로 노인을 때리기 시작하더니 급기야 도끼를 머리 주위로 휘두르며 공주들이 어디에 있는지 불지 않으면 두개골을 두 쪽으로 가르겠다고 협박했습니다.

"살려주세요. 다 말할 테니 목숨만 살려주세요! 집의 동쪽을 보면 커다란 언덕이 있습니다. 언덕 꼭대기의 뗏장(흙이 붙어 있는 상태로 뿌리째 떠낸 잔디의 조각—편집자)을 네모나게 파내면 커다란 석판이 보입니다. 석판 아래에는 깊은 구멍이 있는데 그곳으로 내려가면 다른 세상이 나옵니다. 바로 그 세상에 공주들이 있습니다. 하지만 다른 세상으로 가는 길은 몹시 길고 어두운데다 불과 물을 지나야 합니다."

모든 사실을 알아낸 병사는 노인을 풀어주었습니다. 절름발이 늙은이는 줄행랑을 쳤지요.

한편 집으로 돌아온 장교와 부관은 멀쩡히 살아 있는 병사를 보고 깜짝 놀랐습니다. 병사는 무슨 일이 있었는지 차근차근 말해주었고 공주들이 어디에 있는지, 어떻게 하면 찾을 수 있는지도 알려주었습니다. 그들은 이미 공주를 되찾기라도 한 것처럼 아주 기뻐했습니다.

세 사람은 바구니 하나와 눈에 띄는 밧줄을 모두 긁어모은 뒤 언덕으로 출발했습니다. 그들은 언덕 꼭대기에 이르자마자 노인이 말해준 대로 뗏장을 파냈습니다. 바로 아래에는 정말로 커다란 석판이 있었지요. 세 사람은 힘을 한데 모아 간신히 석판을 뒤집었습니다. 그러고는 구멍의 깊이가 얼마나 되는지 재기 시작했지요. 밧줄을 두세 개 정도 연결했지만 바닥에 닿을 기미가 보이지 않았습니다. 하는 수 없이 챙겨 온 밧줄을 모두 연결했더니 그제야 바닥에 닿았습니다.

장교는 자신이 먼저 아래로 내려가보겠다고 말했습니다.

"내가 먼저 내려가겠네. 내가 밧줄을 잡아당기면 지체하지 말고 나를 끌어 올리게."

장교는 밧줄에 매달려 내려가면서 혼자 중얼거렸습니다.

"내려가는 길이 몹시 어둡고 불쾌하군. 그래도 여기서 더 나빠지지만 않으면 계속 내려갈 수 있겠는데?"

그런데 갑자기 귓전에서 얼음처럼 차가운 물이 솟아오르는 느낌이 들었습니다. 목숨을 잃을까 두려워진 장교는 급하게 줄을 당기기 시작했습니다.

다음 차례는 부관이었지만 특별히 더 나을 것은 없었습니다. 흐르는 물을 통과하기가 무섭게 활활 타오르는 불길을 보자마자 줄을 당겨 올라왔기 때문이지요.

마지막으로 병사는 바구니 안에 들어가 물길과 불길을 지나 바닥까지 내려갔습니다. 바닥은 칠흑같이 어두워 자신의 손 말고는 아무것도 보이지 않았습니다. 청년은 바구니를 돌려보낼 엄두가 나지 않아 주변을 빙글빙글 돌며 무엇이 있는지 더듬어보았습니다.

마침내 저 멀리서 희미한 빛 한 줄기를 발견한 청년은 곧장 그쪽으로 나아갔습니다. 가면 갈수록 빛이 커지더니 곧 황금빛 태양이 떠올랐습니다. 마치 동화 나라에 있기라도 한 것처럼 주위가 밝고 아름다워졌지요.

길을 걷던 병사는 제일 먼저 가축들을 만났습니다. 어찌나 살집이 통통하게 올랐는지 가죽이 반질반질 윤이 났지요. 그들을 지나쳐 더 걸어가니 웅장하고 멋진 궁전이 나타났습니다. 청년은 궁전에 들어가 많은 방을 이리저리 어슬렁거렸지만 아무도 만날 수 없었습니다.

그러던 중 어디선가 물레 돌아가는 소리가 들려왔습니다. 청년이 빠르게 소리가 나는 방을 찾아 들어갔더니 첫째 공주가 앉아 구리 실을 잣고 있었습니다. 방 안의 모든 것이 밝게 빛나는 구리로 만들어져 있었지요. 병사를 본 공주가 외쳤습니다.

"오, 안 돼요! 하늘의 가호가 있기를! 기독교도가 이곳에서 뭘 하고 계신 거죠? 무슨 용건이 있으신지요?"

"공주님을 구하러 왔습니다."

"이곳에 있으면 안 돼요. 트롤이 당신을 보면 당장 죽이려 들 거예요. 머리가 셋이나 달린 데다 무척 포악하거든요."

"머리가 넷 달려 있더라도 상관없습니다. 저는 이곳을 떠나지 않을 겁니다."

"고집이 센 분이시군요. 정 그렇다면 제가 당신에게 도움이 될 수 있을지 알아볼게요. 일단 저 연회장에 세워둔 커다란 발효 통 뒤로 몸을 숨기세요. 제가 트롤의 머리를 긁어 재워볼게요. 트롤이 잠들면 제가 밖으로 나가 암탉을 부를 테니 그때 서둘러 안으로 들어오세요. 아, 일단 저기 식탁에 있는 칼을 한번 휘둘러보세요."

칼은 너무 무거워 병사가 제대로 건드릴 수조차 없었습니다. 그 모습을 본 공주가 말했습니다.

"저 문 뒤에 걸려 있는 뿔로 만든 약병이 보이세요? 병 안에 힘이 세지는 약이 들어 있어요. 어서 그걸 마셔보세요."

청년은 약을 한 모금 들이켰습니다. 그러자 겨우 칼을 움직일 수 있을 정도가 되었습니다. 또 한 모금 마시자 이제는 칼을 들어 올릴 수 있게 되었습니다. 마지막으로 남은 약을 크게 들이켜니 아주 가볍게 칼을 휘두를 수 있게 되었습니다.

바로 그때 별안간 트롤이 집으로 들이닥쳤습니다. 트롤은 온 궁전이 흔들릴 정도로 육중한 발걸음을 옮기며 말했습니다.

"킁킁! 내 집에서 그리스도인의 살과 피 냄새가 나는데."

공주가 재빨리 대답했습니다.

"그럴 거예요. 지금 막 갈까마귀 한 마리가 사람 뼈를 물고 지나가다가 굴뚝에 떨어뜨렸거든요. 제가 바로 던져버리고 굴뚝 위까지 쓸고 닦아냈는데 아직 냄새가 가시지 않았나 봐요."

"그랬군."

"이제 이리 와 누우세요. 머리를 긁어줄게요. 잠에서 깰 때쯤이면 냄새가 다 가셨을 거예요."

트롤은 기꺼이 공주에게 가서 누웠고 얼마 지나지 않아 코를 골기 시작했습니다. 트롤이 깊이 잠든 것을 확인한 공주는 트롤

깊이 잠든 트롤의 세 머리

의 머리에 의자와 쿠션을 받쳐놓고는 밖으로 나가 암탉을 불렀습니다. 그 소리를 들은 병사는 칼을 가지고 몰래 방으로 들어가 트롤의 세 머리를 단칼에 베어버렸습니다. 공주는 기뻐서 깡충 깡충 뛰었고 청년을 동생이 있는 방으로 데려갔습니다. 두 사람은 마당을 가로질러 기다란 방을 지나 커다란 문 앞에 이르렀지요. 공주가 청년을 바라보며 말했습니다.

"이곳에 제 동생이 있어요. 제 동생도 꼭 구해주세요."

병사가 문을 여니 방은 온통 은으로 만들어져 있었습니다. 그곳에는 은으로 만들어진 물레를 돌리는 둘째 공주가 있었지요. 공주는 병사를 보고는 놀라서 물었습니다.

"오, 대체 이곳에는 무슨 일로 오신 거죠?"

"공주님을 트롤에게서 구해드리려고 왔습니다."

"안 돼요. 어서 여기서 나가셔야 합니다. 트롤 눈에 띄었다가는 바로 죽고 말 거예요."

"그럴 일은 없을 겁니다. 제가 먼저 그 녀석을 해치울 거니까요."

"좋아요. 정 그렇다면 저 앞쪽 연회장에 있는 큰 발효 통 뒤에 숨으세요. 제가 암탉을 부르는 소리가 들리거든 서둘러 안으로 들어오시고요. 당신이 저 식탁 위에 있는 트롤의 칼을 사용할 수 있다면 좋을 텐데 말이죠…."

병사는 식탁 위에 놓인 칼을 들어 올리려 했지만 꿈쩍도 하지 않았습니다. 하지만 전처럼 뿔로 만든 약병에 든 힘이 세지는 약을 세 모금 들이마시자 칼을 들어 올릴 수 있게 되었습니다. 남은 세 모금을 마저 마시고 나니 밀방망이 휘두르듯 트롤의 칼을 가볍게 휘두를 수 있게 되었지요.

잠시 후 매우 끔찍한 으르렁 소리가 나더니 곧이어 머리가 여섯 달린 트롤이 집으로 들이닥쳤습니다. 트롤은 코를 문 안으로 들이밀며 말했습니다.

"킁킁! 내 집에서 기독교도의 살과 피 냄새가 나는데."

둘째 공주는 재빨리 대답했습니다.

"네, 그럴 거예요. 갈까마귀 한 마리가 사람의 허벅지 뼈를 물고 가다가 굴뚝에 떨어뜨렸거든요. 제가 바로 뼈를 내다버렸는데 글쎄, 갈까마귀가 다시 가져왔지 뭐예요? 하는 수 없이 다시 치우고 서둘러 방을 청소했는데 아직 냄새가 다 가시지 않았나 봐요."

"그래. 아직도 냄새가 많이 나는군."

피곤했던 트롤은 공주의 무릎에 머리를 뉘였고 공주는 트롤의 여섯 머리가 모두 곯아떨어질 때까지 열심히 머리를 긁어주었습니다. 그러고는 암탉을 부르러 갔지요. 암탉을 부르는 소리를 듣자마자 재빠르게 들어온 병사는 양배추 줄기를 내려치듯 트롤의 여섯 머리를 전부 베어버렸습니다.

둘째 공주도 언니 못지않게 기뻐했습니다. 덩실덩실 춤도 추고 노래도 불렀지요. 하지만 한창 기뻐하던 두 공주는 막냇동생을 떠올렸습니다. 그들은 병사를 셋째 공주의 방으로 안내했지요. 세 사람은 마당을 가로질러 아주아주 많은 방을 지나 금으로 된 커다란 방에 이르렀습니다.

방문을 열자 황금 물레 앞에 앉아 황금 실을 잣고 있는 막내 공주가 보였습니다. 방은 천장부터 바닥까지 눈이 상할 정도로 반짝거렸지요. 병사를 발견한 막내 공주는 화들짝 놀랐습니다.

"아이고 맙소사! 이곳에는 무슨 일로 오셨나요? 어서 가세요. 안 그러면 트롤이 당신과 나 둘 다 죽일 거예요."

"하나나 둘이나 매한가지죠."

"안 된다니까요. 어서 도망쳐요. 제발요."

"저는 공주님을 구하러 왔습니다. 제 걱정은 하지 마세요."

"아, 그렇다면 저 앞 식탁에 놓인 칼을 한번 휘둘러보세요."

이번 칼은 전의 칼보다도 훨씬 크고 무거웠습니다. 병사가 아무리 애를 써도 겨우 살짝 움직일 뿐이었지요. 병사는 벽에 걸려 있던 약병을 가져와 약을 세 모금 마셨습니다. 그러자 칼을 약간 움직일 수 있었습니다. 다음으로 세 모금을 더 마시자 칼을 들어 올릴 수 있었고, 마지막으로 세 모금을 마시자 깃털처럼 가볍게 칼을 휘두를 수 있었습니다. 막내 공주는 언니들과 똑같이 병사에게 할 일을 일러주었습니다.

"제가 트롤의 머리를 긁어 재울게요. 조금 이따가 제가 암탉을 부르는 소리가 들리면 그때 들어와 트롤의 머리를 베어버리세요."

그때 갑자기 벽과 지붕이 흔들리고 우레와 같은 소리가 들려왔습니다. 머리가 아홉 달린 트롤이 나타나 아홉 개의 코를 벌렁거리며 말했지요.

"킁킁! 내 집에서 기독교도의 살과 피 냄새가 나는데."

"그럴 거예요. 방금 전에 갈까마귀 한 마리가 이곳을 지나다가 사람의 뼈를 굴뚝에 떨어뜨렸어요. 바로 치웠는데 갈까마귀가 몇 번이고 다시 가져와 떨어뜨리더라고요. 어쩔 수 없이 그 뼈를 먼 곳에 묻어버리곤 방을 깨끗하게 청소했는데 아직 냄새가 남아 있는 것 같네요."

"그래. 아직도 냄새가 많이 나는군."

"이리 와서 제 무릎에 누우세요. 머리를 긁어드릴게요. 잠에서 깰 때쯤이면 냄새가 다 가실 거예요."

트롤은 공주의 무릎에 눕더니 곧 코를 골며 곤히 잠들었습니다. 공주는 의자와 쿠션을 가져와 트롤의 머리 아래에 받치고는 암탉을 부르러 나갔습니다. 이번에도 역시 병사는 공주의 소리를 듣자마자 신발을 벗고 살금살금 방으로 들어와 트롤의 머리를 내리쳤습니다. 단칼에 머리 여덟 개가 떨어졌지요. 그러나 칼의 길이가 모자란 탓에 마지막 아홉 번째 머리가 잘리지 않았습니다. 잠에서 깬 하나의 머리가 으르렁거리기 시작했지요.

"킁킁! 기독교도의 냄새가 난다!"

"그래, 네가 찾는 기독교도가 바로 여기 있다!"

병사는 트롤이 일어나 자신을 잡기 전에 하나 남은 머리를 칼로 힘껏 내리쳤습니다. 결국 마지막 머리도 바닥으로 굴러떨어졌지요.

더 이상 트롤의 머리를 긁어주지 않아도 되니, 공주들이 얼마나 기뻐했을지 상상이 가지요? 세 공주는 자신을 구해준 병사의 은혜를 어떻게 갚아야 할지 몰랐습니다. 막내 공주는 자신의 반지를 빼 병사의 머리카락에 매듭을 지어 묶어주었습니다. 그러고는 각자 들 수 있을 만큼의 금과 은을 챙겨 집으로 출발했지요.

원래 세상으로 돌아가려면 청년이 타고 내려온 바구니를 다시 타고 올라가야 했습니다. 청년은 공주를 한 사람씩 태워 줄을 당겼습니다. 장교와 부관은 차례대로 바구니를 끌어 올렸지요. 세 공주가 무사히 위로 올라간 뒤, 병사는 갑자기 고민에 빠졌습니다. 그는 장교와 부관을 그리 신뢰하지 않았기 때문이지요. 병사는 그들을 믿어도 될지 확인해보려고 무거운 금덩어리를 바구니에 넣어 줄을 당겼습니다. 아니나 다를까 바구니가 중간쯤 올라가자 장교와 부관은 밧줄을 잘라버렸습니다. 그 바람에 바닥에 떨어진 금덩어리는 산산조각 났지요.

병사를 해치웠다고 생각한 장교와 부관은 곧바로 공주들을 협박하기 시작했습니다.

"이제 저 병사는 죽었어요. 왕께서 만약 당신들을 구해준 사람이 누구냐고 물으면 우리라고 대답하세요. 안 그러면 셋 다 죽여버릴 테니까요."

공주들은 두 사람의 말을 따를 수밖에 없었습니다. 장교와 부관이 정말 싫긴 했지만 아무리 그래도 목숨을 잃을 수는 없는 노릇이었지요.

차례대로 바구니를 타려는 세 공주

장교와 부관이 공주들을 데리고 왕의 나라에 도착하자 궁전에 있는 모든 사람이 기뻐했습니다. 왕은 너무 기뻐 어느 다리로서 있어야 할지 모를 지경이었지요. 그는 술 창고에서 가장 좋은 포도주를 내오게 해 두 사령관을 환대했습니다. 한 치의 소홀함도 없이 두 사람을 대접했지요. 장교와 부관은 온종일 잘난 체하는 수탉처럼 뻐기고 다녔습니다. 그도 그럴 것이 두 사람은 곧 왕의 사위가 될 예정이었으니까요. 사람들은 그들이 마음에 드는 공주를 선택해 아내로 맞이하고 왕국의 절반을 받게 될 것을 알고 있었습니다.

한편 두 사람 모두 결혼 상대로 막내 공주를 원했습니다. 그러나 막내 공주는 철저히 그들의 청을 무시했습니다. 아무리 매달리고 협박해도 소용없었지요.

그러자 장교와 부관은 왕에게 막내 공주를 감시할 사람 12명을 붙여달라고 했습니다. 오랫동안 트롤이 사는 산에 갇혀 지내 슬픔과 우울감이 가득한 상태이므로 무슨 짓을 저지를지 모른다는 핑계를 댔지요. 왕은 두 사람의 청을 들어 막내 공주에게 경비병을 붙였습니다. 그러고는 공주를 잘 살피고 어디든지 꼭 따라다니라고 명령했습니다.

이윽고 두 공주의 결혼식 날이 되었습니다. 이제껏 본 적 없는 성대한 결혼식이 준비되어 있었지요. 하인들은 끝없이 술을 빚고 빵을 굽고 고기를 손질했습니다.

그사이 땅 아래 다른 세상에 있던 병사는 이곳저곳을 돌아다녔습니다. 그는 며칠 동안 온갖 서랍과 장을 열어보고 선반 구석 구석을 뒤지며 쓸 만한 것이 있는지 찾아보았습니다. 마침내 그는 탁자에 놓인 서랍을 발견했는데 열어보니 황금 열쇠가 들어 있었습니다. 하지만 열쇠와 맞는 자물쇠가 없었습니다. 실망한 청년은 막막한 마음에 고개를 푹 숙였습니다. 그때 침대 머리맡에서 낡은 호루라기를 발견했습니다. 병사는 호루라기를 한번 불어보았지요. 그러자 온 사방에서 퍼드덕거리는 소리가 들려왔습니다. 이윽고 커다란 새 떼가 몰려오더니 들판 위를 새까맣게 물들였습니다. 새들이 병사에게 물었습니다.

"주인님, 오늘은 무엇을 해드릴까요?"

"어떻게 하면 땅 위로 올라갈 수 있는지 아느냐?"

"아, 땅 위로 올라가는 방법은 저희도 모르는데요. 하지만 아직 어머니가 도착하지 않았습니다. 어머니가 오시면 그때 물어보시죠. 만약 어머니마저 모른다면 아무도 모를 겁니다."

병사는 다시 한번 호루라기를 불었습니다. 그러자 잠시 후 멀리서 퍼덕거리는 소리와 함께 거대한 광풍이 불었습니다. 바람이 어찌나 강하게 불던지 병사도 멀리 휩쓸려 날아갈뻔했습니다. 바람이 멎자 어마어마하게 큰 독수리 한 마리가 병사 앞에 앉았습니다.

"아주 격렬하게도 나타나는구나."

"호루라기를 부시기에 급히 왔지요."

"혹시 지금 있는 이 세상에서 벗어날 수 있는 방법을 알고 있

호루라기를 불자 몰려오는 커다란 새 떼

느냐?"

"날지 못한다면 이곳에서 벗어날 방법은 없습니다. 하지만 병사님께서 저를 위해 황소 12마리를 잡아주신다면 제가 도와드리겠습니다. 황소를 잡을 칼은 가지고 계신가요?"

"아니, 대신 긴 칼은 가지고 있다. 조금만 기다리거라. 내가 금방 황소를 잡아다 주마."

병사는 곧바로 황소 12마리를 잡아 독수리에게 건넸습니다. 독수리는 순식간에 황소를 다 먹어치우고는 말했습니다.

"음, 제가 날아가면서 먹을 황소도 필요해요. 혹시 몇 마리만 더 잡아주실 수 있을까요?"

병사는 황소를 잡아 커다란 자루 두 개에 나누어 담은 뒤 자루를 독수리 목에 걸어주었습니다. 그러고 나서 그는 독수리 날개 사이에 앉았습니다. 독수리는 날개를 퍼덕거리기 시작하더니 바람처럼 허공을 가르며 날아갔습니다. 어느 정도 날아가던 독수리는 병사에게 말했습니다.

"제가 입을 벌릴 때마다 빠르게 제 입속으로 고기를 던져주세요. 안 그러면 당신을 저 위까지 데려다드리지 못할지도 몰라요."

병사는 떨어지지 않기 위해 독수리를 단단히 움켜잡으면서도 독수리가 입을 벌릴 때마다 고깃덩어리를 던져주어야 했습니다. 여간 힘든 일이 아니었지요.

동이 틀 무렵이 되자 독수리는 거의 탈진 직전이었습니다. 병사는 마지막으로 남은 고깃덩어리를 꺼내 독수리에게 던져주었습니다. 고기를 먹고 다시 힘을 낸 독수리는 놀라운 속도로 날아 병사를 궁전 근처에 내려주었습니다. 독수리는 다시 집으로 돌아가면서 말했습니다.

"언제라도 제가 필요해지면 호루라기를 부세요. 그럼 바로 나타날 테니!"

그사이 궁전에서는 결혼식 날이 바짝 다가왔습니다. 두 공주역시 막내 공주처럼 전혀 행복하지 않았지요. 단 하루도 슬퍼하며 훌쩍이지 않는 날이 없었고 결혼할 날이 다가올수록 슬픔은점점 깊어졌습니다.

슬퍼하는 공주들을 본 왕은 무슨 일인지 물었습니다.

"트롤에게서 벗어나 결혼까지 하게 되었는데 어찌 그리 슬퍼보이는 게냐? 왜 즐겁고 행복해하지 않는 거지?"

첫째 공주는 무슨 대답이라도 해야 한다는 생각에 대충 둘러댔습니다.

"푸른 산에서 가지고 놀던 장기판이 그리워서요. 그 장기판만있다면 정말 행복할 거예요."

왕은 그 정도쯤은 충분히 해결해줄 수 있다고 생각했습니다. 곧바로 그는 뛰어나고 영리한 대장장이들에게 공주들을 위한 장기판을 만들라는 전갈을 보냈지요. 하지만 많은 대장장이가 갖은 노력을 해봐도 공주들이 원하는 장기판을 만들 수는 없었습니다.

한편 유일하게 궁전에 찾아오지 않은 늙고 허약한 대장장이가 있었는데, 그는 몇 년 동안 변변치 못한 일거리로 근근이 입에 풀칠만 하고 살던 터였습니다.

마침 병사는 그 노인을 찾아가 일을 가르쳐달라고 하던 중이었습니다. 오랫동안 제자가 없었던 노인은 몹시 기뻐하며 병사와 함께 술을 마셨지요. 노인이 거나하게 취하자 병사는 그를 설득했습니다.

"선생님, 세 공주를 위한 장기판을 만들겠다고 하세요. 선생님이라면 충분히 하실 수 있습니다."

"나의 소중한 제자의 뜻이 그렇다면 내가 한번 도전해봐야지. 한창때는 훨씬 더 근사하고 웅장한 것도 만들었거든."

노인은 곧장 궁전을 찾아가 장기판을 만들 수 있다고 말했습니다. 왕은 그를 불러 물었습니다.

"자네가 내 딸들이 원하는 장기판을 만들 수 있다고 말했다던데, 사실인가?"

"네, 그렇습니다. 거짓이 아닙니다."

"그거 잘됐군! 여기 장기판을 만들 황금이 있다. 만약 자네가 성공하지 못하면 목숨을 부지할 수 없을 것이다. 제 발로 찾아와 제안했으니 사흘 안에 끝내야 할 것이다."

다음 날 아침 숙취에서 깨어나 제정신이 든 대장장이는 자신이 그 일을 할 수 있을지 자신하지 못했습니다. 한참을 통곡하다가 제자를 나무랐지요.

"내가 취한 틈을 타 나를 곤경에 빠뜨리다니. 고얀 놈! 아, 이제 목숨을 부지할 희망이 없으니 차라리 스스로 세상을 저버리는 게 낫겠구나."

"그런 이유로 속 끓이지 마세요. 제가 기한 내에 장기판을 만들어드릴 테니 제게 황금을 주세요. 혼자 일할 수 있는 작업실도 마련해주시고요."

대장장이는 병사에게 황금과 작업실을 내주었고, 병사는 고맙다고 인사했습니다. 하지만 병사는 아무것도 하지 않고 빈둥거리기만 했습니다. 대장장이는 투덜거리기 시작했지요.

"왜 일을 시작하지 않는 거지? 아까운 시간이 흘러가는데 말이다!"

"걱정 마세요. 아직 시간이 충분하니까요!"

다음 날도 똑같은 상황이 이어졌습니다. 마지막 날까지도 하루 온종일 병사의 방에서 망치나 끌 소리가 들리지 않자 노인은 완전히 포기할 수밖에 없었습니다. 더 이상 목숨을 부지하려고 노력할 필요도 없겠다고 생각했지요.

그날 밤 병사는 창문을 열고 호루라기를 불었습니다. 그러자 독수리가 나타나 무엇을 원하느냐고 물었지요.

"공주들이 푸른 산에 있었을 때 가지고 놀았던 황금 장기판을 가져다다오. 저기 건초 다락에 황소 두 마리를 준비해두었다. 고기를 먼저 먹고 다녀오는 게 좋겠다."

황소를 다 먹어치운 독수리는 지체하지 않고 떠났습니다. 그러곤 해가 뜨기도 전에 장기판을 가지고 돌아왔지요. 병사는 침대 아래에 장기판을 숨겨놓고 잠자리에 들었습니다. 그런데 갑자기 대장장이가 방문을 두드렸습니다.

"일어나게."

"또 무슨 일로 그러십니까? 낮에 실컷 방해하지 않았습니까? 잠자리에 들려는데 이렇게 시끄럽게 하시다니요. 이런 식이면 대체 누가 당신의 제자가 되려고 하겠습니까?"

하지만 대장장이는 계속해서 방으로 들어오려고 했습니다. 기필코 방에 들어온 그는 장기판을 보았습니다. 더 이상은 우는 소리를 하지 않았지요. 대장장이가 장기판을 보여주자 세 공주는 몹시 기뻐했습니다. 특히 막내 공주가 가장 행복해했지요.

"당신이 직접 만드셨나요?"

"아니요. 사실대로 말씀드리자면 저의 제자가 만들었습니다."

"그 제자를 만나보고 싶네요."

대장장이는 병사를 데려왔고 막내 공주는 단번에 그를 알아보았습니다. 그녀는 다른 군인들을 옆으로 밀치더니 그에게로 달려가 손을 잡으며 말했습니다.

"잘 지내셨나요? 당신이 우리를 위해 해준 그 모든 것에 거듭 감사드려요."

막내 공주는 아버지를 바라보더니 말을 이었습니다.

"푸른 산의 트롤로부터 저희를 구해준 분은 바로 이 사람이랍니다. 전 이 사람과 결혼하겠어요!"

공주는 병사의 모자를 벗기더니 자신이 그의 머리에 묶어두었던 반지를 사람들에게 보여주었습니다. 장교와 부관의 악행은 낱낱이 밝혀졌고 두 사람은 사형을 당했습니다. 병사는 황금 왕관과 왕국의 절반과 막내 공주를 얻었지요.

결혼식에 온 사람들은 오랫동안 먹고 마시며 잔치를 벌였습니다. 공주를 찾아내지 못한 사람들도 함께 어울려 잔치를 즐길 수 있었지요. 아마 아직까지도 먹고 마시며 즐기고 있지 않을까요?

THE REASON WHY THE SEA WATER IS SALTY

바닷물이 짠 이유

닭 쫓던 개 지붕 쳐다본다

옛날 옛적에 어떤 형제가 살고 있었습니다. 형제 중에 형은 몹시 부유했지만 동생은 몹시 가난했습니다.

성탄절 전날, 가난한 동생의 집에는 빵 부스러기 하나조차 없었습니다. 결국 그는 음식을 얻으러 형을 찾아갔지요. 형은 동생의 얼굴을 보자마자 짜증을 냈습니다. 동생이 도와달라고 자신을 찾아온 것이 처음이 아니었기 때문이지요.

"너 또 왔냐? 그래, 좋다. 만약 내가 시키는 대로 하면 베이컨 덩어리 하나를 통째로 주마."

"네, 형님. 먹을 것만 주신다면 시키는 대로 다 하겠습니다."

"자, 여기 베이컨 덩어리다. 이거 가지고 어서 지옥으로 꺼져

버려라!"

"알겠습니다. 약속을 했으니 지키겠습니다."

동생은 베이컨을 들고 지옥을 향해 떠났습니다. 하루 종일 걸은 동생은 해가 어스름해질 때쯤 밝은 빛이 흘러나오는 곳에 이르렀지요. 그는 혼자 중얼거렸습니다.

"음, 여기가 지옥인 거 같은데."

동생은 곧장 밝은 빛이 흘러나오는 쪽으로 발길을 옮겼습니다. 이윽고 헛간 하나가 보였습니다. 그곳에는 허연 수염이 기다랗게 난 노인이 성탄절에 쓸 나무를 베고 있었습니다.

"할아버지, 안녕하세요?"

"아, 젊은이. 이렇게 늦은 시간에 어딜 가는 겐가?"

"네, 저는 지금 지옥에 가는 중이에요. 길만 제대로 들어섰다면요."

"자네는 길을 잘 들었네. 저곳이 바로 지옥이라네. 지옥에서는 고기가 귀하기 때문에 모든 악마가 자네가 들고 있는 베이컨을 사고 싶어 난리가 날 걸세. 하지만 명심하게나. 문 뒤에 있는 맷돌을 얻기 전까진 아무에게도 베이컨을 팔지 말게. 자네가 지옥에서 나오면 내가 맷돌을 어떻게 사용하는지 가르쳐주지. 그 맷돌은 말이지, 온갖 것을 다 만들어주는 신기한 맷돌이라네."

"감사합니다, 어르신."

동생은 노인이 알려준 방향으로 걸어가 지옥의 문을 힘차게 두드렸습니다.

지옥 안으로 들어서자 모든 것이 노인의 말대로 이루어졌습니다. 크고 작은 악마들이 개미 떼처럼 달라붙더니 베이컨을 차지하기 위해 비싼 값을 불러댔지요. 동생은 단호하게 소리쳤습니다.

"조용히 좀 하세요! 이 베이컨은 성탄절 저녁에 저희 집사람과 함께 먹으려고 했습니다. 하지만 여러분이 이렇게나 간절히 원하시니 팔겠습니다. 단, 저 문 뒤에 있는 맷돌을 주기 전까진 아무에게도 팔지 않을 겁니다."

악마들은 그의 흥정을 받아들이지 않았습니다. 차라리 다른 것을 가져가는 게 어떻겠느냐며 한참을 졸랐지요. 하지만 동생은 고집을 꺾지 않았습니다. 결국 악마들은 맷돌을 내주고 베이컨을 얻었습니다.

맷돌을 들고 지옥 밖으로 나온 동생은 노인에게 맷돌 사용법을 물었습니다. 노인은 친절하게 사용법을 알려주었고, 동생은 감사의 인사를 전한 뒤 집으로 돌아갔습니다. 집 앞에 도착하니 성탄절 전날 밤 12시를 알리는 시계 소리가 울리고 있었습니다. 동생의 아내는 그를 맞이하며 물었습니다.

"아니, 당신 도대체 어디 다녀오는 길이에요? 크리스마스 수프 옆에 놓을 초도 하나 없이 몇 시간이나 기다렸잖아요."

"아, 어디 먼 곳을 좀 다녀오느라고. 자, 이것 좀 봐. 내가 뭘 가져왔는지 봐봐!"

동생은 식탁 위에 맷돌을 올려놓더니 촛불을 나오게 했습니다. 다음으로는 식탁보, 고기, 맥주 등 성탄절 파티를 위해 필요한 물건을 차례대로 나오게 했습니다. 동생이 맷돌에 대고 말만 하면 맷돌은 그가 원하는 것을 척척 내주었습니다. 아내는 갑자기 얻게 된 횡재에 기분이 좋아 어쩔 줄 몰랐습니다.

"아니, 이게 무슨 일이에요? 이토록 신기한 맷돌을 어디서 얻어 왔어요?"

"어디서 얻었는지는 중요하지 않아. 이렇게 좋은 맷돌이 우리 손안에 있잖아. 이거면 충분하지. 안 그래?"

맷돌을 가져온 지 사흘째 되던 날, 동생은 모든 친지와 친척을 집으로 초대해 진수성찬을 베풀었습니다. 한편 식탁에 차려진 산해진미와 창고에 비축된 어마어마한 음식을 본 형은 배가 아팠습니다. 가난했던 동생이 부자가 된 것을 이상하게 여기며 사람들에게 속닥댔지요.

"거참, 이상하군. 성탄절 전날 밤만 해도 아주 곤궁하던 녀석이 갑자기 성찬을 베풀다니, 뭔가 이상하지 않습니까?"

그러고는 곧바로 동생을 추궁했습니다.

"너 바른대로 말해라. 도대체 이것들이 다 어디서 난 거냐?"

맷돌의 비밀을 숨기고 싶었던 동생은 눈을 이리저리 굴리며 대답했습니다.

"그야 문 뒤에서 나왔지요."

하지만 얼마 지나지 않아 거나하게 취한 동생은 맷돌을 보여 주며 말했습니다.

"이게 바로 저를 부자로 만들어준 맷돌이랍니다."

그러더니 맷돌로 온갖 종류의 물건을 다 만들어냈습니다. 형은 맷돌이 몹시 탐나 온갖 감언이설로 동생을 꾀었습니다. 결국 동생은 맷돌 값으로 300달러를 요구하며 가을 수확기에 넘겨주겠다고 약속했습니다.

가을 수확기가 오기 전까지 동생은 부지런히 물건을 만들어냈습니다. 맷돌에 녹이 슬 틈이 없었지요. 이윽고 수확기가 되자 맷돌은 부자 형 차지가 되었습니다. 다만 동생은 형에게 제대로 된 맷돌 사용법을 알려주지 않았습니다.

밤이 되어서야 맷돌과 함께 집에 도착한 형은 다음 날 아침이 되자마자 아내에게 말했습니다.

"내가 집에서 식사를 준비할 테니, 당신은 밭에 나가 일꾼들 좀 감시하시오."

식사 시간이 가까워지자 형은 부엌 식탁에 맷돌을 올려놓고 말했습니다.

"청어와 수프를 준비해라. 어서 빨리 맛있게 만들어라!"

그러자 맷돌은 청어 요리와 수프를 만들었습니다. 처음엔 접시를 채우고 그다음엔 커다란 냄비를 채우더니 점점 부엌 바닥으로 흘러넘치기 시작했습니다. 당황한 형은 맷돌을 멈추려고 이리저리 만지고 비틀어보았지만 멈출 기미가 전혀 보이지 않았습니다.

수프 속에 빠져 죽을 지경이 된 형은 부엌 문을 열고 복도로 뛰쳐나갔습니다. 그러나 복도도 곧 수프로 가득 찼습니다. 생명의 위협을 느낀 형은 현관문을 열고 밖으로 도망쳤습니다. 한편 밖에서 열심히 일하고 있던 아내는 식사 시간이 한참 지났는데도 남편에게서 연락이 없자 일꾼들에게 말했습니다.

"이 양반이 왜 부르러 안 오지? 우리가 내려가는 게 좋겠어요. 아무래도 수프 끓이는 게 어려운가 보네요. 내가 가서 도와야겠어요."

아내와 일꾼들은 집을 향해 천천히 걸어갔습니다. 막 언덕을 내려가려는데 청어 요리와 수프와 빵이 큰 시내를 이뤄 맹렬히 흘러가고 있었습니다. 건너편에서 필사적으로 도망치던 부자 형은 아내 일행을 향해 소리쳤습니다.

"이것 좀 봐! 수백 명이 먹고도 남겠어! 조심해! 빠져 죽지 않도록 말이야!"

형은 황급히 동생을 찾아가 맷돌을 멈추게 해달라고 애원했습니다.

"맷돌을 멈추지 않으면 한 시간 안에 온 동네가 청어와 수프로 잠길 거야. 어서 맷돌을 좀 멈춰줘!"

"300달러를 주세요. 그럼 제가 맷돌을 도로 가져갈게요."

동생은 300달러와 함께 맷돌을 되찾을 수 있었습니다. 얼마 뒤 그는 맷돌을 사용해 해변 위에 근사한 집을 지었습니다. 그러고는 집의 안팎을 온통 금으로 도금했지요. 금이 무척이나 번쩍거려 바다 저 멀리에서도 집이 보일 정도였습니다. 금으로 도금

된 집과 신기한 맷돌의 명성은 꼬리에 꼬리를 물고 멀리 퍼져나 갔습니다.

그러던 어느 날, 어떤 선장이 맷돌을 보기 위해 배를 몰아 동생을 찾아왔습니다. 선장이 동생에게 물었습니다.

"혹시 이 맷돌이 소금도 만들어낼 수 있나요?"

"소금이요? 물론이죠. 이 맷돌은 못 만들어내는 게 없거든요."

선장은 한참을 곰곰이 생각했습니다.

'저 맷돌만 있다면 매번 소금을 실어나르러 폭풍이 몰아치는 바다를 항해하지 않아도 돼. 값이 얼마가 되더라도 꼭 가지고 싶군.'

처음에 동생은 절대로 맷돌을 팔지 않으려 했습니다. 하지만 선장이 계속 간곡하게 애원하자 거액의 돈을 받고 맷돌을 팔았습니다. 맷돌을 손에 넣은 선장은 곧바로 떠났습니다. 혹여나 맷돌 주인이 마음을 바꾸기라도 할까 봐 사용법도 제대로 물어보지 않고 부리나케 출발했지요.

배가 어느 정도 나아가자 선장은 갑판 위에 맷돌을 꺼내놓고 말했습니다.

"소금을 만들어내라. 아주 빨리, 많이 만들어라!"

맷돌은 소금을 만들어내기 시작했고 곧 소금이 물처럼 쏟아져 나왔습니다. 소금이 배를 가득 채우자 선장은 맷돌을 멈추고 싶었습니다. 하지만 갖은 방법을 다 써봐도 소용이 없었습니다. 맷돌은 계속해서 소금을 쏟아냈고 소금은 산처럼 불어나 결국 배는 침몰하고 말았습니다. 바닷물이 짠 이유는 지금도 바닷속 깊이 가라앉은 맷돌에서 계속 소금이 쏟아지고 있기 때문이랍니다!

THE SKIN OF A SEAL

바다표범의 가죽

아닌 밤중에 홍두깨

옛날 옛적, 아이슬란드 동쪽에 있는 미달이라는 곳에 한 남자가 살았습니다. 어느 날 아침, 남자는 정처 없이 바닷가를 걷다가 한 동굴의 입구에 도착했습니다. 동굴 안에서는 유쾌하게 춤추고 노래하는 소리가 들려왔고 밖에는 바다표범의 가죽이 여기저기 널려 있었습니다. 남자는 재빠르게 가죽 하나를 훔쳐 집으로 돌아왔습니다. 그는 곧바로 가죽을 옷장에 넣은 뒤 아무도 열 수 없도록 옷장을 꽁꽁 잠가버렸습니다.

그날 오후, 남자가 다시 동굴 입구로 가보니 젊고 아름다운 아가씨가 완전히 발가벗은 채로 슬프게 울고 있었습니다. 그 아가씨는 아까 남자가 훔쳤던 바다표범 가죽의 주인이었지요. 남자는 아가씨에게 걸칠 옷을 주고 집으로 데려갔습니다. 아가씨는 남자와는 잘 지냈지만 다른 사람과는 영 어울리지 못했습니다. 그녀는 가끔 홀로 앉아 먼 바다를 응시하곤 했지요.

얼마 후 남자와 아가씨는 결혼식을 올렸고 아이들을 낳아 잘 살았습니다. 남자는 항상 바다표범의 가죽이 보관된 옷장을 꼭 잠가두었고 나갈 때마다 잊지 않고 열쇠를 챙겼습니다.

하지만 몇 년이 흐른 어느 날, 남자는 그만 열쇠 챙기는 것을 잊고 낚시를 하러 갔습니다. 열쇠는 베개 밑에 놓여 있었지요. 남자가 다시 집으로 돌아왔을 때 옷장 문은 활짝 열려 있었고 아내와 바다표범의 가죽은 모두 사라진 뒤였습니다. 옷장 열쇠를 손에 넣은 아내는 곧장 옷장을 열어 그 안에서 자신의 가죽을 발견했던 것이지요. 그녀는 유혹을 이기지 못하고 아이들에게 작별 인사를 남긴 뒤 가죽을 걸치고 바다로 뛰어들었습니다. 아내는 바다로 뛰어들기 전 이렇게 말했다고 합니다.

아, 슬프도다! 아, 슬프도다!
사랑스러운 내 아이들.
뭍에도 일곱, 바다에도 일곱이 있으니!

아내가 바다로 도망간 것을 알게 된 남편은 상심이 매우 컸습니다. 이후 남자가 바다로 낚시만 나가면 항상 바다표범 한 마리가 배 주위를 맴돌았습니다. 바다표범은 마치 눈물을 흘리는 것처럼 보였지요.

아내가 떠난 후 남자에게는 늘 행운이 따르는 것 같았습니다. 고기도 잘 잡혔고 때로 바닷가에 휩쓸려 온 귀중한 물건도 주웠기 때문이지요. 사람들은 때때로 남자의 아이들이 해변을 걸을 때 바다표범 한 마리가 물가에 나타나 해파리나 아름다운 조개를 던져주는 것을 보았습니다. 하지만 아이들의 어머니는 영원히 뭍으로 돌아오지 않았답니다.

THE THREE BILLY GOATS GRUFF

세 마리 숫염소 그러프

가는 날이 장날이다

옛날 옛적, 숫염소 세 마리가 살고 있었습니다. 공교롭게도 그들의 이름은 모두 '그러프'였지요. 어느 날 세 염소는 풀을 뜯기 위해 언덕으로 가고 있었습니다. 그들은 가는 도중에 시내 위에 놓인 다리를 건너게 되었는데, 다리 밑에는 눈이 쟁반만큼 크고 코는 쇠스랑만큼 길며 얼굴 자체가 흉측한 거인이 살고 있었습니다. 세 염소 중 가장 어린 그러프가 제일 먼저 다리를 건너게 되었습니다.

따각! 따각! 따각! 염소가 다리를 건너갑니다.

그 소리를 들은 거인이 으르렁거리며 고함을 쳤습니다.

"감히 내 다리 위를 지나가는 놈이 누구냐?"

그러자 그러프가 아주 작은 목소리로 대답했습니다.

"아, 저예요! 제일 작은 염소 그러프예요. 지금 언덕으로 풀을 뜯으러 가는 길이에요."

"그래? 그렇다면 네놈을 잡아먹어야겠군!"

"아, 제발 살려주세요. 전 보잘것없이 작은 염소인 걸요. 조금만 기다리시면 저보다 큰 두 번째 그러프가 다리를 건널 거예요."

"그래? 좋다, 그럼 넌 어서 가봐!"

잠시 후 두 번째 그러프가 다리를 건넜습니다.

또박! 또박! 또박! 염소가 다리를 건너갑니다.

거인은 또다시 소리를 질렀습니다.

"어떤 놈이냐? 내 다리 위로 시끄럽게 지나가는 놈이?"

두 번째 그러프는 첫 번째 그러프보다 조금 큰 목소리로 대답했습니다.

"아, 저예요! 두 번째 그러프예요. 저는 지금 풀을 뜯으러 언덕으로 가는 길이에요."

"그럼 난 네놈을 잡아먹어야겠군!"

"아니, 그러지 마시고 조금만 기다리세요! 곧 제일 큰 그러프가 나타날 거랍니다."

"흠, 그렇다면 넌 가도 좋다."

잠시 후 제일 큰 그러프가 나타났습니다.

투벅! 투벅! 투벅! 염소가 다리를 건너갑니다.

세 번째 그러프는 몸집이 아주 컸습니다. 다리가 그러프의 무게를 견디지 못하고 삐그덕댈 정도였지요. 삐그덕 소리를 들은 거인은 목청을 높여 화를 냈습니다.

"어느 놈이 감히 시끄러운 소리를 내며 내 다리 위를 지나가는 거냐?"

세 번째 그러프는 거친 목소리로 대답했습니다.

"나다! 바로 나, 제일 큰 그러프다!"

"네놈을 잡아먹겠다!"

"하! 그래, 어디 한번 와보시지! 창처럼 뾰족한 내 두 뿔로 네 놈의 눈알과 뒤통수를 한꺼번에 찔러줄 테니. 돌처럼 단단한 내 두 발로 네놈의 몸과 뼈를 짓밟아 가루로 만들어줄 테다."

제일 큰 염소 그러프는 말을 마치기 무섭게 거인에게 달려들 었습니다. 두 뿔로 거인의 눈을 찌르고 발굽으로 거인을 마구 짓 밟은 뒤 개천에 처넣고는 아무 일도 없었다는 듯 언덕으로 올라 갔지요. 그곳에서 어찌나 많은 풀을 뜯어 먹었던지, 세 마리 다 너무 배가 불러 집에 돌아가기가 힘겨울 정도였답니다. 배불리 먹은 세 염소는 아직도 통통하다고 합니다.

그리고 말이죠,

따각! 또박! 투벅! 이걸로 이 이야기는 끝이랍니다.

✦ 제3장 ✦

재미있는 이야기

"우리가 늪을 건널 용기를 내지 못하면
어떻게 햇빛을 찾겠어?"

무민 연작 소설 「작은 무민과 큰 홍수」

PRINCE LINDWORM

구렁이 왕자

호랑이에게 물려 가도 정신만 차리면 산다

옛날 옛적, 세상에서 가장 아름다운 왕비와 아주 멋지고 젊은 왕이 결혼해 살고 있었습니다. 두 사람은 남부러울 것 없이 행복했지만, 딱 하나 예외가 있었습니다. 바로 아이가 없다는 점이었지요. 왕비는 함께 놀 사랑스러운 아이를, 왕은 왕국을 물려줄 후계자를 원했습니다. 그들은 평소 즐겁게 지냈지만 종종 아이가 없다는 사실을 떠올리며 서운함을 느끼기도 했습니다.

어느 날 왕비는 홀로 산책을 나갔다가 못생긴 노파를 만났습니다. 노파는 꼭 마녀 같은 얼굴을 하고 있었는데, 심술궂기보다는 좋은 마녀 같았습니다. 노파는 왕비에게 말을 걸었습니다.

"아름다운 부인, 왜 그렇게 수심이 가득해 보이나요?"

"말해봤자 소용없어요. 아무도 날 도와줄 수 없을 테니까요."

"오, 그야 모르죠. 부인의 근심거리를 털어놔보세요. 어쩌면 제가 해결해드릴 수 있을지도 모르잖아요."

"할머니가 어떻게 저를 도울 수 있겠어요. 사실 왕과 제 사이에는 아이가 없답니다. 그래서 이토록 괴로워하고 있죠."

"음, 괴로워하실 필요 없어요. 제가 말하는 대로만 하신다면 문제는 금방 해결될 거랍니다. 잘 들어보세요. 오늘 밤 해가 지면 양쪽에 손잡이가 달린 작은 잔을 가지고 정원 북서쪽 모퉁이로 가세요. 그리고 잔의 바닥이 위를 향하게 땅에 놓으세요. 다음 날 아침 해가 뜨자마자 그 잔을 들어 올려보세요. 그러면 잔이 있던 자리에 붉은 장미와 흰 장미가 피어 있을 거예요. 왕비님이 붉은 장미를 먹으면 사내아이가 태어날 겁니다. 흰 장미를 먹으면 계집아이가 태어날 거고요. 하지만 절대 두 송이를 전부 먹어서는 안 됩니다. 꼭 한 송이만 먹어야 해요. 명심하세요!"

"아, 정말 듣던 중 반가운 소식이네요. 뭐라고 감사의 말을 전해야 할지."

왕비는 너무 고마운 마음에 자신의 손에서 금반지를 빼 노파에게 주려고 했습니다. 하지만 노파는 받지 않았습니다. 왕비는 곧장 집으로 돌아가 노파의 말대로 정원에 잔을 놓았습니다.

다음 날 아침, 왕비는 몰래 정원으로 나가 작은 잔을 들어 올렸습니다. 노파의 말을 믿으면서도 한편으로는 의심하고 있었던 왕비는 화들짝 놀랐습니다. 그곳에는 정말 붉은 장미와 흰 장미가 있었기 때문이지요. 하지만 기쁨도 잠시, 그녀는 어떤 꽃을 골라야 할지 깊은 고민에 빠졌습니다.

"붉은 장미를 선택하면 사내아이를 얻겠지. 그러면 그 아이는 자라서 전쟁에 나가 죽고 말 테야. 하지만 흰 장미를 선택한다면 계집아이를 얻겠지. 그 아이는 한동안은 집에서 자라겠지만 다 크고 나면 결혼해 우리 곁을 떠나고 말 거야. 아, 어떤 경우든 우리는 결국 둘만 남겨지겠구나."

오랜 고민 끝에 흰 장미를 먹은 왕비는 장미의 달콤한 맛에 홀려 노파의 경고를 까맣게 잊고 말았습니다. 결국 그녀는 붉은 장미까지 꼭꼭 씹어 먹어버렸지요.

이로부터 얼마 지나지 않아 왕은 출정을 위해 떠났습니다. 왕이 자리를 비운 동안 왕비는 쌍둥이를 낳았지요. 한 아이는 아주 사랑스러운 사내아이였고, 다른 한 아이는 구렁이였습니다. 구렁이는 태어나자마자 밖으로 꿈틀꿈틀 기어갔습니다. 왕비 말고는 아무도 구렁이를 보지 못했지요. 구렁이를 보고 끔찍한 두려움을 느낀 왕비는 꿈이었다고 생각하며 잊어버리려 했습니다. 하지만 이따금씩 떠오르는 구렁이를 완전히 잊을 수는 없었습니다.

한편, 아기 왕자는 몹시 잘생기고 건강했습니다. 왕비는 아기를 볼 때마다 환한 웃음을 지었지요. 전쟁을 마치고 돌아온 왕도 자신의 아들이자 후계자인 왕자를 보며 기쁨을 감추지 못했습니다.

세월이 흘러 어느덧 아기 왕자는 멋진 어른으로 자랐습니다. 왕자가 결혼 적령기에 들어서자 왕이 말했습니다.

"아들아, 흰 말 여섯 필과 마차를 준비해줄 테니 외국에 나가 네 배필로 어울릴 만한 공주를 찾아오거라."

왕자는 곧장 마차를 타고 길을 떠났습니다. 그러나 왕자는 첫 번째 갈림길에서 멈춰 설 수밖에 없었습니다. 길 한가운데에 아주 거대하고 징그러운 구렁이가 입을 쫙 벌리고 소리쳤기 때문이지요.

"네 신붓감을 구하기 전에 내 신붓감을 내놓아라!"

왕자는 급히 마차를 돌려 다른 길로 이동했습니다. 하지만 다른 갈림길에 다다르자 아까 봤던 구렁이가 똬리를 튼 채 외쳤습니다.

"네 신붓감을 구하기 전에 내 신붓감을 내놓아라!"

왕자는 하는 수 없이 성으로 되돌아가 왕비에게 사정을 이야기했습니다.

"어머니, 외국으로 가는 길에 커다란 구렁이 한 마리가 신붓감을 내놓으라며 호통을 치고 있었습니다. 더 이상 갈 수가 없어 되돌아왔어요."

"아들아, 사실 그 구렁이는 너와 함께 태어난 쌍둥이 형이란다. 구렁이가 먼저 태어났기 때문에 그 아이가 먼저 결혼하는 게 옳긴 하지. 하, 이걸 어쩐담."

왕자가 결혼을 하려면 구렁이의 신부를 찾아주는 방법밖에 없었습니다. 왕은 아들이 구렁이라는 사실을 밝히지 않고 결혼할 공주를 찾는다며 먼 나라에 편지를 썼습니다. 이윽고 한 공주가 도착했지요. 왕은 결혼식장에 들어가기 전까지 공주가 왕자의 얼굴을 보지 못하게 했습니다. 일단 결혼식을 올리고 나면 결혼을 취소하기 어려웠기 때문이지요. 하지만 결혼식 다음 날 아침, 먼 나라에서 온 공주가 사라져버리고 말았습니다. 구렁이는 홀로 자고 있었지요. 사람들은 구렁이가 공주를 먹어치웠다고 확신했습니다.

얼마 후 왕자는 다시 신붓감을 찾아 떠나기로 결심했습니다. 흰 말 여섯 필이 끄는 왕실 마차를 타고 곧장 출발했지요. 하지만 이번에도 첫 번째 갈림길에서 커다란 구렁이를 만났습니다.

"네 신붓감을 구하기 전에 내 신붓감을 내놓아라!"

왕자는 다른 길로 마차를 몰았지만 구렁이는 또다시 앞길을 막아섰습니다. 왕자는 이번에도 집으로 되돌아가야만 했지요. 왕은 아들 구렁이와 결혼할 사람을 찾기 위해 외국에 편지를 보냈습니다.

시간이 지나 아주아주 먼 곳에서 공주가 도착했습니다. 이 공주 역시 결혼식 날이 될 때까지 남편의 얼굴을 볼 수 없었습니다. 결혼식 당일에 자신의 남편이 구렁이라는 사실을 알게 되었지요. 그런데 또 이상한 일이 벌어졌습니다. 결혼식 다음 날 아침에 공주가 사라져버린 것이지요. 구렁이는 전처럼 혼자 잠들어 있었습니다. 이번에도 사람들은 구렁이가 공주를 먹어치운

게 분명하다고 이야기했습니다.

그럭저럭 시간을 보내고, 왕자는 다시 신붓감을 찾아 길을 나섰습니다. 하지만 구렁이는 여전히 왕자의 앞을 막아서며 자신의 신붓감을 먼저 찾아오라고 소리쳤습니다. 왕자는 곧장 성으로 돌아가 아버지에게 말했습니다.

"아버지, 형이 제 앞길을 또 막았습니다. 형을 위한 다른 신붓감을 찾으셔야 해요."

"아, 이젠 어디에서 신붓감을 찾아야 할지 모르겠구나. 나를 믿고 딸을 보내준 두 왕을 이미 적으로 만들었으니. 세 번째 신붓감은 어떻게 찾아야 할지, 아무것도 떠오르지 않는구나."

그러던 어느 날, 왕은 저 아래 숲 근처 작은 오두막을 찾아갔습니다. 그곳에는 왕의 양치기인 한 노인과 그의 외동딸이 살고 있었지요.

"내 아들 구렁이의 배필로 네 딸을 줄 수 있겠느냐? 그렇게 해준다면 네 여생을 풍족히 살게 해주겠다."

"안 됩니다, 폐하. 그럴 수는 없습니다. 그 아이는 제 유일한 피붙이인데다 제가 더 늙어 거동이 불편해지면 저를 돌봐주어야 합니다. 게다가 구렁이가 이미 아름다운 공주 둘을 잡아먹었다고 들었습니다. 제 딸도 한입에 꿀꺽 해치울 테지요. 제 아이는 그렇게 끔찍한 운명을 맞이하기에는 너무나도 착합니다."

그러나 왕은 양치기의 말을 들으려 하지 않았습니다. 결국 노인은 딸에게 말했지요.

"아가, 왕의 명령으로 너는 구렁이에게 시집을 가야만 한단다."

"그게 무슨 말씀이세요, 아버지. 그건 죽으라는 것과 다름없는 말이잖아요."

노인의 딸은 완전히 절망했습니다. 자신의 가혹한 운명에 몹시 슬퍼하며 숲속으로 걸어갔지요. 두 손을 움켜쥔 채 정처 없이 헤매고 있는데 속이 빈 커다란 참나무에서 나이 든 마녀가 나타나 물었습니다.

"예쁜 아가씨, 왜 그렇게 수심이 가득한 얼굴이지?"

양치기의 딸이 대답했습니다.

"말씀드려봤자 소용없어요. 아무도 저를 도와줄 수 없답니다."

"오, 그거야 모르는 일이지. 네 근심거리를 털어놔보렴. 어쩌면 내가 해결해줄 수 있을지도 모르잖니."

"할머니가 어떻게 저를 도울 수 있다는 거죠? 저는 곧 왕의 장남과 결혼하는데, 그 왕자는 바로 구렁이랍니다. 그는 벌써 아름다운 공주들과 두 번이나 결혼했지만 두 사람 모두 잡아먹었어요. 저도 당연히 잡아먹히고 말겠죠. 제가 이렇게 슬퍼하는 건 당연한 일이에요."

"흠, 그럴 필요 없단다. 내가 일러주는 대로만 하면 모든 일이 다 해결될 거야."

소녀는 시키는 대로 하겠다고 대답했습니다.

"잘 들으렴. 먼저 결혼식이 끝나기 전에 잿물을 가득 채운 통과 신선한 우유를 가득 채운 통, 소년이 한 아름 들 수 있는 양의 회초리를 준비해 전부 침실로 가져다달라고 하렴. 그리고 너는 눈처럼 흰 열 겹의 속옷을 입어야 한단다. 결혼식을 마치고 방에 가면 구렁이가 너에게 옷을 벗으라고 할 거야. 그럼 넌 구렁이에게 허물을 먼저 벗으라고 하렴. 구렁이가 허물을 다 벗고 나면 잿물에 담근 회초리로 구렁이를 내리치고 신선한 우유로 씻겨주렴. 마지막으로 구렁이를 잠깐 동안 두 팔로 꼭 안아주면 된단다."

"아! 마지막은 상상만 해도 끔찍해요!"

양치기의 딸은 차갑고 미끈하고 비늘로 가득한 구렁이를 안는다는 상상만으로도 온몸이 떨렸습니다.

"내가 시킨 대로만 하렴. 그러면 모든 것이 잘될 거란다."

노파는 그렇게 말하고는 다시 참나무 속으로 사라졌습니다. 드디어 결혼식 날이 되자 왕실에서는 흰 말 여섯 필이 끄는 마차에 양치기 딸을 태워 성으로 데려갔습니다. 그러고는 예쁘게 치장해주었지요. 소녀는 눈처럼 하얀 열 겹의 속옷, 잿물을 가득 채운 통, 소년이 한 아름 들 수 있는 양의 회초리를 준비해달라고 했습니다. 성의 시녀들은 공주의 행동을 말도 안 되는 허튼 짓으로 여겼습니다. 마녀가 해주었다는 말을 일종의 미신으로 생각한 것이지요. 하지만 왕은 소녀가 요구하는 것은 무엇이든 가져다주라고 했습니다.

근사한 결혼식 예복을 걸친 소녀는 세상에서 가장 아름다운 신부처럼 보였습니다. 결혼식장에 들어간 소녀는 그제야 구렁이의 모습을 처음으로 보았습니다. 그렇게 둘은 결혼식을 올렸

구렁이의 모습을 처음 보는 소녀

고 곧 두 사람에게 어울리는 성대한 결혼 축하연이 열렸습니다.

축하연이 모두 끝나고 신랑, 신부는 음악이 연주되는 가운데 횃불을 든 성대한 행렬과 함께 침실로 안내되었습니다. 문이 닫히자마자 구렁이는 신부를 바라보며 말했습니다.

"아름다운 처녀여, 옷을 벗으시오!"

그러자 신부가 대답했습니다.

"구렁이 왕자님, 허물을 벗으세요!"

"감히 그런 말을 하다니. 지금껏 나에게 명령을 내린 사람은 아무도 없었소!"

"하지만 이제 제가 그런 명령을 내리잖아요!"

구렁이는 조금 투덜대더니 허물을 벗으려 꿈틀거렸습니다. 몇 분이 지나자 구렁이 바로 옆에는 기다란 뱀 허물이 놓였습니다. 그러자 소녀도 자신의 속옷을 한 겹 벗어 허물 위에 펼쳐놓았습니다. 구렁이가 다시 말했습니다.

"아름다운 처녀여, 옷을 벗으시오!"

그러자 신부가 다시 대답했습니다.

"구렁이 왕자님, 허물을 벗으세요!"

화가 난 구렁이는 눈을 굴리며 호통쳤습니다.

"내게 그렇게 하라고 말한 사람은 아무도 없었소!"

하지만 신부는 전혀 겁먹지 않고 허물을 벗으라고 다시 요구했습니다.

그렇게 구렁이는 아홉 차례나 더 허물을 벗었고, 신부는 구렁이가 허물을 벗을 때마다 자신의 하얀 속옷을 벗어 그 위를 덮었습니다. 허물을 다 벗은 구렁이는 두툼하고 거대한 몸 덩어리만 남아버렸습니다. 그 모습은 몸서리가 쳐질 정도로 끔찍했지요. 하지만 소녀는 꾹 참고 우유로 구렁이를 목욕시킨 뒤 침대로 데려가 두 팔로 꼭 안아주었습니다. 그리고 그 순간 바로 잠이 들었습니다.

다음 날 아침, 왕과 신하들이 침실로 다가와 열쇠 구멍으로 방을 들여다보았습니다. 소녀에게 무슨 일이 생겼는지 궁금했지만 방에 들어가볼 엄두는 나지 않았지요. 그중 그나마 용기 있던 사람이 아주 살짝 문을 열어보았습니다. 어라, 그런데 이게 웬일입니까? 신부가 멀쩡하게 살아 있는 건 물론이고 그 옆에는 흉측한 구렁이가 아닌 근사한 왕자가 누워 있었습니다.

왕은 곧바로 달려 나가 왕비를 데려왔습니다. 성안의 모든 사람이 환호성을 지르며 기뻐했지요. 이윽고 전보다 더욱 근사한 결혼식이 다시 치러졌습니다. 몇 주 동안 떠들썩한 축제와 술 잔치도 벌어졌지요.

왕과 왕비는 아들을 구해준 며느리를 무척 아꼈습니다. 그녀를 향한 사랑과 따뜻한 마음에는 끝이 없었지요. 이후 왕과 왕비는 물론, 침착함과 용기를 갖춘 며느리와 구렁이 왕자까지 모든 사람이 행복하게 살았답니다!

SALT AND BREAD

소금과 빵

효자 노릇을 할래도 부모가 받아줘야 한다

옛날에 슬하에 세 공주를 둔 왕이 살았습니다. 그는 막내딸을 가장 예뻐했지요. 첫째와 둘째는 막내를 매우 질투해 어떻게 해야 아버지의 사랑을 뺏을 수 있을지 궁리했습니다. 두 언니는 아버지의 호의와 환심을 사려고 늘 애썼고 막냇동생이 혹시라도 아버지의 기대에 어긋나는 실수를 하지 않을까 호시탐탐 빈틈을 노렸습니다. 사악한 질투심에 사로잡힌 두 딸은 하루도 가만히 있지 않고 막냇동생에 대한 험담을 퍼뜨렸지요.

마침내 아버지도 막내딸을 의심하게 되었습니다. 왕은 세 딸이 모두 모인 자리에서 그들이 자신을 얼마나 사랑하는지 시험해보고 싶었지요. 그는 큰딸에게 먼저 물었습니다.

"첫째야, 너는 아버지를 얼마나 사랑하느냐?"

그러자 첫째 공주가 대답했습니다.

"저는 하늘에 계신 하느님을 우러르듯 아버지를 우러릅니다."

첫째의 대답에 흡족한 왕은 둘째 딸에게도 물었습니다.

"둘째야, 너는 아버지를 얼마나 사랑하느냐?"

둘째 공주가 대답했습니다.

"저는 아버지를 제 목숨처럼 소중하게 여긴답니다."

왕은 이번에도 만족해하며 막내딸 쪽으로 고개를 돌렸습니다.

"그래, 막내야. 너는 날 얼마나 사랑하느냐?"

"저는 아버지를 소금과 빵처럼 생각한답니다."

대답을 들은 아버지는 너무 놀라 얼굴빛이 변했습니다. 막내 딸이 자신을 가난한 사람의 식탁에나 오르는 하찮은 것 정도로 여긴다고 생각했지요. 왕은 몹시 화가 나 막내 공주를 궁에서 쫓 아내버렸습니다.

"내가 너에게 그토록 애정을 쏟았는데…. 보답은커녕 나를 정 녕 그 정도로만 생각한 것이냐? 여봐라! 저 아이를 당장 궁에서 내쫓아라."

하인들은 왕의 명령에 따라 막내 공주를 숲속에 버렸습니다. 두 언니는 속으로 쾌재를 불렀지요. 숲에 버려진 막내 공주는 몹 시 두려웠습니다. 집과 사랑하는 아버지를 생각하며 엉엉 울었 습니다. 아버지가 왜 그렇게 화를 내는지, 자신을 왜 쫓아냈는지 이해할 수가 없었습니다. 숲속을 정처 없이 배회하던 공주는 들

짐승이 무서워 큰 나무 위로 올라갔습니다.

한편 공주가 있는 숲속에는 다른 나라의 왕도 있었습니다. 그는 말을 타고 달리며 사냥을 하는 중이었지요. 갑자기 개들이 몹시 흥분하더니 어딘가로 달려갔습니다. 왕자도 바로 그 뒤를 따라갔지요. 개들은 공주가 숨어 있던 나무 아래서 위를 올려다보며 짖고 있었습니다. 나무 위에 곰이라도 있는가 싶어 올려다본 왕은 슬픈 표정을 한 아름다운 공주를 발견했습니다.

왕은 공주에게 다정하게 말을 걸며 나무에서 내려오라고 했습니다. 그런 다음 공주를 말에 태워 자신의 성으로 데려갔지요. 왕은 공주에게 먹을 것을 주고 따뜻한 벽난로 앞에서 몸을 녹이게 했습니다. 왕의 친절에 마음이 풀어진 공주는 자신이 쫓겨나게 된 사연을 털어놓았습니다. 그러자 왕은 공주의 미모뿐 아니라 아름다운 마음씨에 감동해 공주를 자신의 성에서 보살폈습니다. 얼마 뒤 왕은 공주에게 청혼했고 공주는 청혼을 받아들였습니다.

이윽고 결혼식 날짜가 잡혔고 인근의 일곱 왕국의 왕에게 초대장을 보냈습니다. 결혼식 날이 되자 초대받은 왕이 모두 도착했지요. 하객 중에는 공주의 아버지와 두 언니도 있었습니다. 그들은 모두 막내 공주가 숲속에서 죽었을 거라고 생각했기 때문에 신부가 막내 공주라는 사실을 전혀 눈치채지 못했습니다.

결혼식이 끝나고 마련된 연회장에 하객들이 앉자 갖가지 음식이 나왔습니다. 그러나 이상하게도 음식에는 간이 전혀 되어 있지 않았습니다. 식탁에는 소금도 없었고 심지어 빵도 없었지요. 막내 공주의 아버지는 이를 이상하게 여겨 입을 열었습니다.

"이해할 수가 없군요. 이 잔치에는 제일 중요한 게 두 개나 빠졌어요."

이제는 왕비가 된 막내 공주가 물었습니다.

"아, 그러세요? 그게 무엇인가요?"

"그야 물론 소금과 빵이죠."

"그렇죠? 그 두 개가 우리가 알기로는 세상에서 가장 귀중한 것이죠. 하지만 저는 예전에 아버지를 소중한 소금과 빵에 비교했다가 집에서 쫓겨난 적이 있답니다. 숲속에 버려지고 말았죠."

이 말을 들은 아버지는 정신이 멍해졌습니다. 이윽고 딸을 알아본 그는 환성을 지르며 꼭 끌어안았지요. 왕은 딸이 무사히 살아 있다는 것에 감사하며 막내 공주에게 용서를 빌었습니다.

한편 막내 공주를 상대로 꾸민 음모가 온 세상에 드러나면서 첫째 공주와 둘째 공주는 집에서 쫓겨났습니다. 그 뒤로 두 공주가 어떻게 되었는지 아는 사람은 아무도 없답니다. 막내 공주처럼 사냥을 나선 왕에게 구조되었는지 아닌지 말입니다!

THE HUSBAND WHO WAS TO MIND THE HOUSE

집안일을 하게 된 남편

하룻강아지 범 무서운 줄 모른다

옛날 옛적, 집안일을 못하는 아내가 있었습니다. 그래서 그녀의 남편은 항상 불만이 가득했지요. 이윽고 건초를 베는 철이 되었습니다. 어느 날 저녁 집에 돌아온 남편은 갑자기 화를 내고 소란을 피우며 아내를 나무라기 시작했습니다.

"당신이 집에서 할 줄 아는 게 뭐야! 집안일을 이렇게까지 못할 수 있다니!"

그러자 아내가 대답했습니다.

"여보, 화내지 말고 진정해요. 우리 내일은 일을 바꿔서 해봐요. 내가 일꾼들을 데리고 나가 건초를 벨 테니 당신이 집에서 집안일을 해보세요."

"옳거니! 듣던 중 반가운 소리로군. 그래, 그렇게 해보지."

다음 날 아침, 아내는 일찍부터 낫을 걸쳐 메고 일꾼들과 함께 들판으로 나갔습니다. 아내는 건초를 베기 시작했고 남편은 집에 남아 집안일을 하기 시작했습니다.

남편은 먼저 버터를 만들기로 했습니다. 그는 교유기를 휘젓다가 갈증이 나 맥주를 받으러 지하 저장고로 내려갔습니다. 남편이 맥주 통의 마개를 열어 술을 받고 있는 사이, 돼지가 부엌으로 들어가는 소리가 들렸습니다. 남편은 맥주 통 마개를 닫지도 않고 곧장 부엌으로 뛰어 올라갔습니다. 돼지가 교유기를 엎기라도 하면 큰일이니까요. 하지만 부엌에 가보니 돼지는 이미 꿀꿀거리며 바닥에 쏟아진 크림을 먹어치우고 있었습니다.

화가 머리끝까지 치솟은 남편은 맥주 통을 까맣게 잊은 채 돼지에게 달려들었습니다. 막 도망가려던 돼지를 잡아 힘껏 걷어찼지요. 돼지는 그 자리에서 죽고 말았습니다. 바로 그때 남편은 자신이 손에 쥐고 있던 맥주 통 마개를 발견했습니다. 그는 황급히 지하 저장고로 달려갔지만 이미 맥주는 술통 밖으로 다 흘러넘치고 없었습니다.

한편 교유기 안을 들여다보니 크림이 제법 남아 있었습니다. 저녁에 먹을 버터가 필요했던 남편은 다시 교유기를 휘저었습니다. 열심히 버터를 만들던 그는 갑자기 소리쳤습니다.

"아! 해가 중천에 떴는데도 아직 젖소에게 풀과 물을 먹이지 못했구나!"

남편은 젖소에게 풀을 먹이러 들판에 나가려 했지만 생각보다 너무 멀어 그냥 지붕 위에 올라가기로 했습니다. 잔디로 이어진 농가의 지붕에는 아주 좋은 풀이 자랐기 때문이지요. 마침 집 옆에는 경사가 심한 언덕이 하나 있었습니다. 남편은 지붕에 널빤지만 잘 대면 젖소를 데리고 지붕에 쉽게 오를 수 있을 것이라 생각했습니다.

하지만 집에는 어린 아기가 있어 교유기를 두고 나갈 수 없었습니다. 이제 막 기어다니기 시작한 아기가 교유기를 엎기라도 하면 큰일이니까요. 남편은 결국 교유기를 등에 진 채 밖으로 나갔습니다. 남편은 먼저 젖소에게 먹일 물을 긷기 위해 물통을 들고 우물로 갔습니다. 그가 물을 길으려고 몸을 구부린 순간, 등에 지고 있던 교유기에서 모든 크림이 쏟아져버리고 말았습니다.

저녁 시간이 다 될 때까지 버터를 만들지 못한 남편은 차라리 죽을 끓여야겠다고 생각했습니다. 그는 냄비에 물을 부어 불 위에 걸어놓더니 혼자 중얼거렸습니다.

"젖소가 지붕의 풀을 뜯다가 떨어지기라도 하면 큰일인데…"

그는 곧장 소를 데리고 지붕 위로 올라가 밧줄의 한쪽 끝으로 소의 목을 단단히 묶었습니다. 다른 한쪽 끝은 굴뚝 아래로 떨어뜨려 자신의 허벅지에 묶었습니다. 어느새 냄비 안의 물이 끓기 시작했고, 남편은 서둘러 귀리를 갈기 시작했습니다.

남편이 귀리를 가느라 정신이 팔린 사이, 갑자기 젖소가 지붕에서 굴러떨어졌습니다. 젖소가 떨어지는 동시에 허벅지에 밧줄을 묶어둔 남편도 굴뚝 위로 끌려 올라갔지요. 젖소는 담벼락 중간에 대롱대롱 매달려 올라가지도 내려가지도 못하고 있었습니다. 남편 역시 굴뚝 중간에 갇혀 꼼짝도 할 수 없었지요.

한편 들판에서 일하던 아내는 남편이 저녁을 먹자며 자신을 부를 때까지 하염없이 기다렸습니다. 그러나 남편은 나타나지 않았지요. 더 이상 기다릴 수 없어 집으로 돌아간 아내는 담벼락에 매달려 버둥거리는 젖소를 보았습니다. 아내는 빠르게 달려가 낫으로 밧줄을 잘라주었지요. 그 바람에 남편은 굴뚝 아래로 뚝 떨어졌습니다. 부엌으로 들어간 아내의 눈에 들어온 것은 죽 그릇에 머리가 처박힌 채 거꾸로 서 있는 남편의 모습이었답니다.

26

ONE'S OWN CHILDREN ARE ALWAYS PRETTIEST

고슴도치도
제 새끼는 예쁜 법

마른 하늘에 날벼락

어느 사냥꾼이 사냥을 하러 숲에 들어갔다가 도요새를 만났습니다. 도요새는 간절하게 청했지요.

"친구여, 제발 제 새끼들은 쏘지 말아요!"

"흠, 내가 네 새끼를 어떻게 알아보지? 아이들이 어떻게 생겼는데?"

"아, 그야 제 새끼들은 온 숲에서 제일 예쁘지요."

"흠, 알았다. 네 새끼들은 쏘지 않을 테니 걱정하지 마렴."

그러나 약속과는 다르게 사냥을 마친 사냥꾼의 손에는 총을 맞은 도요새 새끼들이 줄줄이 엮여 있었습니다. 그 모습을 본 도요새는 눈물을 흘리며 물었지요.

"아아, 왜 제 새끼들을 전부 쏘신 건가요?"

"뭐라고? 네 새끼들이라고? 나는 숲에서 가장 못생긴 것들만 골라서 쏜 건데!"

"이를 어쩌면 좋아! 아무리 고슴도치라도 제 새끼는 제일 예쁘다는 걸 모른단 말이에요?"

THE REASON WHY BEAR'S TAIL IS STUBBY

곰의 꼬리가 뭉툭한 이유

이미 가득 찬 개울에 물을 붓다

어느 날 여우가 물고기를 훔쳐 도망치다가 곰과 마주쳤습니다. 곰이 물었습니다.

"어, 너 그거 어디서 났니?"

"아, 곰님! 낚시를 해서 잡은 거랍니다."

여우의 물고기가 부러웠던 곰은 여우에게 낚시를 가르쳐달라고 했습니다.

"여우야 여우야, 너처럼 낚시로 물고기를 잡으려면 어떻게 해야 하니?"

"아, 낚시는 아주 쉬워요. 금세 배울 수 있죠. 일단 얼음 위에서 구멍을 파고 그 속에 꼬리를 담그세요. 그리고 버틸 수 있는 만큼 오래 있으면 돼요. 꼬리가 좀 얼얼해져도 신경 쓰지 마세요. 그건 물고기가 입질을 해서 그런 거니까요. 꼬리를 오래 담그고 있을수록 더 많은 고기를 잡을 수 있어요. 꼬리를 뺄 때는 옆쪽으로 강하게 털며 단번에 빼야 한답니다."

곰은 여우가 알려준 대로 얼음에 구멍을 파고 그 속에 꼬리를 집어넣었습니다. 그러고는 꼬리가 얼 때까지 아주 오래오래 푹 담그고 있었지요. 그런 다음 꼬리를 강하게 털며 단숨에 빼내자 꼬리가 그만 '뚝!' 하고 부러지고 말았습니다. 그래서 오늘날까지도 곰의 꼬리가 그렇게 뭉툭한 것이랍니다!

THE GIANT WHO HAD NO HEART IN HIS BODY

심장을 숨겨놓은 거인

백지장도 맞들면 낫다

옛날 옛적에 일곱 명의 아들을 둔 왕이 있었습니다. 왕은 아들들을 너무 사랑해 일곱 왕자 중 한 명은 꼭 자신의 곁에 두었습니다. 아들들과 한꺼번에 헤어진다고 상상만 해도 무척 슬퍼졌기 때문이지요.

어느덧 잘 자라 어른이 된 왕자들은 차례대로 신붓감을 찾아 멀리 떠났습니다. 하지만 막내 왕자는 아버지의 곁에 남아야만 했습니다. 형들이 자신의 신붓감을 찾아 돌아오길 기다려야 했지요.

왕은 모든 왕자에게 번쩍번쩍 빛나는 화려한 옷을 입혔고 많은 돈을 들여 훌륭한 말을 준비해주었습니다. 여섯 명의 왕자는 여러 나라의 궁전을 방문하며 많은 공주를 보았고, 마침내 딸이 여섯이나 있는 어느 왕을 만났습니다. 그 여섯 명의 공주는 세상 어디에도 비할 데 없이 모두 아름다웠습니다.

여섯 왕자는 여섯 공주에게 각각 구혼을 해 허락을 얻어냈습니다. 그들은 곧장 집으로 출발했지요. 한편 아름다운 공주들에게 정신을 빼앗긴 왕자들은 집에 있는 막냇동생 부츠의 신붓감을 구하는 일은 까맣게 잊어버리고 말았습니다.

왕자들은 집으로 돌아가는 길에 한 낭떠러지 옆을 지나게 되었는데, 그곳에는 거인의 집이 있었습니다. 그런데 갑자기 슬픈 일이 벌어졌습니다. 동굴에서 나온 거인이 여섯 왕자를 보자마자 그만 전부 돌로 변하게 만든 것이지요. 왕은 돌아오지 않는 왕자들을 애타게 기다렸지만 아무리 기다려도 감감무소식이었습니다. 깊은 근심에 잠긴 왕은 세상의 모든 즐거움이 사라져버렸지요.

"아, 막내야! 너마저 내 곁에 없었더라면 난 살 수 없었을 게다. 네 형들을 모두 잃었으니 이제 난 무슨 낙으로 살 수 있겠느냐?"

"아버님, 제가 나가서 형들을 찾아보는 게 좋을 것 같습니다. 힘드시겠지만 허락해주세요."

"아니, 그건 절대 안 된다. 결코 허락할 수 없다. 너까지 떠나보낼 수는 없어."

그러나 부츠는 이미 마음을 굳게 결심한 뒤였습니다. 그는 아버지에게 끝없이 허락을 구했고, 결국 왕은 허락해주고 말았습

말을 타고 궁전을 나가는 여섯 명의 왕자

니다.

한편 형들이 떠나면서 좋은 말을 전부 끌고 가는 바람에 왕은 부츠에게 늙고 말라비틀어진 말을 줄 수밖에 없었습니다. 부츠는 조금도 주저하지 않고 늙은 말 위에 올라타 아버지에게 작별을 고했습니다.

"아버님, 안녕히 계십시오. 꼭 돌아올 테니 너무 걱정하지 마세요. 형님들도 꼭 모셔 오겠습니다."

길을 떠난 지 얼마 되지 않아 부츠는 날개를 접은 채 누워 있는 까마귀를 발견했습니다. 까마귀는 너무 오래 굶주린 탓인지 일어날 힘이 없어 보였습니다.

"아, 제발! 제게 먹을 것 좀 주세요. 그럼 저도 꼭 당신을 도와드릴게요."

"나도 먹을 것이 많지 않은데…. 네가 나에게 얼마나 도움이 될지 그것도 모르겠구나. 그렇지만 네가 너무 오랫동안 굶주린 것 같으니 내 음식을 조금 나누어주마."

부츠는 자신의 음식을 조금 떼어 까마귀에게 주었습니다. 까마귀와 헤어지고 얼마 뒤 부츠는 시냇가에 도착했습니다. 그곳에서 물속으로 다시 들어가려고 애쓰는 커다란 연어 한 마리를 발견했지요.

"아, 제발 저 좀 도와주세요. 저를 다시 물속으로 넣어주신다면 나중에 당신이 위급할 때 제가 꼭 도와드릴게요."

"글쎄, 네가 나에게 큰 도움이 될 것 같지는 않다만 네 모습이

참 딱하니 내가 도와줄게."

부츠는 연어를 물속으로 넣어준 뒤 다시 길을 떠났습니다. 한참을 가다가 이번에는 늑대를 만났습니다. 늑대는 너무 오래 굶주린 나머지 몸을 제대로 가누지도 못한 채 기어가고 있었습니다.

"아, 당신의 말을 먹을 수 있게 해주세요. 배가 너무 고파 갈빗대에서 바람 소리가 날 지경이랍니다. 지난 2년 동안 거의 아무것도 먹지 못했어요."

"아니야, 그것만은 안 돼. 처음엔 까마귀에게 음식을 나누어주었지. 그다음엔 연어를 물속으로 넣어주었고. 그런데 이제 너는 내 말을 먹겠다고? 그건 안 되지, 절대 안 돼. 그럼 난 무엇을 타고 가라는 거니?"

"그러지 말고 저 좀 살려주세요. 말 대신 제가 당신을 태워다 드릴게요. 당신이 어려울 때 제가 꼭 당신을 도울게요."

"글쎄, 네가 어떤 도움을 줄 수 있을지 잘 모르겠구나. 하지만 너는 지금 당장 뭐라도 안 먹으면 정말 죽을 것 같으니 별도리가 없구나. 일단 내 말을 먹으렴."

늑대는 순식간에 늙은 말을 먹어치웠습니다. 부츠는 말의 재갈을 빼 늑대의 턱에 걸었고, 등에 안장을 얹어 그 위에 올라탔습니다. 속을 든든히 채운 늑대는 가뿐하게 부츠를 태웠습니다. 그러고는 말보다 훨씬 빠른 속도로 달렸지요. 이윽고 늑대가 부츠에게 말했습니다.

"여기서 한참 더 가면 거인의 집이 나올 거예요."

한참을 달려 거인의 집에 도착한 늑대가 다시 말했습니다.

"자, 이곳이 거인의 집이에요. 저기 보세요. 거인이 돌로 만들 어버린 당신의 형들과 그들의 신붓감들이에요. 저쪽이 입구니 까 그리로 들어가보세요."

"도저히 겁이 나서 못 들어가겠어. 거인이 날 보면 바로 죽일 거야."

"제 말을 잘 들으세요. 저 입구로 들어가면 공주가 한 명 있을 거예요. 공주가 당신에게 거인을 해치우는 방법을 알려줄 테니 다른 생각 말고 공주가 시키는 대로만 하세요."

부츠는 하는 수 없이 무거운 발걸음을 옮겼지만 여전히 두려 움에 벌벌 떨었습니다. 다행히도 부츠가 집에 들어갔을 때 거인 은 멀리 나가고 없었습니다. 늑대가 말한 공주만 앉아 있었지요. 부츠는 공주의 아름다운 미모에 눈을 떼지 못했습니다.

"아, 하늘이 도우셨군요! 여기 사는 거인은 심장이 없어요. 죽 일 수가 없다는 말이죠. 당신의 목숨이 위태로울 게 뻔한데, 이 곳엔 어떻게 오셨나요?"

"형들과 당신을 구하러 왔어요. 위험한 건 알지만, 이미 이곳 에 와버렸으니 애라도 써보는 게 낫지 않겠어요? 노력이라도 해 봐야죠."

"그래요. 당신 생각이 그렇다면 말릴 수 없죠. 그럼 어떻게 하 는 게 좋을지 궁리를 해보죠. 일단 저기 침대 밑에 들어가 숨으

세요. 그리고 거인과 제가 하는 대화를 잘 들으세요. 쥐 죽은 듯
얌전히 있으셔야 해요."

부츠가 침대 밑으로 숨자마자 거인이 들어왔습니다.

"킁킁, 아니 이게 무슨 냄새야! 사람 피 냄새가 나는데?"

"네, 제대로 맡으셨어요. 까치 한 마리가 사람 뼈다귀를 물고
가다가 굴뚝으로 떨어뜨렸지 뭐예요? 제가 황급히 밖으로 치우
긴 했는데 남아 있는 냄새까진 어떻게 할 수가 없네요."

거인은 더 이상 아무 말도 하지 않고 곧 잠자리에 들었습니다.
이윽고 공주가 거인에게 물었지요.

"저, 당신에게 꼭 물어보고 싶은 게 있어요. 물어봐도 되나요?"

"뭔데?"

"도대체 당신의 심장은 어디에 있나요? 당신은 심장을 몸에
지니고 다니지 않잖아요."

"아, 그건 당신이 상관할 바가 아니야."

"궁금해서 그래요. 알려줄 수 없나요?"

"정 알고 싶다면 가르쳐주지. 사실은 말이야, 문지방 아래에
심장을 숨겨놓았어."

침대 밑에서 둘의 대화를 들은 부츠는 문지방을 파봐야겠다
고 생각했습니다.

다음 날 아침, 거인은 일찍 일어나 숲으로 나갔습니다. 거인이
집을 나가자마자 부츠와 공주는 문지방 밑을 파기 시작했지요.
그러나 아무리 깊이 파도 심장은 보이지 않았습니다.

"아무래도 거인이 우리를 놀린 것 같아요. 제가 오늘 한 번 더 물어볼게요."

공주는 눈에 띄는 예쁜 꽃을 꺾어 흙을 덮은 문지방 위에 뿌려 놓았습니다. 부츠도 거인이 집에 돌아올 시간에 맞춰 다시 침대 밑으로 기어들어갔습니다. 부츠가 막 들어가자마자 거인이 들어왔습니다. 거인은 이번에도 코를 벌름거리며 말했습니다.

"내 눈과 코는 못 속여. 분명 사람 냄새가 난단 말이지."

"그래요, 당신 말이 맞아요. 공교롭게도 까치 한 마리가 사람 뼈다귀를 물고 날아가다가 굴뚝으로 떨어뜨렸지 뭐예요? 제가 빨리 치웠지만 냄새는 아직 남아 있는 모양이에요."

거인은 잠시 아무 말도 하지 않다가 물었습니다.

"그런데 말이야. 문지방 위에 꽃은 누가 뿌려놓은 거지?"

"아, 그야 물론 제가 그랬죠."

"그래? 왜 그런 짓을 했지?"

"아, 그건요. 제가 당신을 몹시 좋아하잖아요. 문지방 밑에 당신의 심장이 있다는데 가만히 있을 수 없더라고요. 예쁜 꽃을 따다 정성스럽게 뿌려놓았죠."

"하하, 그랬나? 그런데 어쩌나, 그곳에는 심장이 없는데."

그날 밤, 거인이 잠자리에 들자 공주는 다시 물었습니다.

"문지방 아래 없다면, 당신의 심장은 정말 어디에 있나요?"

"그렇게까지 알아야겠다면 알려주지. 저기 벽에 있는 찬장 안에 넣어두었네."

그 소리를 들은 부츠와 공주는 찬장 안을 뒤져봐야겠다고 생각했습니다. 다음 날이 되고 거인이 나가기가 무섭게 부츠와 공주는 찬장을 뒤졌습니다. 하지만 이번에도 심장은 없었습니다.

"음, 거인이 이번에도 우리를 속였군요. 한 번 더 물어보는 수밖에 없겠어요."

공주는 꽃과 화환으로 찬장을 꾸며놓았고 부츠는 거인이 들어올 시간에 맞춰 침대 밑으로 숨었습니다. 집으로 들어온 거인이 킁킁거리며 외쳤습니다.

"내 눈과 코는 못 속인다니까. 진짜 사람 냄새가 난다니까."

"네, 맞아요. 방금 전에 까치란 놈이 사람 뼈다귀를 물고 날다가 우리 굴뚝에 떨어뜨렸어요. 급하게 치운다고 치웠는데 냄새가 덜 빠졌나 보네요."

역시 거인은 아무 말도 하지 않다가 물었습니다.

"저 찬장은 누가 저렇게 장식해놨나?"

"제가 아니면 누가 그랬겠어요?"

"아니, 대체 왜 저런 바보 같은 짓을 한 거야?"

"아, 그야 제가 당신을 몹시 좋아하니까요. 당신의 심장이 있다는 걸 들으니 예쁘게 꾸미지 않고는 못 배기겠더라고요."

"하하하, 멍청하긴! 그 말을 곧이곧대로 믿다니!"

"당신이 한 말을 안 믿을 수는 없지요."

"이런 돌대가리! 내 심장이 어디 있는지 넌 상상도 못할 게다."

"그런가요? 심장의 위치를 알게 된다면 참 기쁠 텐데요…."

입이 근질거려 더 이상 참을 수 없었던 거인은 자신도 모르게 심장의 위치를 내뱉고 말았습니다.

"여기서 아주아주 멀리 떨어진 호수에 섬이 하나 있어. 섬에는 교회가 하나 있고, 교회에는 우물이 하나 있지. 우물 속에는 오리가 헤엄쳐 다니는데 오리는 알을 하나 품고 있어. 오리가 품고 있는 알 속에 바로 내 심장이 들어 있지. 알겠어, 이 멍청아?"

다음 날 새벽, 동이 트기도 전에 거인은 숲으로 나갔습니다. 부츠와 공주도 재빠르게 움직였지요.

"자, 이제 심장이 어디 있는지 알았으니 빨리 가봐요."

부츠는 공주에게 긴 작별 인사를 건네고 밖으로 나와 늑대에게 그동안의 일을 모두 말해주었습니다.

"늑대야, 혹시 아주아주 먼 호수의 섬에 있는 우물까지 가는 길을 아니?"

"당연히 알죠. 제가 데려다드릴게요."

부츠를 등에 태운 늑대는 금세 그곳으로 가는 길을 찾아냈습니다. 늑대와 부츠는 바람을 뒤로하며 산자락과 들을 건너고 언덕과 골짜기를 건너며 한없이 달렸습니다. 여러 날을 달린 끝에 드디어 섬이 있는 호수에 도착했지요. 하지만 부츠는 곧 난관에 빠졌습니다.

"아, 호수를 어떻게 건너면 좋지? 정말 난감하네."

늑대가 곧바로 대답했습니다.

"걱정하지 마세요. 제가 업어서 데려다드릴게요."

공주와 작별 인사를 나누는 부츠

늑대는 부츠를 등에 업은 채 호수로 뛰어들어 섬까지 헤엄쳐 갔습니다. 둘은 안전히 교회에 도착할 수 있었지요. 그러나 또 다른 난관이 생겼습니다.

"아, 교회 열쇠가 저 높고 높은 탑 꼭대기에 걸려 있어. 저걸 어떻게 꺼내지?"

늑대가 또다시 대답했습니다.

"지난번에 당신이 도와줬던 까마귀를 부르면 되잖아요."

부츠는 큰 소리로 까마귀를 불렀고 까마귀는 탑 꼭대기로 날아올라 열쇠를 가져다주었습니다. 부츠는 손쉽게 교회 안으로 들어갈 수 있었지요.

교회 안의 우물로 다가가 들여다보니 과연 거인이 말한 대로 오리가 이리저리 헤엄을 치고 있었습니다. 부츠는 우물 앞에 서서 오리가 가까이 오도록 살살 꾀었습니다. 이윽고 오리가 가까이 오자 부츠는 오리를 꽉 잡았습니다. 하지만 오리를 끌어 올리다가 그만 알을 우물 안으로 떨어뜨리고 말았지요. 부츠는 또다시 좌절했습니다. 그때 늑대가 말했습니다.

"걱정 마세요. 지난번에 당신이 도움을 주었던 연어를 부르면 되죠. 알을 손에 넣자마자 꽉 쥐어요."

부츠는 곧바로 연어를 불렀고, 연어는 우물 바닥에 떨어져 있던 알을 주워 가져다주었습니다. 늑대의 말에 따라 알을 꽉 쥐자 갑자기 거인이 비명을 질렀습니다. 늑대는 다시 말했습니다.

"알을 좌우로 비틀어요."

교회 안 우물에서 오리를 꾀어내는 부츠

늑대가 시킨 대로 알을 비틀자 거인은 몹시 애처로운 비명을 질렀습니다. 심장을 비틀지만 않는다면 시키는 것을 모두 다 하겠다고 빌었지요. 그러자 늑대가 말했습니다.

"돌이 되어버린 당신의 형들과 그들의 신붓감을 원래대로 돌려놓으면 살려주겠다고 하세요."

부츠가 늑대의 말을 그대로 따라 하자 거인은 바로 형들과 그들의 신붓감을 돌에서 깨어나게 했습니다. 하지만 늑대는 곧바로 명령했습니다.

"그대로 알을 깨버리세요."

늑대의 말대로 알을 으스러뜨리자 거인은 터지고 말았습니다. 거인을 해치운 부츠는 다시 늑대를 타고 거인의 집으로 돌아갔습니다. 형들은 신붓감과 함께 원래의 모습을 되찾아 기뻐하고 있었지요. 부츠는 거인의 집에 들어가 자신의 신붓감인 공주를 데리고 나왔습니다. 그러고는 형들과 함께 아버지가 기다리는 진짜 집으로 돌아갔지요. 일곱 아들과 그들의 신붓감을 본 아버지는 무척 기뻐하며 말했습니다.

"여러 신부 중에서도 부츠의 신부가 가장 아름다우니, 부츠가 신부를 데리고 가장 높은 상석에 앉도록 해라."

왕은 곧바로 결혼식을 올리게 했고 축하연은 매우 성대하게 열렸습니다. 그것도 아주 오랫동안 말이지요. 어쩌면 그 축하연은 아직 끝나지 않았을지도 모릅니다!

THE GREEN FROG WIFE

청개구리 아내

쇠귀에 경 읽기

마티가 리사와 결혼했을 때만 해도 그는 아내가 세상에서 제일 상냥한 여인인 줄만 알았습니다. 그러나 얼마 지나지 않아 리사는 본래 성격을 드러냈습니다. 그녀는 황소처럼 고집이 센 데다 뭐든지 자기 마음대로만 하려고 했습니다. 마티는 남편이 집안의 가장이라고 배우며 자랐기 때문에 아내가 자신에게 순종하게 하려고 노력했습니다. 그러나 리사에게는 씨알도 안 먹혔습니다. 마티가 그럴수록 리사는 더욱 옹고집이 되었지요. 마티가 무엇을 부탁하면 리사는 반대로 하려고만 했고 기어코 자신이 원하는 대로 하고 말았습니다.

마티는 인내심이 강한 사람이었습니다. 친구들이 그에게 공처가라고 놀려대도 아내의 고집을 꾹 참고 견뎠습니다. 그래서 인지 마티와 리사는 그럭저럭 잘 지냈습니다. 그러나 어느 해 추수철이 가까워질 무렵 마티는 혼자 중얼거렸습니다.

"난 성격도 쾌활하고 사람들과 어울리는 걸 무척 좋아하지. 아내가 조금만 상냥하다면 친구들을 불러 근사한 저녁을 먹고 술도 마시며 즐거운 시간을 보낼 수 있을 텐데. 휴, 어림도 없지. 내가 파티를 열자고 해도 리사는 단칼에 거절할 테니."

그때 갑자기 마티에게 기발한 생각이 떠올랐습니다.

"리사를 다룰 수 있는 방법이 있겠는데? 내가 만약 이번 추수철을 조용히 보내고 싶다고 하면 아마 리사는 사람들을 다 집으로 불러들일 테야!"

며칠 뒤 마티는 리사에게 말했습니다.

"여보, 곧 추수감사절인데 올해는 케이크를 만들지 말구려. 그런 걸 먹기엔 우리 형편이 그리 좋지 않아."

"뭐라고요? 지금 무슨 말을 하는 거예요? 올해만큼 풍작인 해도 없었잖아요. 난 꼭 케이크를 만들고 말 거예요. 그것도 아주 큰 걸로요."

마티는 속으로 쾌재를 불렀습니다.

'하하, 됐다. 됐어. 잘 먹히는군.'

그는 계속 시치미를 떼며 말했지요.

"좋아. 당신이 정 케이크를 만들겠다면 그렇게 하게. 단 푸딩은 만들지 말아요. 낭비일 뿐이니."

리사는 단호한 목소리로 대답했습니다.

"낭비요? 웃기지 말아요. 푸딩도 만들 거예요. 아주 큰 걸로요."

마티는 한숨을 쉬는 척하며 눈동자를 굴렸습니다.

"좋아, 좋아. 푸딩까진 봐주지. 하지만 절대로 속을 넣은 돼지 요리는 하지 마요. 그랬다간 우린 망하고 말 테니까."

"그럴 순 없어요. 제일 좋은 돼지를 잡아요. 돼지 요리도 꼭 할 거니까 더 이상 아무 소리 말아요."

"하는 수 없군. 하지만 리사, 포도주는 사지 맙시다. 겨우내 그냥 보낼 수 있잖소."

리사는 이제 발까지 구르며 대답했습니다.

"당신 미쳤어요? 속을 넣은 돼지 요리에 포도주가 빠지는 거 본 적 있어요? 포도주는 물론이고 커피도 살 거예요. 내가 사치스러움의 본때를 단단히 보여줄 테니 그리 알아요."

마티는 고민하는 척하며 말을 이었습니다.

"아, 여보. 제발 참아줘요. 다른 건 다 원하는 대로 해도 좋아요. 하지만 사람들만은 초대하지 맙시다. 그랬다가는 정말 끝장이에요."

리사는 아랑곳하지 않고 빈정거렸습니다.

"그 많은 음식을 만들어놓고 전부 썩혀버리자고요? 손님들도 꼭 초대할 거예요. 그렇게 알아요. 원하든 원하지 않든 당신은 무조건 식탁 제일 상석에 앉아야 해요."

"좋소. 하지만 무슨 일이 있어도 난 포도주를 마시지 않을 테

요. 내가 안 마시면 손님들도 못 마시겠지. 그 정도 포도주면 우
리 식구가 겨울 내내 마실 수 있을 거요."

리사는 화를 내며 말했습니다.

"무슨 소리를 하는 거예요! 당신은 주인으로서 당연히 손님과
술을 마셔야죠. 마지막 한 방울까지 남기지 말고 다 마셔요. 알
겠어요? 이제 입 좀 다물어요."

이윽고 추수감사절이 되자 많은 손님이 몰려왔습니다. 사람
들은 모두 식탁 주위에 모여 시끄럽게 떠들며 노래했고 그중에
서도 마티가 가장 즐거워하는 것 같았습니다. 리사는 그제야 자
신이 마티에게 속았다는 것을 깨달았지요. 근심 걱정 없이 신나
게 노는 마티를 본 리사는 부아가 났습니다.

시간이 흐를수록 리사는 더욱 청개구리처럼 변해갔습니다.
그녀의 고집은 아무도 말릴 수 없었지요. 그러던 어느 날, 봄이
되어 개울에 물이 많이 불어나 있었습니다. 마티와 리사는 농장
을 가로질러 흐르는 개울의 다리를 건너야 했지요. 다리를 먼저
건넌 마티는 다리의 널빤지 하나가 심하게 썩은 것을 알고 아무
생각 없이 외쳤습니다.

"리사, 발 디딜 때 조심해! 널빤지가 많이 썩었어. 살살 건너
와. 안 그랬다가는 물에 빠질 거야!"

"흥! 살살 밟으라고요? 나한테 이래라저래라 하지 말…."

리사는 마지막 말을 미처 끝맺지도 못한 채 물속에 풍덩 빠지
고 말았습니다. 청개구리 리사가 남편 말을 듣지 않고 썩은 널빤

지 위에 체중을 있는 대로 실어 힘껏 밟아버린 것이지요. 마티는 잠시 머리를 쥐어뜯다가 있는 힘을 다해 강을 거슬러 뛰기 시작했습니다. 한편, 강둑에서 낚시를 하던 어부 두 사람이 마티를 보고 소리쳤습니다.

"이봐요! 무슨 일입니까? 왜 강 상류로 그렇게 뛰어가는 겁니까?"

"아내가 물에 빠졌어요. 익사하기 전에 빨리 건져내려고요!"

"아니, 당신 제정신입니까? 그렇다면 하류로 내려가야지, 거슬러 올라가면 어쩝니까?"

"아유, 두 분은 제 아내 리사를 몰라서 그러십니다. 아내는 일평생 청개구리 고집이라 죽을 때조차도 급류를 거슬러 오르려고 할 거예요!"

THE STINGY OLD LADY AND A WANDERER

구두쇠 할머니와 나그네

등잔 밑이 어둡다

옛날에 한 나그네가 깊은 숲속을 걸으며 하루 쉬어 갈 곳을 찾고 있었습니다. 하지만 숲속에는 사람 사는 집이 매우 드문드문 있어 밤이 되기 전에 쉴 곳을 찾기는 어려워 보였습니다. 그러던 중 갑자기 나무 사이로 불빛이 나타났습니다. 불빛을 따라가니 오두막이 나왔고 창문을 통해 보이는 화로에서는 불이 활활 타오르고 있었습니다. 나그네는 혼자 중얼거리며 오두막 쪽으로 다가갔습니다.

"저 화로 앞에 앉아 몸 좀 녹이고 요기를 할 수만 있다면 얼마나 좋을까."

그때 오두막 안에서 어떤 할머니가 나왔습니다.

"아, 안녕하세요. 할머니. 마침 잘 만났네요."

"젊은이도 안녕하신가? 자네는 어디서 오는 길인가?"

"태양의 남쪽, 달의 동쪽에서요. 지금은 다시 집으로 돌아가는 길이에요. 이 동네 빼고 다른 곳은 다 돌아다녔거든요."

"음, 아주 여러 군데를 돌아다녔구먼. 그래, 우리 집에는 무슨 일로 온 게요?"

"아, 네. 하룻밤만 재워주셨으면 해서요."

"글쎄, 나도 그러고는 싶다만 그냥 가는 게 좋겠네. 우리 바깥 양반도 집에 없는 데다 우리 집이 여인숙도 아니라…."

"아, 제발요. 마음씨 좋은 할머니, 그렇게 매정하게 굴지 마세요. 같은 사람끼리 돕고 살면 좋잖아요?"

"뭐? 서로 돕는다고? 도와? 누가 그런 소리를 하던가? 그럼 나는 누가 도와줄 것 같은가? 집에는 쌀 한 톨도 없는데. 안 돼, 다른 데 가서 알아보게나."

하지만 나그네는 쉽사리 물러나지 않았습니다. 몇 번을 거절당해도 상심하지 않았지요. 할머니는 계속 안 된다고 달랬지만 나그네는 포기하지 않고 애걸복걸했습니다. 결국 할머니는 나그네를 집 안으로 들였습니다. 마룻바닥에서 밤을 보내도 좋다고 허락했지요.

나그네는 그 정도만 해도 감지덕지라며 감사하다고 말했습니다. 그는 언제 어디서라도 콧노래를 흥얼거릴 준비가 된 아주 낙천적인 성격이었지요.

"깊은 산속에서 추위에 떨며 헤매느니 마룻바닥에서라도 밤을 새우는 게 훨씬 낫죠."

집에 들어간 나그네는 할머니가 그렇게 가난하지 않다는 것을 알아챘습니다. 매우 탐욕스럽고 인색한 할머니는 계속해서 불평과 잔소리를 늘어놓았지요. 나그네는 아주 완곡하게 먹을 것을 청했습니다.

"할머니, 요깃거리 할 만한 게 없을까요? 배가 너무 고파서요."

"먹을 거라고? 그걸 어디서 구하는데? 나도 하루 종일 죽 한 그릇 구경도 못 했어."

하지만 아주 영리한 나그네는 이렇게 대답했습니다.

"저런, 할머니 그러셨어요? 그러다가 굶주려 돌아가시겠어요. 좋아요, 그럼 제가 먹을 것 좀 나눠드릴게요."

"자네가 먹을 걸 준다고? 글쎄, 내가 보기에 자네는 나누어줄 만한 게 하나도 없을 것 같은데. 그래, 뭘 내놓을 텐가? 아주 궁금하군."

"저처럼 여기저기 돌아다니며 많은 것을 본 사람은 집에만 있는 사람이 모르는 것을 알고 있답니다. 귀동냥으로 얻은 지혜도 많지요. 할머니는 냄비나 좀 빌려주세요."

할머니는 나그네가 무엇을 내줄지 궁금해 재빨리 냄비를 가져다주었습니다. 나그네는 냄비에 물을 붓고 불 위에 올려놓았습니다. 그러고는 불이 활활 타오르도록 열심히 불었지요. 그런 다음 10센티미터쯤 되는 대못을 꺼내 손으로 세 번 돌리더니 냄비에 넣었습니다. 할머니는 그 모습을 아주 흥미롭게 지켜보았습니다.

"뭘 하려는 건가?"

"네, 못으로 죽을 끓이려고요."

나그네는 젓가락으로 냄비를 휘휘 저었습니다.

"못죽이라고?"

"네, 못죽이요."

할머니는 지금껏 여러 음식을 들어보았지만 못죽은 금시초문이었습니다.

"그건 뭐 아주 가난한 사람들이 끓여 먹는 죽인가? 어떻게 만드는지 나도 배우고 싶구먼."

"저처럼 구걸하고 다니는 사람들이나 먹는 건데 배우실 필요가 있겠어요? 그냥 제가 젓는 거나 지켜보세요."

할머니는 바닥에 웅크리고 앉아 무릎을 꼭 껴안고 나그네의 죽 젓는 손을 열심히 바라보았습니다.

"흠, 이렇게 하면 보통은 훌륭한 죽이 되는데…. 제가 일주일 내내 같은 못으로 죽을 끓여서 그런지 오늘은 죽이 좀 묽을 것 같네요. 밀가루 한 줌만 있으면 맛이 괜찮을 텐데. 하지만 없는 걸 굳이 생각할 필요는 없겠죠."

"그런가? 잠시만 기다려보게. 뒤져보면 가루가 조금 남아 있을 걸세."

할머니는 금세 새하얗고 고운 밀가루를 가져왔습니다. 나그네는 가루를 죽에 집어넣고 계속 저었습니다. 할머니는 거의 눈알이 튀어나올 정도로 나그네와 냄비를 번갈아가며 쳐다보았습니다. 나그네는 밀가루 한 줌을 죽에 다 털어넣은 뒤 말했습니다.

"이 정도면 사람들에게 내놓아도 되겠어요. 그런데 소금에 절인 쇠고기와 감자를 조금만 넣으면 아무리 까다로운 식성을 가진 신사라도 맛있게 먹을 텐데 말이죠. 하지만 뭐, 없는 걸 굳이 신경 써서 뭐하겠어요?"

할머니는 곰곰이 생각하더니 쇠고기와 감자를 가져다주었습니다. 그러고는 다시 나그네가 죽 젓는 모습을 지켜보았지요.

"와, 이 정도면 최상급의 죽이라고 해도 손색이 없겠어요."

"놀랍구먼! 못으로 끓인 죽이 그렇게 훌륭하다니!"

나그네는 정말 똑똑한 사람이었습니다. 그쯤에서 한 입 떠먹을 만도 한데 그는 또다시 중얼거렸습니다.

"만약 보리와 우유를 조금 넣을 수 있다면 왕에게 진상할 수도 있을 것 같아요. 왕이 저녁마다 드시는 게 바로 이거거든요. 제가 예전에 왕의 요리사 밑에서 일한 적이 있어서 잘 알아요."

할머니는 무릎을 탁 치며 외쳤습니다.

"어머나! 왕이 드시는 거라고? 세상에, 난 꿈에도 생각 못 했네."

할머니는 나그네의 든든한 인맥에 기가 팍 죽었습니다. 그 모습을 본 나그네는 말을 이었지요.

"하지만 우리는 없으니까요. 생각하지 않는 게 속 편하죠."

할머니는 집에 있는 보리와 우유를 가져왔습니다.

"얼마 전에 젖소가 새끼를 낳아 우유는 얼마 없네. 그치만 이거라도 넣어보게나."

나그네는 냄비에 보리와 우유를 넣은 뒤 계속 죽을 저었습니다. 할머니는 나그네와 냄비를 번갈아 쳐다보았지요. 이윽고 나그네는 죽에서 못을 꺼냈습니다.

"자, 이제 다 됐어요. 정말 최고급 죽이 완성되었어요. 사실 왕과 왕비께서는 이런 훌륭한 죽을 드실 때 항상 술 한두 잔과 샌드위치를 함께 곁들이신답니다. 물론 식탁에 식탁보도 깔고요. 하지만 우리는 그런 게 없으니, 없는 걸 생각할 필요는 없죠."

할머니는 기왕이면 최고급으로 갖춘 뒤 식사를 하고 싶었습니다. 그녀는 찬장으로 가서 술병과 작은 잔 두 개를 챙겼습니다. 버터, 치즈, 훈제 쇠고기, 송아지 고기까지 내왔지요. 어느새 식탁은 손님 접대라도 하듯 진수성찬으로 차려졌습니다.

할머니는 이제껏 이렇게 우아하게 식사해본 적이 없었을뿐더러 이 정도로 맛있는 죽은 처음 먹어보았습니다. 더구나 못 하나로 끓인 죽이 이런 맛이라니요!

할머니는 맛있는 죽을 끓이는 방법을 알게 되어 몹시 기분이 좋았고 유용한 것을 알려준 나그네에게 감사의 마음을 전하고 싶었습니다. 실컷 먹고 마신 뒤 졸음이 몰려오자 할머니는 나그네에게 침대를 내주었습니다. 침대에 누운 나그네는 느긋한 목소리로 말했습니다.

"아, 오늘이 마치 성탄절 같아요. 할머니처럼 마음씨 좋은 분

은 처음 봐요. 역시 사람은 마음이 통하는 사람을 만나야 행복한
가 봐요."

말을 마친 나그네는 단잠에 빠져들었습니다. 다음 날 아침 눈
을 뜬 나그네가 제일 먼저 받아든 것은 브랜디 한 모금이 곁들여
진 커피였습니다. 나그네가 떠날 때 할머니는 그의 손에 금화 한
닢까지 쥐어주었습니다.

"고맙네, 정말 고마워. 내게 그렇게 좋은 것을 알려주다니. 이
제 못죽 끓이는 법을 알았으니 편히 살 수 있겠어."

"그럼요. 아주 간단하죠? 추가할 재료만 좀 있다면요."

말을 마친 나그네는 다시 길을 떠났습니다. 할머니는 문간에
서서 사라져가는 나그네를 바라보며 중얼거렸습니다.

"저렇게 훌륭한 사람이 흔치는 않지."

THE STUPID PEOPLE

멍청한 사람들

우물 안 개구리

옛날에 어느 부부가 살고 있었습니다. 부부는 너무 가난해 옥수수 씨앗은커녕 씨앗을 살 돈조차 없었습니다. 그래도 그들에게는 소 한 마리가 있었습니다. 농부 남편은 소를 판 돈으로 씨앗을 사야겠다고 생각했지요.

"여보. 우리 소를 팔아 번 돈으로 씨앗을 사 밭에 심읍시다."

"좋아요, 그렇게 해요."

한편 아내는 남편이 소를 판 돈을 술 마시는 데 다 써버릴까봐 걱정스러웠습니다. 아내는 본인이 직접 읍내에 다녀오겠다고 했지요. 그녀는 옆구리에 암탉을 끼고 직접 소를 몰아 읍내로 나갔습니다.

읍내에 가까워졌을 무렵 한 푸줏간 주인이 농부의 아내에게 물었습니다.

"아주머니, 소 파시는 건가요?"

"네, 지금 팔러 가는 거예요."

"얼마에 파시겠소?"

"소는 5실링이고, 암탉은 10파운드에요."

"좋소. 암탉은 필요 없으니 소 값으로 5실링만 드리겠소."

여러분은 혹시 이상한 점을 눈치채셨나요? 1파운드는 20실링이니, 소가 5실링이고 암탉이 10파운드라는 건 무척 이상하지요. 아내는 소 값과 암탉 값을 바꿔 부른 것이었습니다!

그렇게 소를 단돈 5실링에 팔아버린 아내는 암탉을 팔러 읍내쪽으로 걸어갔습니다. 하지만 늙고 말라비틀어진 암탉을 10파운드씩이나 주고 살 정신 나간 사람은 없었습니다. 아내는 결국 다시 푸줏간 주인을 찾아가 말했지요.

"아무리 애써도 암탉을 팔 재간이 없네요. 당신이 소를 샀으니 이 암탉도 마저 사 가세요."

"좋아요, 일단 들어오시오. 생각 좀 해봅시다."

푸줏간 주인은 농부의 아내에게 여러 음식과 술을 잔뜩 먹여 곯아떨어지게 만들었습니다. 그러고는 인사불성이 된 그녀를 타르(목재, 석탄, 석유 따위의 유기물을 증류할 때 생기는 검고 끈끈한 액체—편집자)에 담근 후 새털이 잔뜩 쌓인 곳에 던져버렸지요. 얼마 지나지 않아 잠에서 깨어난 아내는 자신의 몸에 붙어 있는 새털을 보고 놀랐습니다.

"어머, 이게 어떻게 된 거지? 이게 내 몸이 맞나? 내가 이상한 새로 변한 건가? 어서 집에 가서 내가 나인지 확인해봐야겠어. 송아지가 나를 보고 핥거나 개가 나를 보고도 짖지 않는다면 원래의 내가 맞겠지."

아내가 집에 도착하자 개는 마구 짖어대기 시작했습니다. 세상의 모든 도둑과 강도가 모였다고 착각할 정도로 맹렬하게 짖어댔지요.

"어머나! 내가 이럴 줄 알았어. 원래의 내가 아닌가 봐!"

상심한 아내는 외양간으로 갔습니다. 아내에게서 나는 이상한 타르 냄새를 맡은 송아지들은 아무도 그녀를 핥으려 하지 않았습니다. 그러자 아내는 또다시 상심했습니다.

"아아, 이걸 어쩌면 좋지! 정말 내가 아닌가 봐. 아주 괴상한 새로 변해버렸나 봐!"

아내는 창고 지붕으로 올라가더니 팔이 날개라도 되는 양 활짝 펼쳐 날아오르려 했습니다. 마침 그 모습을 본 남편이 장총을 들고 나와 아내를 겨누었습니다. 아내는 깜짝 놀라 소리쳤지요.

"여보! 저예요. 저 당신 아내예요! 쏘지 마세요, 쏘지 마세요!"

"뭐라고? 당신이 정말 내 아내라면 당장 내려오시오. 왜 염소처럼 지붕 위에 서 있는 게요? 어서 내려와서 자초지종을 설명해보시오!"

지붕에서 간신히 기어 내려온 아내는 남편에게 보여줄 돈이 하나도 없었습니다. 그녀가 술에 취해 잠든 사이에 못된 푸줏간 주인이 아내의 돈을 몽땅 훔쳐 갔기 때문이지요. 아내의 말을 다 들은 남편은 소리를 질렀습니다.

"으이구, 이런 멍청한 여편네 같으니라고! 전보다 두 배는 더 멍청해졌구먼!"

화가 난 남편은 집을 떠나며 다짐했습니다. 아내만큼 멍청한 여자를 세 명 만나기 전까지는 절대로 집에 돌아오지 않겠다고 말이지요.

그렇게 길을 떠난 남편은 터벅터벅 걷다가 한 아낙네를 만났습니다. 여인은 텅 빈 체를 손에 들고 이제 막 지어진 것처럼 보이는 통나무 집을 들랑날랑했습니다. 집 안으로 들어갈 때는 체 안에 뭐라도 들은 듯 앞치마로 덮었고, 집에 들어가기만 하면 체를 거꾸로 뒤집어 마룻바닥에 쏟았습니다. 그녀의 이상한 행동을 본 남편이 물었습니다.

"아니, 아주머니. 지금 뭐하고 계세요?"

"아, 네. 제가 지금 햇빛을 나르는 중인데요. 어떻게 하면 좋을지 잘 모르겠어요. 밖에 있을 땐 분명히 체에 햇빛이 가득했는데 집 안으로 들어오기만 하면 금방 새네요. 전에 살던 집은 늘 햇빛이 가득해 이렇게 나르지 않아도 되었는데. 누구라도 이 새집에 햇빛을 들여줄 수만 있다면 당장 300달러도 드릴 텐데요."

남편은 여인의 말에 귀가 솔깃해졌습니다.

"혹시 도끼 있으세요? 제가 지금 당장이라도 햇빛을 들여드릴게요."

아낙네가 도끼를 가져다주자 남편은 벽에 창문을 냈습니다. 창문이 생기자마자 새집 안으로 햇빛이 흘러들었고 농부는 대가로 300달러를 받았습니다. 그는 집을 나서며 중얼거렸습니다.

"여기 우리 여편네 못지않게 멍청한 여자가 또 있군."

남편은 또 한참을 가다가 어느 집을 지나게 되었습니다. 그런데 그곳에서 끔찍한 비명이 새어 나왔습니다. 무슨 일인지 알아보려고 들어가보니 어떤 여인이 남편에게 목을 뺄 구멍도 없는 셔츠를 입혀놓고는 머리를 잡아 빼려고 커다란 방망이로 마구 때리고 있었습니다. 놀란 남편은 여인을 말리며 말했습니다.

"아니, 아주머니! 남편을 죽일 셈인가요?"

"아니, 그게 아니고요. 여기 셔츠에 구멍을 뚫어야 남편이 머리를 내밀 수 있잖아요."

그때 여인의 남편이 비명을 지르며 외쳤습니다.

"아이고! 누구 없어요? 제발 와서 이 셔츠를 입게 도와주세요. 아내에게 셔츠 구멍 뚫는 방법을 알려주는 사람에게는 300달러를 내놓으리다!"

남편은 또다시 귀가 솔깃해졌습니다.

"그래요? 제가 금방 해드리죠. 가위나 가져다주세요."

아낙네가 가위를 가져다주자 남편은 셔츠의 목 부분을 싹둑 잘라 구멍을 내주었습니다. 대가로 300달러를 받은 남편은 집을 나오며 중얼거렸지요.

"여기 멍청한 여자가 또 있구먼."

꽤 오랜 시간을 걷다가 어느 농장에 이른 남편은 좀 쉬어 가야겠다고 생각했습니다. 남편이 농가에 들어가니 농가의 안주인이 물었습니다.

"어디서 오시는 길인가요?"

"네, 천국의 낙원에서 오는 길입니다."

안주인이 깜짝 놀라 대답했습니다.

"어머, 천국의 낙원이라고요? 그럼 죽은 제 두 번째 남편 피터를 아시겠군요. 하느님이 분명 그곳으로 데려가셨을 테니까요."

"아, 물론이지요. 잘 알고말고요."

한편 남편이 말한 천국의 낙원이란 사실은 그의 농장 이름이었습니다. 안주인은 그것도 모르고 마음씨가 고왔던 두 번째 남편의 안부를 물었습니다. 사실 그녀는 결혼을 세 번이나 했는데 첫 번째 남편과 세 번째 남편은 아주 못된 데 비해 두 번째 남편은 매우 착했었기 때문이지요.

"그런가요? 그이 소식 좀 알려주세요. 요즘 어떻게 지내고 있던가요?"

"에고, 그분 좀 안됐죠. 이 집 저 집 구걸하고 다니는데도 제대로 못 얻어먹고, 걸칠 누더기 하나 없답니다. 돈이라고는 땡전 한 푼도 없고요."

"어머나, 세상에! 유산을 그렇게 많이 남기고 간 사람이 그러고 다닌다고요? 잠시만요. 2층 벽장에 그이가 생전에 입던 옷이 있어요. 저 커다란 금고에 있는 돈도 드릴게요. 말과 수레도 드릴 테니 옷과 말을 잔뜩 싣고 가서 그이에게 전해주세요.”

농부 남편은 수레 가득 옷을 얻었습니다. 금고를 가득 채우고 있던 돈도 얻었지요. 그는 맛있는 음식까지 배부르게 얻어먹은 뒤 수레 위에 올라타 혼자 중얼거렸습니다.

“제일 멍청한 여자가 여기 있었군.”

한편 안주인의 세 번째 남편이 얼마 떨어지지 않은 곳에서 밭을 갈다가 자신의 말과 수레를 끌고 가는 낯선 남자를 발견했습니다. 그는 곧장 집으로 가서 아내에게 물었습니다.

“여보. 저기 어떤 남자가 내 말과 수레를 끌고 가던데, 누구요?”

“아, 그 사람이요? 천국에서 온 사람이에요. 그 사람이 그러는데 작년에 죽은 제 전남편이 지금 돈 한 푼 없이 빈털터리로 구걸을 다닌다네요. 그래서 제가 전남편 옷이랑 돈을 좀 전해달라고 부탁하며 말과 수레를 주었어요.”

안주인의 말을 들은 세 번째 남편은 너무 화가 나 하늘이 노랗게 보였습니다. 그는 말에 안장을 얹고 전속력으로 달려갔지요. 이윽고 앞에서 수레를 몰고 가는 농부가 보였습니다. 하지만 농부도 안주인의 남편이 자신을 쫓아오는 것을 금세 알아챘습니다. 농부는 재빨리 수레를 덤불 속에 숨기고 말의 꼬리털을 한 움큼 뽑았습니다. 그러고는 옆에 있던 자작나무를 타고 올라가 나무 위에 말의 꼬리털을 걸어놓았습니다. 농부는 다시 잽싸게 내려와 땅에 누워 하늘을 올려다보았습니다. 곧 아낙네의 남편이 다가오자 농부는 홀로 중얼거렸습니다.

"아, 이럴수가! 생전 이런 광경은 처음 보네!"

아낙네의 남편은 농부를 쳐다보다가 물었습니다.

"도대체 거기 누워서 무엇을 보고 있는 거요?"

"아, 난 저런 광경은 생전 처음 봅니다. 글쎄 여기서 어떤 남자가 검은 말을 타고 천국으로 올라가버렸다니까요. 당신도 저 자작나무 위에 걸린 말꼬리가 보이죠? 저기 하늘 위로 가는 검은 말도 보이죠?"

남편은 농부와 하늘을 번갈아 쳐다보더니 말했습니다.

"글쎄, 내 눈엔 저 나무 위에 걸린 말의 털밖에 안 보이는데요?"

"당신이 서 있는 자리에선 당연히 그것밖에 안 보이죠. 자, 여기에 누워서 하늘을 똑바로 올려다보세요. 그리고 절대 눈을 떼지 마세요. 그럼 잘 보일 겁니다."

농부가 누워 있던 자리에 누운 아낙네의 남편은 눈이 새빨개져 눈물이 흐를 정도로 하늘을 뚫어져라 쳐다보았습니다. 그 틈을 타 농부는 그의 말을 잽싸게 가로채 달아났지요.

한참을 누워 있던 아낙네의 남편은 멀어져가는 말발굽 소리를 듣고 나서야 벌떡 일어났습니다. 농부를 뒤쫓아가려고 했지만 이미 너무 멀어져 엄두조차 낼 수 없었지요.

그는 결국 맨몸으로 돌아갈 수밖에 없었습니다. 풀이 죽은 남편을 본 아내가 물었습니다.

"당신, 타고 갔던 말은 어쩌고 혼자 와요?"

"응, 당신 전남편을 위해 말도 그 남자에게 줘버렸어. 생각해 보니까 당신 전남편이 수레를 타고 이 집 저 집 다니는 건 별로 보기 안 좋을 거 같아서…. 이제 그는 수레를 팔고 마차를 사서 몰고 다닐 수 있을 거야."

"어머, 여보. 고마워요. 정말 고마워요. 당신이 그렇게 세심하게 신경 써줄 줄은 몰랐어요."

한편 농부는 옷과 돈을 가득 실은 수레와 함께 집으로 돌아왔습니다. 그런데 신기하게도 밭에는 씨가 뿌려져 있었습니다. 농부는 아내를 보자마자 물어보았지요.

"씨앗을 어디서 구해 밭에 뿌려놓았소?"

"아, 여보! 제가 들은 이야기가 있는데요. 그 뭐라더라, 뿌린 대로 거두리니! 이런 말 있잖아요. 그래서 북쪽에서 온 친구들이 우리 집에 두고 간 소금을 심었어요. 이제 비만 오면 소금이 쑥쑥 자랄 거예요."

"아이고, 내가 못 살아! 죽기 전까지 당신 멍청한 건 절대 못 고치겠군. 하기야 무슨 상관이야. 사실 다른 사람도 그리 현명하진 않으니, 다 거기서 거기지. 도토리 키 재기밖에 더 되겠어?"

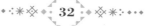

THE WIFE'S FAITH IN HER HUSBAND

남편의 말이라면
팥으로 메주를 쑤어도

원앙오리 한 쌍이라

옛날 옛적에 '언덕 위의 굿브랜드'라고 불리는 농부가 살았습니다. 그의 농장이 마을에서 아주 멀리 떨어진 언덕 위에 있어 붙여진 별명이었지요. 농부에게는 이해심 깊은 현모양처 아내가 있었습니다. 아내는 남편이 하는 일이라면 무엇이든 진심으로 응원했지요. 심지어 두 사람은 경제적으로도 넉넉했습니다. 언덕 위의 농장뿐만 아니라 소도 두 마리나 있었고 현금으로는 100달러나 가지고 있었지요. 그렇게 부부는 서로를 잘 챙기며 행복하게 살고 있었습니다. 그러던 어느 날 아내가 말했습니다.

"여보, 제가 생각을 좀 해봤는데요. 소 한 마리는 장에 내다 파는 게 좋을 거 같아요. 지금도 넉넉하긴 하지만 장롱 밑에 있는

100달러를 마구 쓸 수는 없으니, 소를 팔아 여윳돈을 좀 마련해 두는 게 좋지 않을까요? 소는 한 마리면 충분하잖아요. 매일 먹이 주고 짚 깔아주고 물 먹이는 게 힘들기도 하고요."

아내의 말이 옳다고 생각한 굿브랜드는 곧장 소를 팔러 읍내로 나섰습니다. 그러나 애석하게도 소를 사려는 사람이 단 한 명도 없었습니다. 굿브랜드는 스스로를 위로하며 소를 데리고 집으로 돌아갔습니다.

"에이, 걱정할 거 없지. 소를 팔지 못하긴 했지만, 축사도 그대로 있고 소를 맬 끈도 있잖아. 갈 길이 그리 멀지 않으니 어서 가야겠다."

집으로 발걸음을 돌린 지 얼마 되지 않아 굿브랜드는 말을 팔러 가는 남자를 만났습니다. 그는 혼자 중얼거렸습니다.

"흠, 소보다는 말이 나을 거 같은데."

굿브랜드는 곧바로 남자의 말과 자신의 소를 맞바꿨습니다. 그리고 얼마 가지 않아 통통하게 살찐 돼지를 몰고 가는 사람을 만났습니다. 굿브랜드는 또 혼자 중얼거렸습니다.

"흠, 말보다는 돼지가 낫지 않을까?"

그는 바로 말과 돼지를 맞바꾸었습니다. 잠시 후 염소를 몰고 가는 사람을 만난 굿브랜드는 또다시 중얼거렸습니다.

"흠, 아무래도 돼지보단 염소가 나을 거 같아."

굿브랜드는 돼지와 염소를 맞바꾸더니 다시 길을 나섰습니다. 하지만 또 얼마 가지 않아 양을 몰고 가는 사람을 만났습니다. 그는 전처럼 혼자 중얼거렸지요.

"흠, 양이 더 좋아 보이는걸."

그러고는 염소와 양을 맞바꿔버렸습니다. 양과 함께 조금 더 걷다 보니 거위를 몰고 가는 사람이 보였습니다. 굿브랜드는 또다시 중얼거렸지요.

"흠, 염소보단 거위가 더 좋을 것 같군."

그는 염소를 건네고 거위를 받아 다시 길을 나섰습니다. 잠시후 닭을 만난 남자를 만난 굿브랜드는 다시 고민에 빠져 중얼거렸습니다.

"흠, 그래. 거위보단 닭이지."

굿브랜드는 거위와 남자의 닭을 바꾼 뒤 집을 향해 걸어갔습니다. 한참을 가다 보니 어느새 시간이 많이 흘러 있었습니다. 몹시 배가 고팠던 그는 1실링을 받고 닭을 팔아버렸습니다. 굶어 죽느니 차라리 닭을 팔아 뭐라도 사 먹어야겠다고 생각한 것이지요.

배를 채우고 다시 집으로 걸어가던 굿브랜드는 이웃집에 잠시 들렀습니다. 이웃은 굿브랜드를 반갑게 맞이하더니 물었습니다.

"그래, 읍내에 가서 소는 잘 팔았나?"

"그저 그래. 특별히 좋을 것도 나쁠 것도 없네."

굿브랜드는 읍내에서부터 지금까지 있었던 일을 자세히 들려주었습니다. 그동안의 일을 다 들은 이웃은 놀란 표정으로 대답했습니다.

"아니, 세상에! 이 친구야! 자네, 아무래도 집에 가면 마누라에게 꽤나 들들 볶이겠구먼. 불 보듯 뻔한 일이네. 하느님의 가호가 있길 바라네."

"무슨 소린가? 일이 더 나쁘게 흘러갈 수도 있었는데, 이 정도면 괜찮지. 그리고 우리 집사람은 심성이 아주 착해서 내가 한 일에 대해서는 절대 이러쿵저러쿵 안 한다네."

"에이, 이 친구야. 자네 말을 어떻게 믿나?"

"그래? 그럼 우리 내기할까? 우리 집 장롱 밑에 100달러가 있거든. 나는 그 돈을 걸겠네. 자네도 그만큼 걸 텐가?"

"뭐, 한번 해보지."

굿브랜드는 이웃집에서 시간을 보내다가 날이 어둑해지자 친구를 데리고 집으로 향했습니다. 집 앞에 이르자 굿브랜드가 말했습니다.

"자네는 여기서 나와 아내가 하는 이야기를 엿들게나. 100달러 내기, 기억하지?"

"기억하고말고. 어서 들어가 얘기를 해보시지."

굿브랜드는 친구를 두고 집 안으로 들어갔습니다.

"여보, 나 왔소!"

"아, 당신이에요? 잘 다녀오셨어요? 읍내에 가셨던 일은 잘되었고요?"

"응. 그저 그랬어. 특별히 자랑할 건 없지. 읍내에 갔더니 소를 사려는 사람이 없더군. 그래서 오는 길에 말하고 바꿔버렸어.”

“어머, 말이라고요? 참 잘하셨어요. 우리처럼 넉넉한 사람들은 교회에 갈 때 타고 갈 게 필요하죠. 말이 있으면 참 좋겠네요. 어서 나가서 말을 우리에 넣어요!”

“아니, 여보. 내 이야기를 더 들어봐. 말을 가져온 건 아니야. 오는 길에 다시 돼지랑 바꿨거든.”

“어머, 당신 지금 돼지라고 했어요? 어쩜 당신은 제 마음에 쏙 드는 일만 골라서 하세요? 이제 손님들이 오면 베이컨을 만들어 내놓을 수 있겠어요. 제가 말을 어디에 쓰겠어요? 사람들도 우리가 말을 타고 교회에 가면 거만하다고 생각할 거예요. 얘들아, 어서 나가서 돼지를 우리에 집어넣자!”

“잠시만. 여보, 더 들어봐. 오다가 젖 짜는 염소와 돼지를 또 맞바꿨어.”

“어머, 여보. 더 잘됐어요! 가만 생각해보니 돼지가 뭐 그리 쓸모가 있겠어요? 사람들이 도리어 가지고 있던 걸 다 먹어치워버렸다고 손가락질할 거예요. 이제 염소가 생겼으니 우유와 치즈를 먹을 수 있겠네요. 얘들아, 염소 보러 나가자!”

“아니, 잠깐! 염소도 없어. 조금 더 가다가 근사한 양으로 바꿨거든.”

“양이라고요? 당신은 정말 훌륭해요! 염소가 뭐 얼마나 좋겠어요? 매일 풀 먹이러 언덕을 오르락내리락하느라 시간만 다 뺏기겠죠. 그건 싫어요. 양이 있으면 모직도 얻을 수 있고 양고기도 얻을 수 있잖아요! 얘들아, 얼른 양 보러 나가자!"

"여보, 더 들어봐. 양을 가져온 게 아니야. 오는 길에 거위로 바꿔버렸거든."

"정말요? 다행이네요. 전 물레도 없고 털을 보풀리는 빗도 없거든요. 게다가 자르고 재단하고 바느질할 필요도 없어졌네요. 여태 그랬듯이 옷은 사 입으면 되고요. 아, 이제 거위 구이를 먹을 수 있게 되었네. 얼마나 먹고 싶었다고요! 이제 베갯속도 거위 털로 채울 수 있겠네요! 얘들아, 빨리 나오렴. 거위 구경하자꾸나!"

"아니야, 여보. 거위로 끝난 게 아니야. 얼마 더 가다가 닭으로 바꿨거든."

"어쩜, 당신은! 역시 당신은 늘 옳은 선택을 해요. 닭은 시계처럼 쓸모가 있잖아요. 매일 새벽 4시면 어김없이 울어주니 우리는 더 부지런히 움직일 수 있겠네요. 사실 거위를 어떻게 요리하는지도 몰랐는데, 다행이에요. 베개야 목화솜으로 채우면 되죠. 얘들아, 얼른 닭 구경하러 가자!"

"여보, 사실은 말이지. 닭도 데려오지 못했어. 오는 길에 배가 너무 고파 닭을 1실링에 팔아버렸거든. 금방이라도 굶어 죽을 거 같아서 말이야."

"아 그러셨어요? 정말 잘하셨어요. 닭이 없으면 뭐 어때서요? 우리가 알아서 잘 일어나면 되죠. 굳이 시간에 질질 끌려다닐 필요 없어요. 저는 당신이 무사히 돌아온 것만으로도 하느님께 감사드려요. 저는 닭도 필요 없고 거위도 필요 없어요. 돼지나 소가 없으면 어때요? 당신만 있으면 되죠."

굿브랜드는 의기양양하게 문을 열고 친구에게 외쳤습니다.

"자, 지금까지 하는 말을 다 들었겠지? 어때? 내가 이겼지, 이 친구야?"

이웃 친구는 100달러를 줄 수밖에 없었답니다!

드디어 시리즈 06

드디어 만나는
북유럽 동화

1판 1쇄 발행 2025년 4월 18일
1판 3쇄 발행 2025년 6월 5일

지은이 페테르 크리스텐 아스비에른센
그린이 카이 닐센
옮긴이 서미석
발행인 박명곤 **CEO** 박지성 **CFO** 김영은
기획편집1팀 채대광, 백환희, 이상지, 김진호
기획편집2팀 박일귀, 이은빈, 강민형, 박고은
기획편집3팀 이승미, 김윤아, 이지은
디자인팀 구경표, 유채민, 윤신혜, 임지선
마케팅팀 임우열, 김은지, 전상미, 이호, 최고은

펴낸곳 (주)현대지성
출판등록 제406-2014-000124호
전화 070-7791-2136 **팩스** 0303-3444-2136
주소 서울시 강서구 마곡중앙6로 40, 장흥빌딩 10층
홈페이지 www.hdjisung.com **이메일** support@hdjisung.com
제작처 영신사

ⓒ 현대지성 2025

"Curious and Creative people make Inspiring Contents"
현대지성은 여러분의 의견 하나하나를 소중히 받고 있습니다.
원고 투고, 오탈자 제보, 제휴 제안은 support@hdjisung.com으로 보내 주세요.

현대지성 홈페이지

이 책을 만든 사람들
편집 박고은, 박일귀 **디자인** 임지선